Im Netz der Nachricht

Thomas Holzinger · Martin Sturmer

Im Netz der Nachricht

Die Newsroom-Strategie als PR-Roman

 Springer

Thomas Holzinger
Mediaclub GmbH
Schillerstraße 30
5020 Salzburg
Österreich
thomas.holzinger@mediaclub.at

Dr. Martin Sturmer
Mediaclub GmbH
Schillerstraße 30
5020 Salzburg
Österreich
martin.sturmer@mediaclub.at

ISBN 978-3-642-22488-1   e-ISBN 978-3-642-22489-8
DOI 10.1007/978-3-642-22489-8
Springer Heidelberg Dordrecht London New York

Die Deutsche Nationalbibliothek verzeichnet diese Publikation in der Deutschen Nationalbibliografie;
detaillierte bibliografische Daten sind im Internet über http://dnb.d-nb.de abrufbar.

Einbandentwurf: KünkelLopka GmbH, Heidelberg

Gedruckt auf säurefreiem Papier

Springer ist Teil der Fachverlagsgruppe Springer Science+Business Media (www.springer.com)

May your hands always be busy
May your feet always be swift
May you have a strong foundation
When the winds of changes shift

(Bob Dylan, Forever Young)

Anstatt eines Vorworts

Betriebsanleitung für einen Fachroman

Ein Roman als Fachbuch. Ein Fachbuch als Roman. Glatt verkehrt oder andersrum? Nicht ganz. Social Media handeln von Menschen. Von ihren Umgebungen und dem Mitmachen auf der Welt. Social Media machen Nutzer zu Akteuren, Betrachter zu Mitspielern, Leser zu Autoren. Die Newsroom-Strategie professionalisiert den Zugang zu dieser neuartigen Medienwolke, die nicht mehr in einzelnen Produkten, sondern im Fluss der Kommunikationslinien zu begreifen ist.

Was liegt näher, als die Geschichte von den Medien der Menschen, von den Social Media, selbst als Geschichte zu erzählen? Ein Roman macht die Klammer um ein sperriges Thema, das sich so unscheinbar an alle Bereiche des Alltags kuschelt. Wir haben uns entschlossen, den bekannten Weg ein Stück weit zu verlassen. Nur der Roman, meinen wir, bildet jenes Umfeld, das sich in theoriegeleiteten Ersatzerklärungen so schwer beschreiben lässt. Die Newsroom-Strategie braucht eine Geschichte. Wir haben ihr eine geschenkt: Im Netz der Nachricht.

Auch weiche Geschichten brauchen harte Fakten. Wer lieber schnell durch das Thema segelt, erhält ein Konzept am Ende des Romans. Es bezieht sich auf die Geschichte und kann doch alleine bestehen: als Zusammenfassung aller Strömungen, die für das Verständnis der modernen Medienwelt im Word Wide Web notwendig sind.

Salzburg, Österreich   Thomas Holzinger
Sommer 2011   Martin Sturmer

Inhaltsverzeichnis

Kapitel 1
Nairobi

Kenyatta National Hospital. Walter Stimeder krümmte sich auf dem schweiß-
getränkten Bettlaken. „Haraka, Haraka", rief Schwester Katunzi in den mühselig
auf Krankensaal getrimmten Raum. Walter Stimeder hatte Schmerzen, Fieber und
erbrach Luft. Alles andere hatte sein Körper längst abgegeben. Er konnte nicht mehr.

Die Medien waren voll mit Geschichten wie dieser. In seltener Eintracht marschierte der Boulevard durch die verfallenden Krankenhäuser der Dritten Welt. Genauer: Durch jene Krankenhäuser, in denen österreichische Touristen auf Erlösung
hofften. Was ihnen gemeinsam war: Eine Leberentzündung und das Medikament,
das sie eingenommen hatten. Anopharm hieß das Mittel, welches sie vor den Folgen
der Malaria bewahren sollte. Eine Neuentwicklung, aus Österreich sogar, die den
Folgen der heimtückischen Anopheles-Infektion trotzen sollte – ohne die üblichen
Nebenwirkungen.

„Exotische Länder ohne exotische Krankheiten", lautete der etwas holprige
Slogan von Anopharm. Das Medikament sollte die Firma zurückbringen auf die Er-
folgsstraße. Mit der immer gleichen Bluthochdruck-, Zuckersenkungs-, Menopause-
Medikation war kein Staat mehr zu machen; nicht einmal eine lausige Aktiengesellschaft, die den wenig ambitionierten Eigentümern jene kargen Zinsen bescheren
würde, die sie für ihr sparsames Leben benötigten. Anopharm war ein anderes Wort
für Umschwung. Aufschwung. Turn Around, nannten es die amerikanischen Con-
sulter und meinten damit das langsame Erwachen eines Unternehmens aus dem
wirtschaftlichen Tiefschlaf. Im Tiefschlaf lagen nun jene drei kritischen Fälle, die
Anopharm nicht vertragen hatten. Und neben ihnen, hellwach, standen die Reporter
und die Angehörigen und berichteten mit der Journalisten eigenen Häme über jede Schweißperle, die den Erkrankten im Gesicht stand. „Mords-Exotik", titelte das
größte Kleinformat zwischen Belustigung und Mitleid, wobei Ersteres der Pharmaindustrie und Zweiteres – geheuchelt zumindest – den Angehörigen und – natürlich
– dem Opfer galt.

Doktor Kanter saß in der Bibliothek seines Hauses in der Hellbrunner Allee in
Salzburg und wälzte Berichte über vergangene Katastrophen. Gemein war ihnen
der Verursacher: menschliches Versagen, menschlicher Vorsatz, Mensch. Doktor
Kanters Katastrophengeschichten handelten von der Gier, von der Allmachtsfanta-
sie, von der Gemeinheit und der Fahrlässigkeit. Die nukleare Katastrophe in Japan

T. Holzinger, M. Sturmer, *Im Netz der Nachricht*,
DOI 10.1007/978-3-642-22489-8_1, © Springer-Verlag Berlin Heidelberg 2012

2011. Tschernobyl 1986. Das Giftgas von Bhopal im Jahr 1984. Seveso 1976. Der Contergan-Skandal aus den 1960-er Jahren. Sein reichhaltiges Zeitungsarchiv führte Doktor Kanter in zahlreiche Untiefen menschlicher Selbstüberschätzung und Nachlässigkeit. Gewiss, seine Vorbilder waren eine Schuhnummer größer als ein paar röchelnd zitternde Touristen in Dritte-Welt-Spitälern. Doch anders als bei den großen Vorbildern traf der Anopharm-Skandal genau ins Herz. In sein Herz. Es ging um Doktor Kanter und die Öffentlichkeit. Um irrlichternde Journalisten, Freunde, Bekannte – zumindest von gestern –, die den großen Braten witterten. Einen hausgemachten Pharmaskandal, in dem er – Doktor Kanter – jeden Handlungsspielraum verloren hatte. Selbst der sonst so umgängliche, ja geradezu untertänige ORF-Landesintendant – ein ehemaliger Reporter, der es ganz, zumindest fast ganz nach oben geschafft hatte – mied ihn. Wenn Kanter das gemeinsame Stammlokal betrat, zog Winfried Mendelsberg eine Bar weiter. Hastig grüßend, als ob er beschäftigt wäre, lief er zur Tür, um den abendlichen Alkoholpegel in der benachbarten Bar aufzufüllen. Doktor Kanter, Leiter der Kommunikation der Fidelio Pharma AG und einer der wenigen Geisteswissenschaftler unter lauter Pharmazeuten, Medizinern und Juristen, hatte verloren. Er, der Nachrichtenprofi, der Strippenzieher in allen Medienfragen, hatte keine Freunde mehr, keine Geschichten, kurz: keinen Erfolg.

Die Fidelio Pharma AG hatte ihre 15 Minuten Ruhm. In jenem hellen Moment glänzte sie mit ihren finstersten Seiten. Jenes altmodische, ungelenke Unternehmen, das sich zwischen Tradition und Behäbigkeit fast aufgerieben hätte, war auf dem besten Weg in Richtung Konkursrichter. Die neue Wunderwaffe gegen das Tropenelend Malaria war nach hinten losgegangen. Mitten in die Leberzellen jener betuchten Touristen, die für viele tausend Euro die entlegensten und gefährlichsten Winkel der Welt bereisten. In Wahrheit, war Kanter überzeugt, handelte es sich um wenige Fehlverschreibungen von vorschnellen Ärzten, die Beipacktexte für so entbehrlich hielten wie den Liebeskummer der Sprechstundenhilfe. Wer würde Menschen mit überstandenen Autoimmun-Erkrankungen auch Anopharm verschreiben? Die Schuldfrage war längst nicht geklärt. Und trotzdem stürzte die Katastrophe vorschnell über die Fidelio Pharma AG und ihren langjährigen Pressesprecher Doktor Kanter herein.

Ein Posting auf reisen-ohne-kranksein.at hatte den Reigen der Katastrophennachrichten eröffnet. Im einschlägigen Forum hatte die alarmierte Schwester eines Anopharm-Konsumenten schwere Vorwürfe erhoben. Das Medikament sei tödlich, nicht getestet und schade vielmehr als es nütze. „Nehmt lieber Malaria, die kann man wenigstens behandeln", riet die anonyme Dame den tropenängstlichen Tropenreisenden. „Ein Posting", murmelte Doktor Kanter, und stellte dabei erstaunt fest, dass „Posting" erst seit einer Woche zu seinem aktiven Wortschatz gehörte. Der Skandal um ein Posting. Der eine Eintrag wäre nicht schlimm gewesen. Selbst zehn hätten nicht geschadet. Ein paar Anrufe bei allen dreizehn relevanten Chefredakteuren mit dreizehn anschließenden Abenden im Nobel-Italiener hätten das Thema so glatt gebügelt wie die Unterhosen, die Kanter in seinem Intarsienschrank deponiert hatte. Die dreizehn Abende wären verlaufen wie immer, das Spesenbudget des Monats fast zur Gänze aufgebraucht, aber mit Erfolg, und der hieß in der Regel Ruhe. Zufrieden hätte Doktor Kanter zu Wolfgang Malle, dem ehemaligen

Geschäftsführer, dann neudeutsch CEO, schließlich einfach Vorstandsvorsitzenden der Fidelio Pharma AG gehen können, und das präsentieren, was er am liebsten präsentierte, wenn die Beschwerde-Hotline heiß lief: nichts. Leere Zeitungen, in denen vom überfahrenen Hund bis zum 100-Jahr-Jubiläum im Altersheim allerhand Wichtiges abgehandelt wurde, aber kein Wort von etwaigen Pannen und Fehlschlägen aus dem Umfeld des traditionellen Medikamente-Erzeugers. Anopharm war Doktor Kanter entglitten. Auf den ersten Eintrag im Reiseforum folgte ein zweiter und auf den zweiten ein dritter. Google führt Menschen zusammen, die – zumindest in Doktor Kanters Welt – nicht zusammengehören. In jenem Fall Opfer eines Medikaments, das – so ergaben sämtliche Studien – in praktisch allen Fällen der korrekten Anwendung nur Positives erreichen würde. Drei Opferangehörige suchten ein Ventil und fanden das Internet. Aus dem aufgeregten Austausch der emotionalen Tieflage wurde schnell eine Opfergruppe. Und die Opfergruppe war Facebook.

Auf Facebook – das hatte Doktor Kanter in einem der schlauen Ratgeber, die er sich umgehend besorgt hatte, erfahren – treffen sich praktisch alle Menschen. In Wirklichkeit nur jeweils ein paar dutzend oder ein paar hundert, aber im Schneeball verbreiten sich Nachrichten auf Facebook schneller als die Malariaerreger in der Blutbahn. Binnen weniger Tage hatten 12.000 Menschen gegen die Fidelio Pharma AG protestiert. 12.000 Menschen, von denen kein einziger das Medikament je selbst genommen hatte. Aber da jeder irgendjemanden kennt, der irgendwann unter Nebenwirkungen von Fehl- und Eigenmedikation gelitten hat, fühlten sich alle persönlich betroffen. Und so diskutierten Antibiotika-Unverträgliche mit Diabetikern über das Elend, über ihr Elend mit der Pharmaindustrie am Beispiel eines Produktes, das ihnen niemals auch nur einen Blutbefund gekrümmt hätte. Die Fidelio Pharma AG war das Opferlamm für alle Pharmageschädigten und passte zu gut ins Bild einer raffgierigen Industriesparte, die sich am Elend der Menschen die Bäuche – und selbstredend die Brieftaschen – vollstopfte.

Von Facebook hatte Doktor Kanter bis zum Ausbruch der Anopharm-Krise kaum Notiz genommen. Seine junge Mitarbeiterin Marion Weihrater musste ihm schnell erklären, wie das so sei mit den Web 2.0-Plattformen, insbesondere Facebook. Um wenigstens zu wissen, was die Gegner zu schreiben hatten, meldete er sich an und beobachtete entsetzt die hasserfüllte Suada, die sich über seinem Unternehmen ergoss. Er schrieb dutzendweise Gegenstatements, die er sich allesamt vom Vorstandsvorsitzenden absegnen ließ. Kaum zurück auf Facebook, waren die Postings verschwunden und neue da. Doktor Kanter bemerkte zum ersten Mal in seinem Leben, dass er den Anschluss verloren hatte. Er hatte sogar jedes einzelne Posting als „bedenklich" an die Betreiber der Seite gemeldet. Gezeichnet waren seine Beschwerden – wie üblich – mit „Herzlichst, Ihr Doktor Kanter". Es passierte nichts. Die Postings blieben – oder ärger noch – sie wurden zuerst stündlich, dann minütlich mehr. Doktor Kanter fasste mit bedeutungsschwerer Miene einen Entschluss. Zwar kannte er den Chef dieser unheimlichen Plattform nicht, doch schließlich war es sein Job genau jene Menschen ausfindig zu machen, zu überzeugen, notfalls zu erpressen, die für das veröffentlichte Bild der Fidelio Pharma AG verantwortlich waren. Diesfalls musste er an höchster Stelle ansetzen. Nach kurzer Recherche schrieb er den folgenden bedeutungsschweren Brief:

„Sehr geehrter Mister Zuckerberg! Wir dürfen Sie freundlich darauf hinweisen, dass das von Ihnen geführte und verantwortete Unternehmen Facebook Ruf und Kredit unseres Unternehmens trotz mehrmaliger Aufforderungen zur Unterlassung anhaltend schädigt. Wir erlauben uns weiters, Sie davon in Kenntnis zu setzen, dass Sie durch diese fortlaufende Rechtsverletzung in den Geschäftsgang unseres Unternehmens vorsätzlich schädigend eingreifen. Wir räumen Ihnen eine Frist bis zum 31. 10. des Jahres ein, sämtliche Postings zum Thema Anopharm ersatzlos zu entfernen. Andernfalls sähen wir uns zu unserem Bedauern gezwungen, Sie gerichtlich für den erlittenen Schaden zu belangen und in Einzelfällen auch Strafanzeige gegen Ihr Unternehmen zu erstatten. Wir ersuchen Sie daher, die beiliegende Unterlassungserklärung fristgerecht an unseren Anwalt (Adresse umseitig) zu übermitteln. Herzlichst, Ihr Doktor Kanter."

Zufrieden lehnte er in seinem Lederstuhl, ließ das im Geschäftsleben unüblich harte Schreiben übersetzen und brachte den eingeschrieben Brief ausnahmsweise selbst zur Post. Im finalen Triumph – so glaubte er – sollte es keine Komplizen geben.

Die folgende Vorstandssitzung betrat Kommunikationschef Doktor Kanter aufrechten Ganges und selbstsicher wie selten zuvor. Er würde Rechenschaft ablegen über seinen bevorstehenden Sieg über Facebook und das baldige Ende der irrwitzigen Kampagne verkünden können. Den Brief an Mister Zuckerberg hatte er in zehnfacher Ausfertigung bei seinen Unterlagen. Er ließ das Dokument verteilen und bemerkte Unruhe im Raum. Die Runde der gesetzten Herren wetzte unruhig auf den Lederfauteuils. Minutenlang blieben die Köpfe in das selbstbewusste Schreiben des Kollegen Doktor Kanter, Mitglied des Vorstands seit dem Jahr 2002, gesenkt. Ausgerechnet der Jüngste aus der Runde, der aufgeblasene Marketingchef Klaus Biber, MAS, ein Wichtigtuer mit dem akademischen Abschluss einer abgetakelten Abendschule, ergriff das Wort. Und ehe er den Satzanfang erreichte, verfiel er in schallendes Gelächter. Er habe noch nie „einen dermaßen hanebüchenen Unsinn" erlebt, es sei wie „Spatzen gegen Tarnkappenbomber zu schicken". Und er könne im Sinne des Unternehmens nur hoffen, dass das Postflugzeug spätestens bei der Landung in den USA explodiere. Nach einer viertelstündigen Erläuterung der neueren Internetplattformen ruhten neun bedrohliche Augenpaare auf Doktor Kanter. Dieser erlebte den finstersten Moment seiner gesamten Berufskarriere. Er, der unhinterfragte Profi in allen Medienfragen, hatte gröblichst versagt. Der großspurige Kollege, der das Kommunikationsbudget nur zu gerne den eigenen Agenden zugerechnet hätte, war seinem Ziel mehr als einen Schritt näher. Einer wie Kanter, das wussten alle, würde das Unternehmen nicht in die Moderne führen. Der hat ja, wie ein anderer Kollege anmerkte, „noch nicht einmal den Buchdruck verdaut".

Nach einigen unwesentlichen Tagesordnungspunkten beschloss der Vorstand, das Thema Neue Medien gesondert zu regeln. Doktor Kanter sollte sich aus diesem Grund am nächsten Morgen in der Vorstandsetage einfinden.

Ohne die ihm eigene Sorgfalt rannte Kanter die Stiege in die Tiefgarage hinunter. Nicht mit ihm – nicht mit Doktor Kanter! Den Armleuchtern würde er zeigen, wie der Hase läuft. Er drückte die Kurzwahltaste seines Blackberry und sagte seiner Assistentin, er müsse zuhause in Ruhe ein Konzept erstellen.

Doktor Kanter fuhr kreuz und quer durch die Mozartstadt. Blieb mal hier, mal dort stehen, ging einige Schritte, ehe er wieder seinen Wagen startete. So erreichte er nach zwei Stunden sein Zuhause. „Facebook – mein Waterloo", stöhnte er, und begann fahrig im Internet zu surfen. Er besuchte die Feindseite, Twitter, Xing und all jene Homepages, die er gemeinhein für modern hielt, oder im gegebenen Fall für gefährlich. Gefährlich nicht nur für ein hochwirksames Malariamittel sondern für ihn selbst. Das erste Mal in seiner Laufbahn war er das Ziel. Und kein Chefredakteur dieser Welt könnte ihm aus dieser Patsche helfen. Wie konnte er, der Kommunikationsprofi Doktor Erich Kanter, seinen Kopf aus der Schlinge ziehen, die sich atemberaubend schnell und offenbar unvermeidlich zuzog? „Erich", dieser Name, den er all die Jahr gehasst hatte, wofür er seine Eltern gehasst hatte, wofür er alle gehasst hatte, die ihn verwendet hatten, war Programm geworden. Erich ging unter.

Soviel er auch in Postings, Ratgebern und – unfassbar schlecht geschriebenen Fachbüchern, wie er meinte – schmökerte, die neue Netzwelt wollte nicht in sein Medienuniversum passen. Doktor Kanter hasste sich für alles, was er nicht verstand. Und wenn er etwas konnte, wofür man ihn schätzte, wofür er seit Jahrzehnten sein nicht gerade bescheidenes Gehalt bezog, dann war es das: die Fähigkeit, scheinbar unzusammenhängende Phänomene unter ein gemeinsames Dach zu stellen, die Dinge zu durchschauen.

Doktor Kanter hatte die gläserne Decke erreicht: die Sozialen Medien. Und soviel er auch nachdachte, es fiel ihm nur eine Person ein, die ihm wirklich weiterhelfen konnte: Seine unscheinbare Assistentin Marion Weihrater. Er hatte sie vor Jahren aus einem Pool von hochqualifizierten, selbstbewussten und erfolgreichen Universitätsabsolventen ausgewählt. Ausgerechnet sie, die kein gutes Wort über sich selbst zu sagen vermochte, die verlegen ihren Kopf an die Schulter gelegt und der sicheren Ablehnung durch den großen Doktor Kanter entgegengeblickt hatte. Und eben dieser war fasziniert. Nicht vom Wissen. Nicht vom offensiven Auftreten. Doktor Kanter, der sonst so unbestechliche Doktor Kanter, erkannte in Marion Weihraters Gesichtszügen, in ihrer Gestik ein Stück Vergangenheit. Mehr noch, ein Stück Sehnsucht ungelebt.

Gegen jede Logik und wider besseres eigenes Wissen hatte Doktor Kanter Minuten nach dem Vorstellungsgespräch die Zusage verfasst. Marion Weihrater, Assistentin, wurde zu seinem Alter Ego. Trotz allem. Mehr noch: zu seinem fehlenden Teil. Während er mit der nötigen Großspurigkeit des Pressesprechers wichtige Dinge an nicht minder wichtige Menschen vermittelte, arbeitete sie an den Details. Still. Brav. Für sich selbst, wie es schien. Marion Weihrater sprach, wenn sie gefragt wurde, dann aber mit einer Präzision, die selbst Doktor Kanter beeindruckte. Sie war das wandelnde Lexikon der Firmenkommunikation. Sie, da war Kanter sicher, könnte ihm das fehlende Stück neue Welt erklären. Sie würde die weißen Flecken auf seiner Landkarte so füllen, dass wieder alles zusammen passte. Die Nachricht, die Medien und die Öffentlichkeit, jene unbekannte Masse, die offenbar drauf und dran war, sich von den allmächtigen Zentralorganen zu emanzipieren.

Eine halbe Stunde saß Doktor Kanter an dem Küchentisch und wechselte den Nikotin-Kaugummi zum wiederholten Mal gegen einen frischen. Das Rauchen fehlte ihm gerade an Tagen wie diesem. Er strich mehrfach über die Tasten seines Blackberry-Mobiltelefons, legte es dann wieder weg, wechselte den Kaugummi, stand auf und überlegte, ob er seine Assistentin wohl anrufen könnte. Es gab die stille Übereinkunft, Marion Weihrater nie außerhalb des Unternehmens zu behelligen, nicht privat und schon gar nicht, um seine Wissenslücken zu füllen, die ihm gerade 20 Jahre Berufserfahrung zunichte zu machen schienen. Kurz vor sieben, der letzte Kaugummi war verbraucht, rief er endlich an. „Kanter" meldete er sich und wusste, es wäre unpassend in diesem Moment den üblichen Doktor voranzuschieben, genauso unmöglich wäre sein Vorname. Er wartete ein oder zwei Sekunden, hörte das leise „Ja" seiner Assistentin und überlegte, wie er sein Dilemma erklären sollte, ohne den vollen Umfang seines Fehltritts auszubreiten. „Ich habe da ein kniffliges, ein sehr kniffliges Problem", hob Doktor Kanter an, „zu dem ich Ihren Rat benötige. Dringend."

Marion Weihrater überlegte kurz und sagte dann leise „Facebook". Die Geschichte des Social-Media-Disasters hatte sich im Haus verbreitet wie ein Steppenbrand. Doktor Kanter brauchte seine Geschichte folglich nicht darlegen, er war bereits entblößt. Ohne viele Worte vereinbarten sie ein Treffen noch für den Abend. „Afro Café" schlug Kanter vor. Der Ort war angesagt genug, um Menschen Mitte 20 treffen zu können, ohne selbst als berufsjugendlich oder – schlimmer noch – schwerenötig dazustehen. Seltsam genug, das schicke und ausnehmend cool gestaltete Dritte-Welt-Café gehörte zum Imperium eines milliardenschweren Salzburger Brauseerzeugers.

Kapitel 2
Die Nacht der schlechten Nachrichten

Doktor Kanter nahm für die wenigen Kilometer in die Altstadt ein Taxi. Er wusste nicht, ob er den Abend ohne ausreichende Dämpfung in Form von guten Rotweinen überstehen würde. Der eiskalte Novembernebel, der bleiern über Salzburg hängen blieb, verhieß nicht die optimalen Bedingungen für eine Autofahrt im Rotweindunst. Wenn seine Zunge nicht wollte, war der Rebensaft die Erlösung. Kanter trank selten zu viel, stellte aber über die Jahre fest, dass sein Umgang mit der Alltagsdroge in eine etwas gefährliche Richtung wies, wiewohl er selten mehr als vier oder fünf Gläser seiner heiligen Medizin trank. Nach den Zigaretten, die er vor drei Jahren gegen übelschmeckende Ersatzstoff-Kaugummis getauscht hatte, war der Wein sein letztes Laster. Dass er die Zigarettenkaugummis mittlerweile wie in Trance in sich hineinstopfte, eine Sucht gewiss, hatte er die letzten drei Jahre ausgeblendet. Kaugummi war Kaugummi, harmlos also, er fand nichts dabei, dass ein Stück davon so viel Nikotin enthielt wie drei oder vier Glimmstengel.

Kanter saß viel zu früh an einem der kleinen Tische in dem beengten Lokal und bemerkte die unfreiwillige Ironie des Standorts. „Wie in Nairobi", hörte er einen jungen Mann auf dem Nachbartisch sagen und Doktor Kanter erinnerte sich, wie eng der aktuelle Niedergang mit den Geschichten aus der kenianischen Hauptstadt verbunden war.

Doktor Kanter hatte den Rücken zur Tür gewandt und starrte abwechselnd auf seine Eterna-Armbanduhr und das Display seines Blackberry. Er bemerkte, dass zwischen dem Schweizer Uhrwerk und dem kanadischen Minikaturbüro-Computer eineinhalb Minuten lagen.

„Guten Abend."

Doktor Kanter zuckte zusammen und presste ein verlegenes – aus seiner Sicht joviales – „Hallo" durch seine spitzen Lippen. „Nehmen Sie Platz", setzte er nach und musste erstmals seit langem überlegen, wie er die nötige, oft lästige Phase der Belanglosigkeiten in einem Gesprächstermin überdauern würde. Es verging eine Ewigkeit, ehe die durchaus attraktive Kellnerin den steifen Einstiegspalaver mit zwei Speisekarten unterbrach. Zwischen Straußenburger und Bohneneintopf fand Doktor Kanter ausreichend kulinarische Anekdoten, um über seine ungelenke Unsicherheit gekonnt zu hinwegzutäuschen. „Wussten Sie, dass Strauße heute gezüchtet werden wie Rinder mitten bei uns? Der größte Laufvögel der Welt, ein

T. Holzinger, M. Sturmer, *Im Netz der Nachricht*,
DOI 10.1007/978-3-642-22489-8_2, © Springer-Verlag Berlin Heidelberg 2012

Stubenhocker bei österreichischen Bauern, denen das Ferkel zu wenig einträglich und das Krokodil zu gefährlich erscheint", rief Doktor Kanter viel zu laut aus und zwang seiner kurzen Erläuterung zwei Lacher auf. Marion Weihrater legte ihren Kopf schief auf die rechte Schulter und lächelte pflichtbewusst. Sie sagte nichts, denn die Frage, ob sie gewusst hätte, dass Strauße auf heimischen Bauernhöfen gezüchtet würden, war rein rhetorischer Natur. Antworten gab sie nur, wenn sie sich ernsthaft gefordert oder gefragt fühlte.

Doktor Kanter bestellte für sich ein Glas Pinotage, um ein Haar hätte er für sie das gleiche bestellt, erinnerte sich aber rechtzeitig, dass junge Frauen gegen diese Art der Bevormundung mitunter allergisch reagierten. „Für Sie auch?", schob er ungelenk nach. Was Marion Weihrater mit einem stillen Kopfschütteln quittierte und ein ebenso stilles Mineralwasser orderte. Die kulinarischen Ausflüchte waren vorbei. Und Kanter wusste, dass dieses Gespräch nur dann Erfolg haben könnte, wenn er die Causa Prima direkt ansprechen würde. „Ich nehme an, Sie sind im Bilde", hob er an und gewann langsam die ihm eigene Festigkeit in der Stimme zurück.

„Ihr Brief an Zuckerberg?"

Doktor Kanter nickte und fühlte sich gleichzeitig blamiert und verstanden. Dieses nahezu sprachlose Persönchen hatte sein Dilemma genau begriffen. Für eine widerspruchslose Abrechnung mit sich selbst war es zu früh. Ein Doktor Kanter scheitert nicht einfach so. Er scheitert begründet und überlegt.

„Wissen Sie, das Geschäft mit der Nachricht ein Stellvertreter-Krieg immerschon. Und manchmal ist es auch ein Stellvertreter-Frieden. Wir Pressesprecher übersetzen die kruden Gedanken eines Managements in fassbare Portionen, laden sie auf mit Geschichte und Geschichten und suchen ihren Weg nach draußen. Wir sind die Stellvertreter unserer Unternehmen, selten überzeugt, dass alles stimmt, was man uns sagt, aber stets sicher, dass wir das Richtige tun, in dem wir das tun, was andere schlechter machen würden." Doktor Kanter unterbrach seinen Monolog für wenige Sekunden, vielleicht weil er Widerspruch zu seiner selbstkritischen Reflexion erwartet hatte. Doch Marion Weihrater sprach nicht nur wenig, vor allem log sie nie. Ihre Einschätzung der Lage musste sich also mit seiner treffen.

„Und wenn wir an die Öffentlichkeit gehen, dann treffen wir deren nicht gewählte Stellvertreter. Journalisten, Reporter, Chefredakteure und Herausgeber – all jene Menschen, die sich auf ein Mandat stützen, das sie aus einer lächerlichen Kaufentscheidung ableiten. Also ob der Krone-Leser den Chronikredakteur demokratisch gewählt hätte."

Kanter wusste, dass Journalisten keine Freunde waren, genau genommen hatte er gerade erst gelernt, dass zwei Stellvertreter im Krieg und zwei Stellvertreter im Frieden nichts anderes als Stellvertreter bleiben. Bekanntschaften in den niederen Rängen also. Freundschaft war in solchen Verhältnissen keine Kategorie. „Der Weg von uns zu ihnen führt über Nützlichkeiten und Bedürfnisausgleich viel eher als über Wahrheit oder Wahrhaftigkeit. Und wenn man am Ende doch die Scheine über den Tisch gehen, ist unser Beruf um nichts sympathischer als jener eines kleinen Mafia-Paten, der sich den Rückhalt dort kauft, wo er ihn braucht."

Marion Weihrater nippte still an ihrem Mineralwasser. Diese Geste sollte wohl heißen, dass sie dem defätistischen Befund widerspruchslos zustimmte. Doktor Kanter empfand kurze Abscheu vor sich selbst. Er saß vor jener Frau, die seinem Herz näher stand, als ihm in beruflichen Dingen recht gewesen war, ohne dass er das je gesagt hätte, und vernichtete mit wenigen Worten 20 Jahre Berufserfahrung. Der Kommunikationsprofi schmolz auf das Maß eines kleinen Straßenbetrügers zusammen.

„Sie können . . ., ähem, . . .", stieß Doktor Kanter forsch aus und bemerkte mitten im Satz, das er dessen Ende nicht bedacht hatte. Die Erklärung der Schmierkomödie Kommunikation mit ihm selbst in einer, in der Hauptrolle war einer der größten denkbaren Selbstentblößungen. Wenn er schon quasi nackt vor dieser Frau säße, wäre das Du-Wort die mindeste Vertrautheit. Aber wie?

„Übrigens ich bin der Kanter", wie ihn selbst Freunde aus Schultagen noch nannten, konnte er nicht sagen. Damit hätte er gerade einmal den Doktor-Titel gestrichen. Der „Erich" wollte er nicht sein, um keinen Preis, da würde er lieber in der höflichen Distanz verharren, als diese Namen-gewordene Schmach selbst vorzuschlagen.

„Wie bitte?", hakte Marion Weihrater nach, da Doktor Kanter im Räsonieren über Du-Wort-taugliche Benennungen stecken geblieben war.

Doktor Kanter übersprang die Du-Frage und kam nun zu dem Punkt, der über sein berufliches Wohl und Wehe entscheiden sollte. „Wenn drei Waschweiber an der Supermarktkassa über ärztliche Kunstfehler schwätzen, was passiert da? Nichts. Es ist völlig egal, es ist dem Arzt egal, dem Spital, der Öffentlichkeit, es ist so wertvoll wie in den Wind spucken, um den Sturm zu vertreiben. Sie verstehen?"

Marion Weihrater nickte in Zeitlupe.„Und wenn die drei Waschweiber", sie brachte dieses Wort offenbar kaum über die Lippen, „plötzlich auf Facebook posten, geht die Welt unter. Ihre Welt."

„Exakt." Doktor Kanter hätte sein Assistentin am liebsten umarmt. Sie verstand schneller als jeder andere, dem er sein Problem geschildert hatte. Sein eigener Sohn hatte ihm hämisch vorgehalten, dass er nun endlich zu alt sein für seinen Job und sich damit abfinden müsse, dass alles ist, wie es ist. Der ewige Student hatte lange auf diese Genugtuung warten müssen. Einmal besser sein als der perfekte Vater, den er, Andreas Kanter, ohne Titel, als verfehlungsfrei und distanziert, jedenfalls überlegen in allen Lagen wahrnehmen hatte müssen. Doktor Kanter fühlte sich zum ersten Mal von seinem langzeitversagendem Sohn, Student der Dauerwissenschaften ohne Ende, aktuelles Studium unbekannt, erstmals geschlagen.

„Was wissen Sie eigentlich von Facebook?", fragte Marion Weihrater vorsichtig und Kanter konnte sich nicht erinnern, dass ihm die junge Assistentin je zuvor eine Frage gestellt hatte, die über die nötige Alltagsorganisation hinausging. „Damit ich weiß, wo ich anfange."

Doktor Kanter war kein völliger Neuling im Bereich Social Media. Er hatte sich artig bei Facebook angemeldet, seine Daten korrekt eingegeben, bis auf den Geburtstag, den verschob er immer um einen Tag, um die weltweiten Datenbanken zu necken und zu verwirren. Außerdem hasste er automatisierte Geburtstagswünsche, das ertrug er bestenfalls einen Tag vor oder nach dem persönlichen Festtag.

Stundenlang war Kanter vor seiner eigenen Pinnwand gesessen und hatte Nachrichten an sich selbst verfasst. Er wartete auf Reaktion. Einer der 500 Millionen müsste sich doch mit seinen Gedanken anfreunden können und auch etwas dazu sagen. Nach einer Weile fand Kanter nahezu sämtliche ihm bekannten Personen über die Suchfunktion des eigenen Profils. Die einen gaben freizügig Bilder von sich preis, privat allemal, wieder andere schrieben ihren Namen falsch, um nicht sofort erkannt zu werden. Doktor Kanter wusste, er müsste sich befreunden. Er durchsuchte die Liste der ihm bekannten Namen nach potenziellen Komplizen, denen er zumindest telefonisch ankündigen könnte, dass er als völliger Neuling nun versuchen würde, sich noch einmal zu befreunden. Auf dieser seltsamen Plattform, die ihm verschlossen blieb. Nach reiflicher Überlegung wählte er seine Assistentin aus. Mit ihr könnte er sich – so schrieb er in einem E-Mail – aus rein beruflichen Gründen befreundet sein, gezwungenermaßen quasi, weil man gegen den gemeinsamen Feind wohl nur in digitaler Einigkeit vorgehen könne. Ehe er eine Antwort in seinem Posteingang vorfand, erreichte ihn die Freundschaftsanfrage der jungen Kollegin auf Facebook. Mit einem Bild, das sie offenbar im letzten Sommerurlaub angefertigt hatte, auf dem sie gelöst und irgendwie frei aussah. Doktor Kanter hatte zögerlich akzeptiert und damit eine Freundin – seine erste – auf Facebook.

„Ich habe eine Freundin, das wissen Sie, und das sind Sie." Doktor Kanter erfuhr, dass er Bilder, Videos und Interessen eingeben oder wieder löschen könnte, er wusste, dass man Leute fand, von denen er froh war, sie sonst nicht zu treffen, und er hatte verstanden, dass die einzige Gemeinsamkeit der gesamten Nutzergemeinde war, dass Gemeinsamkeit keine Voraussetzung ist. Bloß: Mit ihm selbst hatte das wenig zu tun. Auf Facebook war offensichtlich jeder wer – egal, ob es um die Aufzucht von Zwergkaninchen oder die Weltrevolution ging. Bedeutend war, was da stand, nicht was dahinter stand. Wie solcher Mumpitz sich anschicken konnte, die mediale Hegemonie an sich zu reißen, war Doktor Kanter ein Rätsel. „Mehr weiß ich nicht, mehr schaffe ich aus Eigenem auch nicht". Er wandte seinen Blick hilfesuchend zur jüngeren Kollegin und wartete.

„Wenn Sie das gemeinsame Interesse aller Facebook-Menschen suchen, sind Sie auf dem Holzweg. Sie werden sehen, dass die Menschen auf Facebook im besten Fall so normal sind wie alle anderen auch. Sie sind nämlich alle anderen."

Marion Weihrater hatte ihrem Chef in wenigen Worten zu erklären versucht, dass es nicht um eine spezielle Gruppe Menschen ging, sondern um alle. Und die waren nunmal so unterschiedlich wie alle zu einander sind. „Facebook greift tiefer als die Salzburger Nachrichten. Es geht nicht um Politik, Meinung oder sonst ein Thema, es geht um das Grundbedürfnis. ‚Seht her, ich bin da', also schreibe ich. Auf Facebook können Sie kaum vorschwimmen, Sie können nur mitschwimmen. Und wie das Telefon vor vielen Jahren das Privatleben auf den Kopf gestellt hat, ohne dass es jemand bemerkt hätte, werden es die Sozialen Medien auch tun. Es ist wahrscheinlich die ökonomischte Form des Sich-Mitteilens. Wo sonst erreichen Sie mit drei Zeilen 500 Menschen oder mehr, die dann wissen, dass Sie gerade Hunger haben? Aufs Klo müssen?"

Marion Weihrater lächelte verlegen, und Kanter bemerkte sofort, dass sie sich ob ihres versuchten Scherzes unsicher war. „Schön, schön", setzte Doktor Kanter nach und legte die Stirn in Falten. „Aber wer hat dann die Deutungshoheit über Facebook, wenn nicht dieser leidige Herr Zuckerberg oder allenthalben seine Ländervertreter?" Kanter suchte nach dem zentralen Punkt, den – so war er überzeugt – jedes Medium haben musste. Und irgendjemand, auch das wir ihm nicht auszureden, musste entscheiden, was im Sinne dieser Deutungshoheit richtig und falsch sei. Selbst die anspruchsvollsten Medien, die er kannte, hatten sich einer Linie verschrieben. So bemüht sie auch waren, die Wahrheit zu finden, im letzten Stück Interpretation blieben sie sich treu, und genau das war es, was Leser zu begeisterten Lesern machte, User zu Fans. Es wollte ihm nicht eingehen, wie die neue Medienwelt abseits geschulter Schreiber und Schreiberinnen je abheben sollte. „Es ist also eine Sammlung von Belanglosigkeiten, der keiner entkommt?"

„Mir brauchen Sie Facebook nicht ausreden", erwiderte Marion Weihrater beleidigt. „Mit dieser Einstellung kommen Sie genauso weit, wie wenn Sie mir jetzt erklären, dass es die Menschheit ohne Liebe viel besser hätte. Die braucht auch keiner, ärger noch, sie ist Grund für weiß ich wie viele Morde, Kränkungen, Irrationalitäten, Kriege sogar, und trotzdem: Was wäre die Menschheit ohne Liebe?"

Doktor Kanter drehte sich zur Seite, ließ seinen Blick durch das Lokal schweifen, wetzte unruhig auf seinen Stuhl auf und ab und zog seine Schultern halbkreisförmig nach vorne, wie ein Igel, der den Stachelpelz um seine verletzliche Innenseite zog. Wie konnte jemand eine aufgeblasene Webseite mit dem Treibstoff der Romantik vergleichen, der Triebfeder von Abermillionen Menschen, verwechseln? Liebe gegen Facebook, Doktor Kanter gegen Weihrater – dieses Match musste er gewinnen.

„Was würden Sie eher aufgeben? Ihren Freund oder Ihr Facebook-Profil?" Doktor Kanter war überzeugt, dass er den Matchball in der Luft hatte.

„Meinen Freund natürlich, weil ich habe keinen."

Doktor Kanter hatte getroffen. Und einmal mehr war er es selbst, der unter der Macht seiner Scharfsinnigkeit zusammenbrach. Natürlich. Natürlich. Doktor Kanter wurde zum Ausgangspunkt des Abends unsanft zurückkatapultiert. Er hatte keine Ahnung von der neuen Medienwelt, und deshalb war er hier.

Das Afro Café war voll mit Menschen, die meisten unter 30, die auf Facebook ihre zweite Welt gefunden hatten. Und immer wenn eine vom Nachbartisch ihr iPhone aus der Tasche zog, musste sie sich wohl der Welt mitgeteilt haben. Auf Facebook, Twitter, Foursquare oder Xing. Doktor Kanter bemerkte, dass Menschen wie er, die selbst ein Smartphone wie einen Anrufbeantworter bedienten, die Dinosaurier des Abends waren. Bedrückt gestand er sich ein, dass sein Widerstand zwecklos geworden war. Er zog in eine Schlacht, nachdem der Krieg vorbei war, verloren längst. So dumm die neue Netzwelt auch sein mochte, sie hatte sich durchgesetzt, gegen ihn und ein paar andere, die zu gut geschlafen hatten auf den Lorbeeren, die sie sich früher sauer verdient hatten. Wegen Erfolglosigkeit eingestellt, dachte Doktor Kanter über sich selbst und wandte sich wieder seiner Begleiterin zu.

„Schön, Frau Kollegin", hob er an. „Ich habe Sie hierher gebeten, weil ich Ihrer Expertise vertraue, genaugenommen, weil ich vermutlich nur Ihrer Expertise vertraue. Vielleicht fällt Ihnen ein, wie wir auch diese Plage eindämmen?" Doktor

Kanter zog kräftig an seinem Pinotage, verzog kurz das Gesicht und stierlte in seiner Sakkotasche nach einem Nikotinkaugummi. Keiner da. Nachdem er sämtliche Kleidungsstücke nach Zigarettenersatz durchwühlt hatte, wandte Doktor Kanter seine Augen der hübscheren der beiden Kellnerinnen zu.

„Ja?"

„Haben Sie Parisienne?", flüsterte Doktor Kanter in Richtung der Frau und hoffte, man würde seine Schwäche nicht bemerken. Eine einzige Zigarette würde den Abend retten.

Doktor Kanter fühlte sich wie im Krankenwagen, von lauter Rettern umgeben. Die lodernde Parisienne, die unsichere Marion Weihrater und der Pinotage 2006 waren allesamt nur da, ihn – den gefallenen Propheten in allen Kommunikationsfragen – wieder herzurichten. „Waren Sie noch nie verliebt?" Die Niederlage war nicht vollends ausgekostet. Und der sonst so souveräne Vorgesetzte bemerkte, wie ihn das Liebesleben der Kollegin mehr interessierte als die Frage, weshalb 500 Millionen Menschen in immer kürzeren Abständen immer mehr Unsinn lasen und verbreiteten.

„Ich glaube schon", presste Marion Weihrater leise hervor und schaute dabei an Kanter vorbei in Richtung draußen. „Ich glaube aber nicht, dass das heute unser großes Thema ist."

Noch ein Treffer. Die Abfuhr fügte sich harmonisch ins Bild der vielen kleinen Nadelstiche, die dieser Tage auf den Pressesprecher der Fidelo Pharma AG niedergingen. Es war Doktor Kanter in dem Moment unangenehm, sich am Privatleben seiner Retterin beinahe vergriffen zu haben. Er, der große Doktor Kanter, stand über den Dingen und eine Frau, die halb so alt war wie er, seine Untergebene noch dazu, auch nur gedanklich anzufassen, war ihm ein Gräuel. Was hat ihn da geritten?

Die zweite Parisienne glühte munter zwischen seinen Lippen und er wusste, als ob er nie aufgehört hätte, dass auch diese Zigarette, nur diese, ihn bewahren würde vor all den Unbilden, die er sich selbst immerfort zu bereiten schien. „Ich will es kurz machen, Frau Weihrater, ich brauche Sie in neuer Funktion."

Kapitel 3
Der Putsch der Sprechblase

Bleiern lag Doktor Erich Kanter, Kommunikationschef der Fidelio Pharma AG, in seinem viel zu großen Bett. Eine gute Flasche Pinotage und die ganze Schachtel Parisienne – das war eindeutig zu viel für den hellen Kopf, der er war. Doktor Kanter stand vor seinem großen Auftritt vor dem Vorstand und bekam nicht einmal ein Bein auf den Boden. Die schwere Eichenkonstruktion hielt ihn fest umschlungen und schien ihm zu bedeuten, dass er für den heutigen Tag wohl ihr gehören würde.

90 Minuten vor dem großen Showdown kroch er in Richtung Dusche. Nein heute konnte er nicht den Fön, den Wetterwechsel, die durchzechte Nacht mit dem Chefredakteur oder einen unaufschiebbaren Zahnarzttermin vorschützen. Aus Doktor Kanter sollte Kanter 2.0 werden und das gleich doppelt: In Form seiner Person, natürlich, und der Kollegin Weihrater, die sich nach vier Mineralwasser und zahllosen Toilette-Aufenthalten dem Social-Media-Diktat ergeben hatte. Version 2.0 der bisherigen Kommunikationsabteilung zeichnete sich durch ein unschlagbares Team aus, in dem die Weisheit der Alten mit dem Geschick der Jungen neue Höhenflüge ermöglichen sollte.

Doktor Kanter kehrte auf dem Weg zu seiner Garage um und winkte abermals ein Taxi herbei. Auf dem Rücksitz des Toyota Prius kritzelte er einige Notizen vom gestrigen Abend auf seinen Spickzettel. Social Media ist kein Medium im klassischen Sinn sondern eine gesellschaftliche Gruppe unter anderen, schrieb er bedeutungsvoll an den Anfang seiner Ausführungen. Als der Wagen die Nonntaler Brücke überquerte, hatte Kanters Kopfschmerz eine mulmige Entsprechung in der Magengegend gefunden. Der konzentrierte Blick sorgte zuerst für leise Wellen, dann abruptes Völlegefühl. Doktor Kanter riss bei voller Fahrt die Tür auf und kotzte sich den letzten Tag, den letzten Abend, die Angst vor dem Vorstand und die Abscheu vor dem eigenen Annäherungsversuchen an die junge Kollegin mit lautem Getöse aus dem Leib. Auch das noch.

„Passt so", flüsterte der kreidebleiche Kanter den Taxifahrer zu und ließ den Hunderter über die Kopfstütze wandern. Diskussionen über die Wagenreinigung waren das letzte, was er jetzt gebraucht hätte. Der junge Araber am Steuer, Tunesier wahrscheinlich, verstand, bedankte sich und fuhr mit dem stinkenden Sauberauto geräuschlos davon. Kanter verschwand sofort auf die Toilette und richtete das ramponierte Schlachtschiff, sich selbst also, so gut zu Recht wie es ging. Vor dem

T. Holzinger, M. Sturmer, *Im Netz der Nachricht*,
DOI 10.1007/978-3-642-22489-8_3, © Springer-Verlag Berlin Heidelberg 2012

Lift machte er kehrt und stürmte nach draußen. „Die schärfsten Zuckerl, die Sie haben bitte", urgierte er beim Kaufmann gegenüber der Fidelio Pharma AG, nahm drei Minze-Pastillen auf einmal in den Mund und eilte zurück. Vier Minuten vor Neun stolperte er in das Büro der Vorstandssekretärin und lächelte so gut es ging. „Ich bin zu früh und habe einen Termin beim Chef."

„Kommen Sie weiter, die Herren sind schon da."

Die Herren? Doktor Kanter hatte mit einem Herren gerechnet und saß jetzt vor der gleichen Runde wie tags zuvor. Der gesamte Vorstand war lange vor ihm eingetroffen und verstummte plötzlich, als er den Raum betrat. „Guten Morgen die Herrschaften, das ist ein Empfang!", scherzte er unbeholfen und setzte sich an den einzig freien Stuhl im Raum – genau gegenüber von jenem Platz, an dem er sonst immer gesessen hatte, wenn der Vorstand getagt hatte.

Klaus Biber, MAS grinste Doktor Kanter selbstzufrieden von dessen angestammten Sitzplatz entgegen. „Mister Internet, schönen guten Morgen", rief Biber süffisant in den Raum. „Ich hoffe, Sie haben gestern nicht zu viel getwittert."

Doktor Kanter zwang sich zu einem kurzen Lächeln und verdammte den präpotenten Kollegen insgeheim, obwohl er nicht so genau zu sagen vermochte, was er an den Worten ihn eigentlich mehr störte: Die Sache mit dem 2.0 oder das Twittern, zu Deutsch Zwitschern, das sich wohl nur auf die Gewohnheit beziehen konnte, dann und wann ein Glas Wein zu nehmen, wenn die Welt um einen Gang zu schnell lief. Er strich sich den roten Seidenschal zu Recht und blieb an einem kleinen dunklen Fleck hängen. Kotze.

„Meine Herren, wir haben keine Zeit zu verlieren. Unser Ruf, unser Erfolg und unsere Glaubwürdigkeit als Hersteller hochwertiger Medizin steht auf dem Spiel." Die Stimme des Vorstandschefs Wolfgang Malle war zackig, unbarmherzig und präzise wie selten zuvor. „Wir haben einen Trend verschlafen, uns angreifbar gemacht und stehen zum ersten Mal in der bald 100-jährigen Firmengeschichte vor einer Situation, die wir mit klassischen Mitteln nicht beherrschen können. Ich habe den Kollegen Biber ersucht, eine kurze Analyse unserer aktuellen Lage zu verfassen. Schließlich ist er der erste, der rückläufige Entwicklungen auf allen Absatzmärkten wahrnimmt. Herr Biber bitte."

Doktor Kanter hatte sich gröblichst verschätzt. Er war nicht, wie sonst immer wenn es an der einen oder anderen Ecke brannte, zu einem vertraulichen Gespräch gebeten worden, er saß auf der Anklagebank und durfte dort, so schien es jedenfalls, kein faires Verfahren erwarten. Sein schlimmster Widersacher hatte alle Waffen in der Hand, um ihn – den großen Strategen – handstreichartig zu entmachten. Der Putsch der Sprechblase.

„Glauben Sie mir, meine Herren, die folgenden zehn Minuten fallen mir alles andere als leicht. Aber manchmal können wir nicht umhin, die Dinge beim Namen zu nennen. Und auch so sehr mich das schmerzt, beim Namen eines Kollegen."

Doktor Kanter sprang wütend auf. „Doktor der Philosophie Erich Kanter lautet der Name und das bin ich. Und ehe mich wohl meine Kollegen in mein berufliches Grab küssen, mitleidigst, möchte ich selbst ein paar Worte zur großen Affäre der Fidelio Pharma AG verlieren." Er sprach laut, bestimmt und ohne Manuskript und immer dann, wenn er mit dem Rücken zur Wand, eher noch mit dem Rücken

zum Boden, stand oder lag, gelangen ihm rhetorische Glanzleistungen, das wusste
er. Wenn er schon abtreten musste, dann sicher nicht so, dass ihm dieser lichtlose
Marktschreier bei lebendigem Leibe die Totenrede hält.

Der gellende Zwischenruf brachte Bibers Ausführungen jäh zum Stocken. Doktor Kanter hatte sich jene drei Zentimeter Luftraum erkämpft, die er nun zur eigenen
Verteidigung und zur Gegenoffensive nutzen konnte. Neun Köpfe waren auf Wolfgang Malles Mund gerichtet. „Wiewohl ich Ton und Lautstärke für unangemessen
halte, möchte ich dem Vorschlag des Kollegen Doktor Kanter nachkommen, um
seine Sicht der Dinge in die Lösung miteinfließen zu lassen. Verzeihen Sie Kollege
Biber, passen Sie bitte gut auf, vielleicht können Sie die eine oder andere Anregung
des Kollegen in Ihre Analyse einarbeiten. Doktor Kanter bitte."

Doktor Kanter hatte einen kleinen Sieg errungen. Den ersten nach einer langen
Reihe von Niederlagen, und jetzt schien es, er könnte verlorenen Boden wieder
wettmachen. Sollten sie ihn aus dem Unternehmen schießen, dann sollte der Preis
für diesen Abschuss besonders hoch ausfallen. Er sank elegant in seinen Stuhl und
strich seinen Seidenschal zurecht. „Wir sitzen hier in Salzburg-Itzling genau an
jenem Ende des Kessels, an dem sich dieses Salzburg öffnet für ein Stück Ebene, ein Stück Weitblick. Zwischen Westautobahn und Altstadt, zwischen Industrie
und alpenländischem Intellekt. Wir haben uns über Jahrzehnte an eiserne Dok-
trinen gehalten. Als Unternehmen haben wir so umsichtig agiert wie kaum ein
anderes. Ein Treppenwitz aus meinem Mund: Diese konservative Attitüde des Wirt-
schaftens hat mir imponiert, mehr noch, sie war die Grundvoraussetzung dafür, dass
einer wie ich sein Leben in den Dienst einer Aktiengesellschaft stellen kann, deren primärer Zweck es ist, eingesetztes Kapital zu vermehren. Sie werden das in
Ihrem Betriebswirtschaftslehrgang gelernt haben, Kollege Biber, die Menge des
eingesetzten Kapitals zu erhöhen. Wir haben auf gutes Geld verzichtet und dafür
mehr Gutes geleistet als all jene, die heute mit vollen Taschen auf ihren kranken
Gewinnen sitzen. Wir haben keine Ärzte bestochen, wie es üblich ist, wir haben
den Direktvertrieb über undurchsichtige Quellen nach Möglichkeit bekämpft und
der Welt damit bewiesen, dass nicht alles was mit Pharma beginnt auf Skandal
endet."

Doktor Kanter sah allen neun Teilnehmern hintereinander tief in die Augen, um
die Eindringlichkeit seiner Einleitung zu unterstreichen. „Die Menschen da draußen waren nicht nur Kunden sondern Partner auf dem Weg zu einer gesünderen
Welt. Wir haben dieses Gleichgewicht mit allen zu Gebote stehenden Mitteln nach
außen transportiert. Und glauben Sie mir, ich kenne mich aus in dieser Branche.
Kein anderes Unternehmen musste so wenig für seinen guten Ruf tun wie wir.
Weil wir gut waren, ganz einfach gut, und das immer wieder und glaubhaft an die
Männer und Frauen in den Redaktionsstuben übermittelt haben. Unser Erfolg war
auch ihr Erfolg, weil sie das Gefühl hatten, ein Stück weit Teil der Geschichte vom
Gesundwerden zu sein, die von diesem vergleichsweise kleinen Konzern ausgeht.
Wir haben unsere Freunde nicht gekauft, wir haben Freunde. Wie in jeder Freund-
schaft zählen auch in der Kommunikation, in der professionellen Kommunikation,
die Werte, die uns allen wichtig sind: Verlässlichkeit, Kontinuität und ein unbe-
stechlicher Charakter. Und wenn ich manchmal gegen Werbelinien dieses Konzerns

opponiert habe, dann nur deshalb, weil sie dieses teuer praktizierte Gleichgewicht umzustoßen drohten. Das mögen Sie für altmodisch gehalten haben, ich halte es für zeitlos. Ja, ich habe Facebook ausgelassen. Ja, ich habe Verkaufsfernsehshows vermieden. Und nochmals ja, ich habe Jubelberichte in der Klatschpresse eher unterdrückt als gefördert. Kurzfristig – nicht wahr Herr Kollege Biber – mag das auf die Absatzzahlen gedrückt haben, langfristig ist es nicht nur der beste Weg sondern der einzige. Und ja, zu guter Letzt, ich habe Facebook versäumt, weil ich nicht einsehen mochte, dass eine wildgewordene Meute von rechtschreiblosen Selbstdarstellern das richtige Biotop wäre, um unsere Ziele zu verbreiten. Ein Ärztekongress findet ja auch nicht im Fußballstadion statt. Ich glaube bis heute, dass Facebook, Twitter und wie sie alle heißen, kein Platz für professionelle Kommunikatoren sind. Wir leben nicht von der Überzeugung des einzelnen, jedes einzelnen, sondern von der professionellen Einschätzung einer kleinen Minderheit. In medizinischen Fragen noch mehr als alle anderen. Glauben Sie mir, es gibt so viele Wunderheiler wie Menschen auf dieser Erde. Kaum einer, der nicht sein Geheimrezept hätte. Kaum einer, der nicht erzählen könnte von den ewigen Qualen mit einer bestimmten Medizin, die ihm nur Schlechtes angetan hatte. Dass hunderte andere Medikamente vielleicht sein Leben bewahrt oder verlängert haben erzählt das Medikamentenopfer nicht. Weil – auch das ist Teil einer kommunikativen Normalität – wir nur das wahrnehmen, was außerhalb der Norm liegt. Ein Medikament, das wirkt, ist so spannend wie ein Bus, der pünktlich fährt.

Ich gestehe offen, dass mir Facebook nicht liegt, nicht liegen wird und auch nicht liegen muss. Es ist eine Erscheinung unserer Zeit, Teil einer gesellschaftlichen Realität, die ich nicht kenne. Es gibt keinen Grund, weshalb ein Konzern wie der unsere hochtechnologische Erkenntnisse der Pharmazeutik auf Hauptschulniveau diskutieren sollte. Diese Auseinandersetzung können wir nur verlieren."

Doktor Kanter war völlig perplex ob seines eigenen Mutes. Er hatte sich gerade zurückgemeldet. So stark, wie er es sich selbst nicht zugetraut hatte. Ermutigt von der interessierten Stille im Raum und den fahrigen Blicken des nunmehr zerknirschten Kollegen Biber setzte er zum Finale an. „Ich anerkenne, dass wir auf dieser neuen Medienebene mit anderen Mitteln andere Ziele verfolgen. Ich nenne das – Sie verzeihen die Provokation – Appeasement gegenüber dem Mob. Wenn die Meute schreit, braucht es bessere, braucht es andere als mich. Ich möchte Ihnen daher aus vollster Überzeugung die folgende Lösung vorstellen und ans Herz legen. Meine Kollegin Marion Weihrater, den meisten von Ihnen als junger Medienprofi ein Begriff, ist mit der Welt der Neuen Medien auf Du und Du. Sie geht nicht mit dumpfen Enthusiasmus auf dieses Zielpublikum zu, sie handelt vielmehr aus dem Hintergrund der profunden Analyse und der datengestützten Strategie. Es würde mich freuen – das nötige Vertrauen vorausgesetzt – in wenigen Wochen – geben Sie mir ein Monat, keinen Tag länger – eine neue allumfassende Medienstrategie der Fidelio Pharma AG vorzustellen. Wenn Sie Fragen zu oder an meine Kollegin haben, sie ist wie immer um diese Zeit im Haus und steht für Rückfragen – wenn Sie das wünschen, wenn wir das wünschen – zur Verfügung. Vielen Dank."

Das Vorstandszimmer wirkte wie eingefroren. Doktor Kanter saß auf seinem Sessel und verbot sich das nervöse Schlucken, das ihn seit seiner Kindheit begleitet hatte. Der verwundete Stier war noch einmal aus der Arena gelaufen, verletzt aber nicht tot. Ein seltener Sieg.

„Liebe Freunde." Klaus Biber, MAS, durchbrach die eisige Stille, die – so glaubte Doktor Kanter – von Respekt und Ratlosigkeit gleichermaßen geprägt war. „Meine lieben Freunde. Der Herr Kollege hat uns noch einmal vorgeführt, weshalb wir ihn haben. Und wenn er uns schon die Malaria-Kranken nicht vom Leib reden konnte, dann hat er zumindest bewiesen, dass er für sich selbst sprechen kann. Ich zolle Ihnen, Herr Doktor Kanter, jeden Respekt für diese Aufführung. Sie sind der klügste Botschafter Ihrer selbst. Eloquent, weltgewandt, überzeugend. Aber: Hier geht es nicht um Sie. Hier geht es auch nicht um Rechthaben oder Bessermachen. Hier geht es um ein Großfeuer und die Tatsache, dass dieses Feuerchen unter ihren nachlässigen Augen zu lodern begonnen hatte und jetzt nicht mehr einzudämmen ist."

Doktor Kanter spürte förmlich, wie ihn ein unsichtbarer Magnet in Richtung des Oberkörpers seines ungeliebten Widersachers zog, genau genommen in Richtung Hals, dort, wo beim Kehlkopf jener Punkt zu finden ist, der den Unterschied zwischen Atmung und Stillstand ausmacht. Er sehnte sich für einen kurzen Moment nach jener Zeit, in der man einfach den Revolver antippen konnte und vor der Haustür die finale Auseinandersetzung suchen.

Klaus Biber unterstrich seine weiteren Worte mit jenem unangenehm schnarrenden Timbre, das Doktor Kanter vom ersten Tag an nicht leiden konnte. Ganz egal, ob er denn aalglatten Kollegen mochte oder nicht. „Die Idee mit Ihrer Kollegin finde ich entzückend. Ich schätze Frau – wie war ihr Name doch gleich – Weihrater sehr. Sie koordiniert Termine wie keine zweite. Sie kann schreiben und wenn sie spricht, was selten genug vorkommt, sind ihre Worte geschliffen und durchaus fundiert. Aber meine Herren, ein Greenhorn, keine 25 Jahre alt, schüchtern und unscheinbar, wird das Ruder nicht herumreißen. Und wenn Sie, Herr Kollege Doktor Kanter, nicht jahrelang geschlafen hätten, im wohligen Rauschen des alten Blätterwaldes, dann hätte man diese Frau Weihrater vielleicht langfristig aufbauen können. Drei Rhetorikkurse und ein paar Monate Therapie-Coaching hätten ihr weiß Gott mehr Leben eingehaucht. Ihr Vorschlag – ganz offen gesprochen – ist so erfolgversprechend wie ein Stich ins Herz, um einen Verletzten zu retten. Ich darf daher als Mitglied des Vorstands den Antrag einbringen, diese Idee nicht weiter zu verfolgen und Herrn Doktor Kanter die Agenden für die digitale Medien alsbald zu entziehen."

Ein unfassbares Arschgesicht. Doktor Kanter konnte in seiner Fantasie fluchen, wie ein amerikanisches Ghetto-Kid. Er vergaß das hohe Gremium, sprang wütend aus seinem Sessel und schrie in die Runde. „Diese Unfassbarkeit!"

Wolfgang Malle wies Doktor Kanter mit einer hastigen Handbewegung zurück auf den Stuhl. „Sie sind – werter Herr Kollege – beratendes Mitglied des Vorstands. Das heißt, Sie sprechen, wenn Sie gefragt sind. Ich habe Ihr Anfangsstatement bewusst toleriert, wir kennen Ihre Position, ich sehe keine Notwendigkeit, weitere

Details zu diesem Komplex zu erörtern. Wenn es keine Fragen mehr gibt, schlage ich vor, wir entscheiden diesen Punkt in offener Abstimmung."

Doktor Kanter schob seinen Notizzettel fassungslos in die braune Aktentasche, zupfte seinen roten Seidenschal in die Optimalposition, stand behände auf und verließ schweigend den Raum.

„Sie werden uns schön helfen, die Suppe, die nur dank Ihnen auf dem Tisch steht, Löffel für Löffel zu beseitigen. Sie bleiben hier", rief Malle, jetzt aufgeregt hinter dem waidwunden Doktor Kanter her.

Sicher nicht. Wer hatte denn diese Schnapsidee jedes medizinische Forum im deutschsprachigen Raum mit bezahlten Pseudokranken zu beschicken, um die Segnungen der Fidelio Pharma AG in radebrechendem Community-Deutsch an die Leute zu bringen? „Wem ist denn diese New-Media-Scheiße überhaupt eingefallen?", rief Kanter, in der Tür stehend zu Klaus Biber. „Mit Ihrer Idioten – äh – Guerilla-Werbung haben Sie diese schlafenden Ungetümer doch erst wachgeküsst. Und gerne löffle ich in all jenen Suppen, die ich selbst gekocht habe, weigere mich aber aus Prinzip, diese übelriechende Pampe anzurühren, die der Herr Kollege in jahrelangem Dilettantismus fabriziert hat." Wenn Doktor Kanter in seinem Leben viele Gelegenheiten zu Wahrhaftigkeit und Anstand ausgelassen hatte, diesmal war er schnell genug. Gegen sein flammendes Plädoyer wäre kein Kraut gewachsen und Medizin auch keine. Er wusste, er hatte Recht.

„Irgendwer musste die Neuen Medien doch bedienen, wenn der Herr Kommunikationschef seine Zeit mit alten Chefredakteuren verbringt, die auf Firmenkosten Brunello wie Wasser schlucken und am Ende doch nur die immer gleichen D-Schicht-Hornochsen erreichen." Auch Klaus Biber war mit seiner Sprache jetzt vier Etagen tiefer angekommen, auf Straßenniveau. „Wenn es nach Ihnen ginge, würden wir immer noch Brennnesseln im Kupferkessel verkochen und den Leuten auf die Haut schmieren. Vielleicht sehen Sie selbstkritisch ein, dass Ihr Zugang zur Welt schon gestern nicht mehr modern war."

Doktor Kanter wusste, dass sein Kredit aufgebraucht war. Eine weitere Replik hätte so weit unten angesetzt, in der Schrittgegend jedenfalls, dass sie ihn wohl völlig zu Recht den Job gekostet hätte. Die linke Hand in seiner Hosentasche krallte sich am Oberschenkel fest, und er trottete langsam zu seinem Stuhl zurück. „Entscheiden wir das bitte."

Kapitel 4
Dicke Luft

„Konditorei Fuhrgasser, 14:00 Uhr?" Doktor Kanter verabredete sich mit dem einzigen Menschen, mit dem er Niederlagen ungeschönt teilen konnte. Joe Bauer, Doktor der Theologie und der Rechtswissenschaften, ein Kollege aus frühen Uni-Tagen, war für das frischgebackene Dilemma wie geschaffen. Jojo-Joe, wie er auch gerufen wurde, zeichnete sich für ein Leben zwischen Dick und Dünn, zwischen Oben und Unten, zwischen allen Extremen aus. Joe konnte sich mühelos 30 Kilo vom Leib hungern und in wenigen Wochen das Doppelte wieder nach oben stopfen. Er hatte einst Frau, Kind und Einfamilienhaus, heute einen männlichen Lebenspartner und mehrere „Bekanntschaften", wie er es nannte, und hielt sich wacker am Tropf der Kirche und ihren Vorfeldorganisationen.

Doktor Kanter schob die Großpackung Nikotinkaugummi in die Manteltasche, ärgerte sich, dass sein Unternehmen diese himmelschreiend einfache Rauchentwöhnung nie erfunden hatte. Ein paar Gramm Nikotin in Kautabletten zu verstauen war keine große Sache und der Herstellungspreis nicht der Rede wert. Der Gewinn pro Kaugummi musste irgendwo zwischen 99,2 und 99,3 Prozent des Nettoverkaufspreises gelegen haben. Doktor Kanter hatte zwar kaum Ahnung von Stückkostenrechnung und Betriebswirtschaft, aber das ökonomische Verständnis eines durchschnittlichen Salzburger Vorstadthoteliers hatte er sich in homöopathischen Dosen über die Jahre angeeignet.

„Joe, mein lieber Josef, wie geht's Dir", rief Doktor Kanter ehrlich erfreut in den Salon. Joe war sichtlich am oberen Ende des Jojos angelangt und kaute genüsslich an einem Stück Amadeus-Schnitte, einer Spezialität des Hauses, welche die fettigsten Cremes mit dicker Zuckerglasur und dekorativen Marzipan-Einlagen vereinte. Ein Kalorien-Koloss. Die Konditorei Fuhrgasser lag einen Steinwurf von der Fidelio Pharma AG entfernt und hatte den Möbelhausbarock der späten 80-er Jahre für das neue Jahrtausend konserviert. Helle Furniertische auf falschem Marmor, dazu goldene Handläufe und neckisch gemusterter Plüsch an den Wänden. Der große Saal versprach Noblesse und meinte doch nur Peinlichkeit. Was für die bessere Gesellschaft geplant war, wurde zur Heimstätte der Hoffnungslosen. Wer um neun Uhr morgens sein zweites Bier bestellt, braucht keine wohlige Atmosphäre sondern Stoff. Und so lag um zwei Uhr nachmittags schwerer Zigarettenrauch unter scharfem Alkoholdunst vermischt mit dem Parfum von Pensionistinnen, die sich in

T. Holzinger, M. Sturmer, *Im Netz der Nachricht*,
DOI 10.1007/978-3-642-22489-8_4, © Springer-Verlag Berlin Heidelberg 2012

der Konditorei Fuhrgasser den täglichen Damenspitz abholten: ein Achtel Blauer Portugieser und ein Glas Mozartlikör zum Dessert.

„Setz Dich zu mir Dottore, mein lieber Dottore", schmatzte Joe halb essend, halb sprechend vor sich hin. Immer wieder schossen kleine Stückchen aus Joes Mund in Doktor Kanters Richtung, der, sofern die Teile groß genug waren, geschickt auswich und seinen Schal damit vor tiefgreifender Verschmutzung, Amadeus-Dreck, wie er für sich dachte, bewahrte.

Doktor Kanter trank roten Hauswein und aß wie immer, wenn er dem Freund bei der Nahrungsaufnahme zusehen musste, selbst nichts. Er berichtete dem alten Freund vom permanenten Stakkato der Niederlagen, von der Vorstandssitzung, die letztlich dazu geführt hatte, dass er, Doktor Kanter, die Hälfte seiner Macht einbüßte. Klaus Biber mit dem Schmalspur-Magister irgendeiner heruntergewirtschafteten Privatuniversität hatte ihm ausgerechnet eine ausgewiesene Expertin – selbst ernannt gewiss, denn wer konnte schon Experte sein in einem Feld, das gerade zwei oder drei Jahre alt war – vor den Latz geknallt.

Jojo-Joe nestelte in der Tasche seines Cordsakkos einen grellblauen Gummihandschuh hervor. Mit dem süffisanten Blick eines sadistischen Urologen zog er das Stück Plastik über seine linke Hand, nahm eine filterlose Gitanes aus der dunkelblauen Packung und steckte sie an.

„Spinnst Du?" Doktor Kanter konnte sich keinen Reim auf das seltsame Verhalten seines Freundes machen, der irgendwie komisch aussah, ganz in Schwarz, kariertes Hemd, blauer Handschuh und Kippe zwischen den Fingern.

„Der Hansi hält den Tschik-Geruch auf meiner Hand für ekelig." Joe lachte. „Mein Fingerkondom sozusagen. Sicher gegen den Gestank." Er zog tief an seiner französischen Zigarette und blies den Rauch zufrieden in die überparfümierte Damenrunde am Nachbartisch.

„Heiliger Strohsack – Dir sitzen die Radkappen wohl alle locker." Doktor Kanter griff wie selbstverständlich nach dem blauen Paket seines Freundes und zündete seinerseits einen Glimmstängel an. Er hatte aufgehört, mit dem Rauchen aufzuhören. Doktor Kanter ließ sich die Zeitungen des Tages an den Tisch kommen und legte dem alten Freund die jüngsten Publikationen zur Causa Prima vor die Nase. Vom Gesundheitsminister abwärts bis zur hysterischen Landesrätin sonderten sämtliche berufenen Personen ihre Besorgniserregung oder Abscheu vor dem Skandal ab. „Mein Waterloo. Man geht mit mir um, als hätte ich die Patienten allesamt höchstpersönlich vergiftet. Und ich sag Dir, das ist das erste Mal, dass ich nicht im Geringsten weiß, wie ich aus der Nummer wieder herauskomme. Seit heute bin ich nur noch die Hälfte wert. Man hat mir alles, was nicht Papier ist, aus dem Aufgabenbereich gestrichen. Für den ganzen Rest – und das ist eine ganze Menge – haben sie diesen Trampel engagiert. Vermutlich blond, vermutlich blöd, vermutlich zielstrebig." Doktor Kanter wusste um die Ungerechtigkeit seines vorschnellen Urteils bescheid und kam umso mehr in Fahrt. „Die macht aus drei Buchstaben einen Roman und aus zwei Facebook-Einträgen eine Medienstrategie. Und ich alter Depp steh' daneben und bring' nicht mehr zusammen, als meine tiefste Betroffenheit, ein Beleidigtsein, das als Antwort auf die drängenden Fragen genauso zielführend ist wie das Herumposten dieser Frau Brandmaier."

„Scheiß Dich nicht an!" Jojo-Joe hatte offenbar wenig Verständnis für Kanters Lebensdrama. „Wenn Du bei jedem Lüftchen die Segel streichst, kannst Du nie im Wind fahren. Und heute – genau jetzt an diesem lächerlichen Punkt in einer über 50 Jahre langen Linie – bläst Dir eine sanfte Prise entgegen und Du tust so, als kämst Du von Deinem eigenen Begräbnis. Kanti, Du bist eine Witzfigur."

Doktor Kanter sog fest an seinem Glas Zweigelt, entwendete ungefragt eine weitere Zigarette aus den Beständen des Freundes und starrte sekundenlang die Flamme des Feuerzeuges an, ehe er so heftig inhalierte, dass ihm kurzfristig schwarz vor den Augen wurde.

„Da stehst Du drüber, nicht wahr Joe?", schnatterte Kanter über den Tisch. Warum schossen nun alle in seine Richtung? Das letzte, was er gebraucht hatte, war ein weiterer Angriff. Natürlich, es ging bloß um eine lächerliche Existenz unter sechs Milliarden anderen, einen saturierten Kämpfer für Gerechtigkeit a. D., der die Jahre nach dem gelebten Idealismus gewinnbringend für einen Konzern verbrachte, dessen Menschenfreundlichkeit sich im Bereitstellen von billiger Medizin für teures Geld erschöpfte. Trotzdem es ging um sein Leben, das einzige, das er hatte. Doktor Kanter liebte und hasste Jojo-Joe für seine profunde Analyse. Gnadenlose Einschätzungen wurden stets überlagert von einem unwiderstehlichen Lächeln, von einer Biografie, der man alles vorwerfen konnte nur das nicht – Angepasstheit.

Doktor Kanter bestellte ein weiteres Glas vom Roten und dann noch eines und schließlich wieder eines, während er versuchte, das Drama seines Dramas so zu erfinden, dass es auch dem lieben Freund als solches erschienen wäre.

„Selbstmitleid ist die grauslichste Form der Empathie", schleuderte ihm Jojo-Joe am Ende entgegen, und Doktor Kanter nahm diese letzten Worte wie eine Dornenkrone in der siebenten Wiederholung und setzte sie ostentativ auf sein besudeltes Haupt. Insgeheim wusste er, dass Jojo-Joe Recht hatte, genauso wie er wusste, dass er das nie zugeben könnte.

Doktor Kanter wickelte – was er selten tat – seinen roten Seidenschal um den Hals. Er fühlte sich geschützt vor den Beleidigungen anderer Menschen, aller Menschen, und vor dem feuchtkalten Novemberwind. Diese verfluchte Kälte.

„Wir sehen uns Joe. Und lass mir den Hansi ganz lieb grüßen." Sein Magen knurrte wie der altersschwache Bernhardiner der Vorstandssekretärin. Er überlegte kurz, noch einmal in den Fuhrgasser-Salon zurückzukehren, entschied sich dann für deftiges Stück Schweinsbraten im Gasthof Rauchenbichl, der wenige Kilometer auf der gleichnamigen Anhöhe zwischen Itzling und Bergheim lag. Kanter verschlang die durchwegs fettreiche Kost – von der Kaspressknödelsuppe über den Schweinebraten mit Knödeln und Kartoffeln und Powidl-Pofesen, die Spezialität des Hauses. Doktor Kanter lockerte seinen Armani-Ledergürtel um zwei Löcher, stieß zwei oder drei Mal schwer auf und bestellte dann Vogelbeerschnaps, um Bauchspeicheldrüse und Magen die Schwerarbeit im Verdauungstrakt zu erleichtern. Der Wirt legte seinerseits noch ein Stamperl drauf. Doktor Kanter verlangte nach der Rechnung und stellte entsetzt fest, dass er für eine ganze Familie gefressen und gesoffen haben musste. Die Summe erschien ihm so hoch, dass er kurzerhand die beinahe leere Zigarettenschachtel des Wirten ungesehen in seiner Manteltasche verschwinden ließ. Heute brauche ich das.

Rien ne va plus. Doktor Kanter drohte zu zerplatzen, als er sich müde vom vielen Essen samt flüssiger Beilage hinters Lenkrad zwängte. Der Sechszylinder-Diesel schüttelte sich binnen weniger Sekunden in den runden Lauf. Doktor Kanter mochte das souveräne, kraftvolle Gefühl, wenn dieser Motor knapp zwei Tonnen Eisen eindrucksvoll in Bewegung setzte. Aus dem CD-Player röhrte der liebeskranke Mick Jagger einmal mehr seiner „Angie" hinterher. Er mochte dieses Lied, obwohl ihm die Rolling Stones stets einen Deut zu vulgär gewesen waren. Doktor Kanter drehte ein wenig lauter, um das nervenaufreibende Piepsen des Gurtwarners mit der schmachtenden Abschiedsballade zu übertönen.

Der Audi A6 verschwand mit heulendem Motor von der Anhöhe.

Doktor Kanter wollte so schnell wie möglich nach Hause. An der Kapelle Maria Schutz hielt er kurz inne, an jener Stelle, wo vor wenigen Jahren ein Postbus mit 26 Ausflugsgästen von der Straße gestürzt war. Er lenkte den A6 zügig in die 90-Grad-Kurve, die sich hängend in Richtung Stadt zog. Die Lampen am Armaturenbrett begannen nervös zu flackern, der Wagen geriet nach links, zog dann wie von Geisterhand wieder nach rechts. Doktor Kanter bemerkte, wie jede Form der Beherrschung verloren ging. Er verfolgte die schlingernden Bewegungen seines Wagens wie in Zeitlupe. Der Audi drehte sich mehrmals um die eigene Achse, schoss über das Glatteis der Straße hinaus geradewegs in den Wald. Doktor Kanter versuchte verzweifelt, den Gurt zu erreichen. Zu spät. Mit einem dumpfen Knall zerbarst die Limousine an einer mächtigen Lärche.

Kapitel 5
Auf allen Vieren

Er fror. Er lag regungslos in hartem Gestrüpp, keine 40 Meter von der Straße entfernt, in einem Haselnussstrauch. Eine Baumlänge entfernt parkte sein Wagen. Der Audi war zertrümmert, kein schöner Anblick. Der Motor fauchte noch, das warme Kühlwasser blies kleine Schwaden in den Nachthimmel. Sogar die Lichter, jene der rechten Seite, die nicht zerborsten waren, malten grelle Streifen in die feuchte Nachtluft. Doktor Kanter öffnete seine Augen und befand seine Lage als einigermaßen seltsam. Schemenhaft erkannte er die Umgebung aus Wald und Schnee. Schmerzen von überall drohten ihn von innen zu zerreißen. Er wollte schreien und brachte bei weit offenem Mund keinen Laut heraus. Totwerden. Er hatte nur diesen einen Gedanken. So würde sich totwerden anfühlen. Nicht einmal das korrekte Vokabel kam ihm in den Sinn.

Wie war er aus dem Wirtshaus, seiner letzten Erinnerung, an diesen unwirtlichen Ort gekommen. Und was wollte er hier? Der Wald erschien ihm als denkbar unpassendster Aufenthalt nach einem üppigen Abendessen, zumal er sich, das merkte er gleich, offenbar im falschen Aufzug hier her begeben hatte. Diese Höllenqualen! Er gehörte in sein Bett, nicht in den Haselnussstrauch.

Doktor Kanter richtete den Oberkörper auf. Er zog sich an einem dünnen Ast hoch und brach schmerzverzerrt zusammen. Der linke Arm streikte. Wo war er? Was sollte das? Doktor Kanter lag auf dem Boden und erbrach das üppige Menü in das Buschwerk. Verdammte Hausmannskost. Er schimpfte über die schwere Mahlzeit samt üppiger Beilage in Form von Gebrautem und Vergorenem. Ein Salat mit Forellenfiletspitzen hätte es auch getan. Die Beine taten es den Armen gleich und ließen sich nicht bewegen. So sehr Doktor Kanter auch seinen Willen strapazierte, es passierte nichts. Er lag da wie ein Sack Kartoffel und zitterte vor Kälte, aus Angst. Seine kulinarische Niederlage wog weniger schwer als sein aktueller Liegeplatz. Vor Anker im Haselnussstrauch, kein Mensch in Sicht.

„Hilfe." Seine Stimme war fest, er konnte schreien. Doktor Kanter freute sich, dass sein Verlautbarungsorgan, sein wichtigstes Werkzeug zu Verbreitung seiner selbst, in gewohnter Weise zu funktionieren schien. In der Not sind kleine Dinge so schön wie ein Olympiasieg. „Hilfe", schrie er geradezu begeistert in die Dunkelheit, erfreut, dass er unzweifelhaft seine Stimme vernehmen konnte, die irgendjemand

T. Holzinger, M. Sturmer, *Im Netz der Nachricht*,
DOI 10.1007/978-3-642-22489-8_5, © Springer-Verlag Berlin Heidelberg 2012

hören musste. Er hatte sich verlaufen, er fühlte sich elend und es sah nicht so aus, als ob er aus eigenem Antrieb wieder herauskäme.

Doktor Kanter starrte auf seinen Audi und begann zu begreifen. Ein Unfall. Es musste ein Unfall gewesen sein. Der sonst so souveräne Wagen sah erbärmlich aus. Die gesamte linke Seite war eingedrückt, der A6 bog sich mitleidserregend um den Baumstamm und fauchte unaufhaltsam Kühlwasserschwaden in die Nacht. Das Dach war hinten eingedrückt. Überschlag. Aufprall. Doktor Kanter setzte Stück an Stück, langsamer, als es seine Art war, und begriff. Die Seitenscheibe fehlte. Aus dem Loch wehte eine verschmutzte weiße Flagge. Der Airbag? Er musste bei voller Fahrt aus dem Wagen geflogen sein. Und jetzt lagen sie da: Der völlig kaputte Audi neben dem nicht minder ramponierten Besitzer. Weder 240 Pferdestärken noch zwei Beine und zwei Arme vermochten daran etwas zu ändern. Regungslos im Wald. „Scheißkarre." Doktor Kanter begann seinen Wagen zu hassen. Das Auto, das er im Normalfall binnen weniger Sekunden erreicht hätte, lag unerreichbar weit von ihm entfernt. 20 Meter Unendlichkeit trennten den schwer verletzten Doktor Kanter von der Aktentasche im Beifahrerfußraum. Dort lag, gut verwahrt, sein Blackberry.

Feuchtigkeit und Kälte fraßen sich unaufhaltsam erst durch den dunklen Mantel, dann durch Sakko und Hemd, am Ende durch alle Poren seiner Haut. Er zitterte stärker. Mehr als zwei oder drei Stunden, das wusste er aus seinen zahlreichen medizinischen Lehrgängen, die man ihm als Kommunikationschef eines Pharmakonzerns nahegelegt hatte, würde ein Mensch bei diesen Temperaturen nicht aushalten. Doktor Kanter wusste, dass er noch über der ersten kritischen Marke lag. Bis 32 Grad Körpertemperatur war der Geist klar. Er dachte in ganzen Sätzen. Zusammenhängend. Beruhigend für den Moment. Grad um Grad würde er weniger werden. Bis bei exakt 15 Grad das Herz den Dienst verweigern würde. Vorher aber, das gab ihm Sicherheit, würde das Koma die schlimmsten Minuten verschleiern. Der Countdown des Erfrierens, das sah er ganz klar, war eingeläutet. Auch wenn es nicht um Sekunden ging – Doktor Kanter berechnete seinen absehbaren Tod in Zehnminutenschritten –, er würde recht bald die Seite wechseln müssen ohne fremde Hilfe. Er starrte auf seine Eterna-Armbanduhr. Sie stand still: kurz nach Halbacht. „Es wird mit dem Summerton neunzehn Uhr, vierunddreißig Minuten und zwanzig Sekunden." Er diktierte das Stillstandsdatum mit harscher Stimme und imitierte dabei den fordernden Tonfall der Dame aus der vor Jahren eingestellten Telefonzeitauskunft, die jahraus, jahrein hörbar gereizt die Piepsgeräusche im Zehnsekundentakt aufgesagt hatte. Das Uhrwerk hatte den Unfall nicht überlebt.

„Gefällt mir"-Button Daumen nach oben. Doktor Kanter lag halbtot im dunklen Wald und dachte an Facebook. Ausgerechnet. Sein erster Eintrag hatte den blauen Daumen der Kollegin Weihrater vorne dran. Was er geschrieben hatte, wusste er nicht mehr. Es war wohl belanglos gewesen. Die Kollegin Weihrater. Verdammt. Doktor Kanter hatte sich nach der schmachvollen Niederlage nicht mehr gemeldet. Nichts von einer Bestellung, nichts von einer Absage, einfach nichts. Er schämte sich und kramte mit der rechten Hand, die er unter Schmerzen bewegen konnte, in seiner Manteltasche eine Zigarette aus den Beständen des Rauchenbichl hervor. Ein Glück, so klein es auch sein mochte, war ihm in den vergangenen 20 Minuten nicht untergekommen, und so war der Glimmstängel der einzige Lichtstreif in einer kalten Nacht, die Doktor Kanter nicht, zumindest so nicht, überleben würde. Er zog die Zündholzschachtel mit der rechten, der einzig intakten Hand umständlich aus der linken Manteltasche, nahm ein Streichholz und rieb es an der zwischen Brustkorb und Oberarm eingeklemmten Reibfläche hastig an. Im kurzen Schein der Phosphorflamme erkannte er Blut auf seinen Händen, auf seiner Kleidung, überall. Doktor Kanter war froh, dass Zündhölzer nicht mehr als eine Karikatur einer Stichflamme sind, so kurz und beiläufig, und er in Ruhe und unbeleuchtet an seiner Zigarette, vielleicht seiner letzten, ziehen konnte. Das Blut an seinem Körper, Verletzungen von der zerborstenen Scheibe gewiss, wollte er nicht sehen. Er blies den weißen Rauch zufrieden in den Mantelkragen und spürte für einen Moment so etwas wie Wärme auf seinem Oberkörper. Die Zigarette als Lebensretter. Doktor Kanter war froh, dass er gerade erst mit seinen Nikotinersatzmitteln abgeschlossen hatte. An einem Kaugummi wäre er jedenfalls schneller zugrunde gegangen.

Marion Weihrater. Die junge Mitarbeiterin sollte seine letzten Stunden begleiten. Doktor Kanter beschloss, teils aus schlechtem Gewissen, teils aus einer undefinierten Anziehung, die ihn überkam, seinen Abschied im Geiste mit jener Frau zu verbringen, die ihn so drängend an seine schönsten Jahre erinnerte. Sein Körper bebte und zitterte rastlos, rauchend und blutverschmiert krümmte er sich in dürrem Astwerk und durchlebte dabei seine besten Zeiten noch einmal: mit Marion Weihrater in der Ersatzhauptrolle.

Marion war wie Elisabeth. Und Elisabeth, das konnte er jetzt, am Ende der Laufbahn, die man Leben nennt, mit letzter Sicherheit behaupten, Elisabeth war sein Mensch gewesen. Seine Frau. Seine Liebe. Seine Niederlage. Doktor Kanter hatte ihr vor 18 Jahren einen Brief geschrieben. *Den* Brief. In persönlichen Dingen war er Schriftmensch gewesen, immer schon. Die Gedanken von Wochen und Monaten vermochte er auf einige Worte einzudampfen. Hochprozentiges von feinster Sprachgüte. Sein Brief an Elisabeth enthielt nur einen lapidaren Satz: „Meine Kleinigkeit wird an Dir vorübergehen." Er heulte und sie war weg. Für immer.

Kapitel 6
Verbundene Einsichten

Er sah rot mit kleinen gelben Einsprengseln. Wenn er den Kopf nach rechts wendete, sah er hellere Farben. Die gelben Punkte zogen schneller, aufgeregter durch sein Blickfeld. Auf der anderen Seite war es dunkler. Das Rot erinnerte ihn an verwitterte Ziegel, die gelben Punkte waren weniger auffällig, wie die Lichter von entfernten Häusern, die durch die Nacht leuchteten und mit zunehmender Entfernung immer schwächer wurden, bis sie ganz erloschen. Es war warm.

„Kanter, Erich." Er hörte seinen Namen, verärgert, weil man ihn respektlos mit dem verhassten Vornamen zu rufen schien. Rund um ihn wieselten leise Schritte. Auf seiner rechten Hand spürte er ab und an einen leichten Luftzug. „Fibulafraktur", hörte er einen offenbar älteren Herren mit fester Stimme sagen, und dann noch einige Begriffe in schneller Folge, die er nicht verstand. Doktor Kanter suchte die Gesichter zu der Stimme, zu den Schritten und zu dem Lufthauch, der ihn umwehte. Er fand nichts. Rechts war Hellrot, links war Dunkelrot. Sonst war nichts.

Doktor Kanter zog seinen rechten Arm in die Höhe, um sich über das Gesicht zu fahren. Nach wenigen Zentimetern war Schluss. Die Linke ließ sich nicht mal so weit bewegen. Kanter war gefesselt, bewegungslos und erkannte nichts als Farbkleckse, die von menschlicher Unterhaltung untermalt waren. Die Sprache kam ihm bekannt vor. Medizinisches Fachvokabular. Apothekerdeutsch. Ärztekauderwelsch. Er war im Krankenhaus, offenbar, verbunden, arretiert und jenen Menschen ausgeliefert, die Schwestern, Ärzte und sonstiges Fachpersonal gewesen sein mussten.

„Haben Sie Schmerzen?" Eine bestimmte weibliche Stimme, keine 30 Jahre alt, sprach zu ihm. Doktor Kanter überlegte kurz. „Nein." War er im Schlaf gefangen? Ein Traum vielleicht, der ihm etwas sagen sollte? Er versuchte sich zur Seite zu drehen, um Stift und Notizblock zu greifen. Die hatte er stets auf dem Nachkasten liegen, um Träume möglichst zeitnah notieren zu können. „Die Reise ins Ich", nannte er die Sammlung an Traumnotizen, die er stets unkommentiert ließ. Er war ja kein Fall für die Psychoanalyse, bestenfalls für die eigene Psychodokumentation. Die Seitendrehung endete nach wenigen Millimetern. Doktor Kanter hing in den Seilen.

„Haben Sie Schmerzen?", wiederholte die Stimme, jetzt etwas lauter und ein wenig ungeduldig. Die Frage dröhnte durch den zentimeterdicken Verband, der Doktor Kanter die Sicht versperrte. „Ja. Ja." Er war empört. Gerade noch im

T. Holzinger, M. Sturmer, *Im Netz der Nachricht*,
DOI 10.1007/978-3-642-22489-8_6, © Springer-Verlag Berlin Heidelberg 2012

Traum, keine Chance auf seine Notizen, und eine impertinente Frauenstimme forderte Informationen ein, die er noch nicht einmal selbst zusammengesammelt hatte. „Jaaaa!", wiederholte Kanter, diesmal muss er beinahe geschrieen haben. Die Schallwellen drangen wie Druckluft in seine Ohren und verursachten minutenlange Kopfschmerzen. Doktor Kanter spürte, wie Körperteil um Körperteil in sein Empfinden zurückkehrte. Zuerst Arme, dann Hände, darauf die Beine und schließlich seine Füße. Sie hatten eines gemeinsam: Sie fühlten sich an, als läge er einem Beet aus Glasscherben.

„Sie haben einen schweren Unfall hinter sich." Die Stimme gehörte einem Arzt, da war er sicher. Sie klang unaufgeregt und arrogant. „Sie brauchen jetzt vor allem Ruhe. Ich gebe Ihnen noch etwas gegen die Schmerzen." Der Arzt drehte sich zur Schwester und murmelte „Pacemsalvit 300 mg auf sieben Stunden."

„Pacemsalvit?" Doktor Kanter war schlagartig hellwach. Dieses Schmerzmittel, von der Konkurrenz erzeugt und vertrieben, war bekannt. Für seine hervorragende Wirkung. Für seine phänomenalen Nebenwirkungen. Unter Suchtpatienten wurde Pacemsalvit hoch gehandelt. Es stellte eine berauschende Kombination aus Dämmerzustand und Leichtigkeit her, die selbst Heroinabhängige für einige Stunden vom eigenen Stoff weghielten. Dass die Leber dabei schweren Schaden nahm, mag den Junkies von der Staatsbrücke egal gewesen sein, den pharmazeutisch einigermaßen versierten Doktor Kanter versetzte die angekündigte Behandlung in Alarmzustand. Ausgerechnet die Leber.

„Pacemsalvit? Wollen Sie mich umbringen?"

„Das hätten Sie um ein Haar selbst erledigt." In der Stimme des Arztes lag jene mitleidige Arroganz, die Doktor Kanter seit jeher die Lust an Ärztekongressen, sogar an Freundschaften mit Medizinern allgemein, genommen hatte.

„Was heißt selbst erledigt?" Kanters Stimme drängte sich durch die kleine Verbandsöffnung um den Mund nach draußen.

„Sie sind bei einer Geschwindigkeit von 60 Stundenkilometern ohne Gurt und ausreichend abgefüllt von der eisglatten Fahrbahn in den Wald geschossen. 1,3 Promille, freundlich geschätzt."

„Freundlich geschätzt?"

„Freundlich geschätzt. Wir haben den Unfallzeitpunkt recht knapp kalkuliert und den Alkoholabbau sehr hoch. Erfahrungswert plus ein bisschen, sie verstehen."

„Nein, ich verstehe nicht."

„Hören Sie, ich war nicht dabei. Sie werden schon rechtzeitig erfahren, was genau passiert ist. Sie sollten jetzt in aller Ruhe bei ein paar Gläschen Pacemsalvit intravenös schlafen."

Doktor Kanter wollte noch einmal seine Stimme zum Protest erheben, fügte sich dann aber dem Unvermeidlichen, ließ die beruhigende Prozedur mit Pacemsalvit und einigen Infusionsnadeln über sich ergehen und schlief nicht unzufrieden langsam ein.

Das rote Licht zog wieder über das Blickfeld des vermummten, völlig seh- und weitgehend gehörlosen Doktor Kanter. Aus der Richtung des Lichts schloss er, dass es irgendwann in der Früh sein musste, denn so grell, so unmittelbar hatte er die Farbe vom Vortag nicht in Erinnerung. Doktor Kanter fühlte sich gleichermaßen hilflos und beobachtet, als ob die Spione direkt neben ihm stehen würden, vielleicht standen sie dort ja, er würde es jedenfalls nicht bemerken.

„Guten Morgen, Herr Doktor Kanter", sagte eine Frauenstimme, eine vertraute Stimme, genau jene Stimme, die er sich gewünscht hätte, wäre sein Gehirn in all seiner Langsamkeit überhaupt bis zu einem Wunsch gekommen. Marion Weihrater. Aus seiner begrenzten Bewegung im Spitalsbett musste sie auf seine Wachheit geschlossen haben, was ja auch stimmte, wie er nach kurzem Nachdenken eingestehen musste. Doktor Kanter suchte die Festigkeit in der eigenen Stimme, spielte mit den Stimmbändern wie ein tiefgläubiges Großmütterchen vom Land mit dem Rosenkranz, presste undefinierbare Laute zwischen Räuspern und Glucksen hervor und hielt dann inne. „Gkkguten Morgen, Frau Gkkkollegin", entfuhr es ihm unsicher, und das gekonnte Stimmtraining vor dem ersten Konsonant zog sich wie ein schwerer Sprachfehler durch seine ersten Worte. Er musste selbst durch den zentimeterdicken Verband tiefrot geleuchtet haben, so sehr genierte er sich für die ungelenken Worte zur Begrüßung. Mit seiner unverletzten rechten Hand tastete Doktor Kanter die Umgebung ab, auf der Suche nach einer Hand, einem Jackenärmel oder irgendetwas, das ihn mit dem Menschen neben seinem Bett verband.

Die Kollegin fasste sanft nach seinem Handgelenk und hielt es mit beiden Händen. „Wie geht es Ihnen?"

„Ausgezeichnet." Doktor Kanter lachte kurz auf und befreite so seine nach wie vor belegte Stimme von allerhand Zwischentönen, die ihm zuvor in jedes Wort gerutscht waren. „Ich habe schlecht und schwer gegessen, noch schlechter und noch mehr getrunken und bin dann volltrunken in irgendeinen Wald gedonnert. Sie dürfen Vollidiot zu mir sagen."

Marion Weihrater kicherte kurz, verstummte dann jäh und wartete einfach auf Doktor Kanters nächste Ansage.

„Es geht mir besser, als es vermutlich denn Anschein hat. Nach all den Aufregungen der letzten Tage und Wochen tut der unfreiwillige Bettarrest gut. Ich liege, ich schlafe, ich liege und schlafe wieder." Doktor Kanter erinnerte sich plötzlich an die vergessene Absage zu Weihraters New Media Job. Sein Kopf wurde abermals heiß und wahrscheinlich dunkelrot, und er suchte nach irgendeinem Satz, der sein peinliches Versagen in diesem mindestens so peinlichen Aufzug egalisieren könnte. „Das ist die Strafe dafür, dass ich vergessen habe, Sie von den unerfreulichen Ergebnissen der Vorstandssitzung zu informieren. Und das – ähm – wissen Sie . . ."

„Das mit den Neuen Medien und mir wird nichts", fiel sie ihm ins Wort. „Ich bin mit dem, was ich tue, mehr als ausgelastet und zufrieden. Und ehrlich gesagt, wer weiß, wäre mir der ganze Facebook-Wahn über den Kopf gewachsen."

Doktor Kanter war erleichtert und gleichzeitig noch frustrierter, weil er der lieben Kollegin die Jobabsage quasi zur Selbstverlesung überlassen hatte und diese sich ansatzweise entschuldigte, nicht gut genug für die neue Aufgabe gewesen zu sein.

Sie reichte Doktor Kanter ein Stück Karton. „Post für Sie, soll ich sie vorlesen?"

Doktor Kanter zuckte in seinem Verband zusammen und fürchtete plötzlich, es wäre Weihraters kleiner Sieg über ihn gewesen, seine Kündigung aus dem Mund der lieben Kollegin, der geliebten Kollegin, zu vernehmen. „Privat oder dienstlich?"

„Eher privat aus dem Dienst," erklärte Marion Weihrater kryptisch und gluckste abermals. „Sehr geehrter Herr Kollege, wir wünschen Dir/Ihnen alles Gute auf dem Weg zur Genesung und hoffen auf ein baldiges Wiedersehen in der Fidelio Pharma AG. Herzlichst." Marion Weihrater verlas die Namen der Vorstandskollegen und einiger leitender Mitarbeiter. Ihre Stimme klang gedrückt und Doktor Kanter selbst wäre in diesem Moment am liebsten heulend aufs Klo gerannt, wie dies seine Mitschülerinnen in der Volksschule paarweise getan hatten, wenn ihnen der Angebetete Mann fürs Leben – der Banknachbar meist – das immerwährende Liebesbekenntnis verweigert hatte. Er lag da, halbtot, und seine Kollegen wünschten ihm den lieblosesten schönen Tag, als ob nichts, nichts Nennenswertes jedenfalls, gewesen wäre. Die Grußadresse traf ihn härter als jede Entlassung.

Kapitel 7
Blonder Wind und Gegengift

Auf den kalkweißen Gängen der Fidelio Pharma AG war eine neue Geräuschkulisse eingezogen. Stakkatoartiges Hämmern zog von Tür zu Tür, kurz unterbrochen von einem anderen Hämmern, dem an die jeweilige Bürotür, gefolgt von einer kurzen Stillephase, ehe das Hämmern in bekanntem Takt in die Gegenrichtung zog, erneut verstummte, um nach wenigen Minuten schon wieder auszubrechen. Vanessa Brandmaier, Social-Media-Beauftragte von Klaus Bibers Gnaden, flog wie ein Wirbelwind durch die ehrwürdigen Konzernhallen und verbreitete eine Stimmung, die irgendwo zwischen Aufbruch und Nervosität lag. „Klaus, wir müssen auf Facebook. Ich sag's Dir noch einmal, wir müssen. Eure Dialog-Verweigerung hat ein Ablaufdatum. Und das war vor zwei Wochen."

„Freigegeben", erwiderte Biber und zog seine Mundwinkel so nach oben, dass jedes Detail der gerade erfolgten Mundhygiene weithin sichtbar in dem Raum strahlte.

Vanessa Brandmaier, sie wollte soeben den Rückweg antreten, spürte seine Hand auf ihrem Oberarm, zunächst sanft, dann etwas strenger, sodass sie ihren klopfenden Abgang abbrechen musste und sich noch einmal zu Biber wandte. Dabei entglitt sie geschickt der zupackenden Rechten des Kollegen. „Danke." Schneller als zuvor machte sie auf dem Absatz kehrt und stolzierte davon. Geiles Arschloch! Vanessa Brandmaier hatte die handfesten Freundlichkeiten ihres Mentors schon am zweiten Arbeitstag gehörig satt. Klaus Biber war einer jener schmierigen Hochschulverbindungsbrüder ihres Vaters, altersmäßig genau zwischen Tochter und Elterngeneration gelegen, zu alt, um ein Freund zu sein, zu jung, um als argloser Rufonkel durchzugehen. Den Job – drei Monate Werkvertrag für ein Social-Media-Konzept für die Fidelio Pharma AG – hatte sie ausschließlich Biber, dessen Verbindung zum Vater und seiner ausgeprägten Neigung zu Körperkontakt zu verdanken. Biber war das, was man in Brandmaiers Kreisen als „Karrieregrapscher" bezeichnet, an sich harmlos aber so unangenehm wie ein Hühnerauge mitten auf der Nase. Wer weiter kommen wollte, das hatte Brandmaier in all ihren Kursen, Lehrgängen, Workshops und Coachings erfahren, musste sich an die Karrieregrapscher halten. Sie würden die inhaltliche Qualifikation nur mäßig in Betracht ziehen, wenn sie anderweitig zufrieden waren. Diese Art von Karriereplanung widerstrebte ihr, gewiss, sie hielt das

T. Holzinger, M. Sturmer, *Im Netz der Nachricht*,
DOI 10.1007/978-3-642-22489-8_7, © Springer-Verlag Berlin Heidelberg 2012

aber für eine temporäre Notwendigkeit, eine Art Ausnahmezustand auf dem Weg nach oben, die man sich zu gegebenem Zeitpunkt vom Leib beißen könnte.

Die Bürotür knallte ins Schloss. Und Vanessa Brandmaier baute sich vor dem A1-Bogenplakat an ihrer Pinnwand auf und begann mit bunten Filzstiften scheinbar wirre Skizzen an die Wand zu malen. „Social-Media-Strategie" prangte in Rot ausgemalten Lettern über den vielgliedrigen Darstellungen der neuen Kommunikationswelt. Sie arbeitete an ihrem großen Wurf, der Präsentation vor dem Vorstand, die neben einer Neupositionierung des Unternehmens vor allem eines bringen sollte: Den Job fürs Leben. Das war in Brandmaiers Welt zumindest der Beruf für die kommenden zwei oder drei Jahre bis sich die nächste Lebensaufgabe darstellen würde. Social Media war ihr Ding, total, und es war das erste Mal, dass sich privates Interesse so wunderbar mit einer Anforderung aus der Wirtschaftswelt matchte. Sie konnte quasseln wie immer und dabei einen eher unbedeutenden Salzburger Pharmakonzern vor dem sicheren Untergang bewahren.

Ein gutes Netzwerk funktioniert dann, wenn alle davon profitieren. Vanessa Brandmaier kontaktierte ihre zahlreichen Friends, die sie für mehr oder minder begabte Autoren, jedenfalls Blogger, hielt, jene Spezies von lichtscheuem Gesindel, das tagein tagaus unwesentliche, unüberprüfte und oftmals schlecht geschriebene Weisheiten in die weite Welt des Internets spuckte. Mit 100 Euro, das wusste Brandmaier, ließ sich in diesem Eck etwas bewegen. Denn auch Blogger müssen für den Keller zahlen, in dem sie wohnen, arbeiten und im schlimmsten Fall noch vermehren. Blogger sind so etwas wie die selbsterfüllende Prophezeiung. Das hängt weniger mit Tiefenpsychologie oder Religion zusammen, sondern eher damit, dass sie den eigenen Saft, in dem sie schmorren, zum Universum erklären, und in diesem Universum sind sie folgerichtig groß, bedeutsam und unübersehbar. Dass sie sich für eine halbe Mahlzeit und etwas Trinkgeld bestechen lassen, spricht menschlich wie beruflich nicht für sie, aber in diesem Fall für Brandmaier, die eine kostengünstige Verbreitung ihrer neuen Ideen so gut wie fix in der Tasche hatte.

Vanessa Brandmaier zog alle Register und verfasste ein Konzept, das selbst Uneingeweihten, sprich Ahnungslosen, gefallen würde. New Media für die blöde Masse. Sie nahm ihr Manuskript, ein paar bunte Kärtchen und ihr Firmen-iPad, das sie unter Protest der IT-Abteilung doch noch erwerben durfte, und fuhr nach Hause.

Die Wohnung in der Bessarabierstraße 2 war – wie jeden Abend – hell erleuchtet. Zwei Computer, ein iPod und der Fernseher erzeugten gleichzeitig einen Schallpegel, der nur einen Schluss zuließ: Harry war auch schon da. Ihr Lebensgefährte, den sie erst vor wenigen Wochen zum Lebensabschnittspartner degradiert hatte, knotzte auf der Couch, memmelte Zustellpizza und schaute Fußball. 1860 gegen St. Pauli – das Duell der ewigen Zweiten, die Harry, der mit bürgerlichen Namen Harald Deutzenbacher hieß, als ewiger Letzter in sein Herz geschlossen hatte. Er fieberte für beide und überging das lieblose „Hallo Schatz" reaktionslos, als ob er es nicht einmal gehört hätte. Vanessa Brandmaier ließ die Ignoranz weitgehend kalt. Sie schnitt von der verbliebenen Zustellpizza gut zwei Drittel für sich ab und verschwand wortlos im Schlafzimmer, wo die beiden Computer laut summend auf weitere Eingaben warteten. Karl, Gerald, Egon82 und die ganze Bloggerschar wurden per Instant Message nach dem aktuellen Bestechungstarif gefragt. Die Summe

richtete sich wie immer nach den akuten Lebensbedürfnissen. Publishing Support
war der schönere Titel für Brieftaschen-New-Media und es gab unter all den Friends
keinen einzigen, der sich dieser Form der Unterwanderung auch nur ansatzweise
entzogen hätte. Der erste Run ihrer Kampagne würde keine 500 Euro kosten und
gut 24.000 Menschen erreichen. Das war die Summe der Friends und Followers,
die ihren Netzwerkfreunden hinterherwedelten. Der Einzelkontakt würde zwei Cent
kosten. Ein Schnäppchen! Geil.

Zum Abschluss betrieb sie noch Netzwerkpflege und verteilte geschätzte 40 „Gefällt mir"-Buttons unter den belanglosen Facebook-Meldungen ihrer sogenannten
Freunde, die eigentlich nicht einmal Bekannte waren, aber auf Facebook wurde
die Menschheit in nur eben diese zwei Kategorien eingetopft: Freunde oder alle
anderen.

Harry trottete ausdruckslos ins Schlafzimmer und murmelte einen unverständ-
lichen Gruß, den Vanessa Brandmaier unerwidert ließ. Sie hatte ihr Konzept noch
einmal auf mögliche Fehler untersucht und war dabei auf diese zweifellos unangenehme Tatsache gestoßen, dass ihre Strategie – abgekupfert vom New-Media-
Strategie-Papier eines Schokoladenherstellers – eine unübersehbare Schwäche in
der Zielgruppengenauigkeit hatte. Es galt zu befürchten, dass die Frage von Me-
dikamentennebenwirkungen nicht von denselben Kindern geführt werden konnte,
die an anderer Stelle über Schokonikolos und Osterhasen diskutierten. Shit. „Harry!" Sie rief viel zu laut nach dem Freund, der am Schreibtisch hinter ihr saß und
verdonnerte ihn ohne weitere Nachfrage zur Lektüre ihrer Präsentation.

„Was willst denn mit dem Scheiß?

„Kannst du doch nachlesen."

„Versteht keine Sau, was du da willst", raunte Harry. Auch wenn ihm Ziel und
Zweck der Präsentation gleichgültig und unerheblich waren, so bemerkte er doch
gleich, dass mit diesem Papier keine alten Vorstandshunde hinter dem Ofen hervor-
zulocken waren. Vanessa war doppelt satt. Auf den hoffnungslos desinteressierten
Freund und auf sich selbst. Ihr vermeintliches Strategie-Papier war der absolute
Schuss ins Off, eine mehr oder minder unzusammenhängende Auflistung von Möglichkeiten, die keinem roten Faden, ja nicht einmal irgendeinem Faden folgten. Sie
zog den Laptop vom Tisch und setzte sich an den Küchentisch. Sie stellte Kaffee
auf, schüttete ihn in eine riesige Tasse, goss eine Handbreit Baileys dazu, Milch-
ersatz quasi, und füllte das Gefäß mit billigem Whisky vom Diskonter auf. Wenn
Prosecco der Feierdrink für den Morgen, der Aperolspritzer der Einstieg in den frühen Abend und Vodka Red Bull die unendliche Verlängerung des Rausches waren,
dann bedeute Irish Coffee nur eines: Wir machen weiter, im Vollfrust. Vanessa hielt
dies für eine urirische Eigenschaft und hatte sich deshalb angewöhnt, in Zeiten der
schlechten Nachrichten gepantschten Alkohol-Kaffee zu sich zu nehmen. Die Grenze zwischen Genie und Vollrausch – das hatte sie gelernt – verlief genau dort, wo
der leutselige Schwips in peinliche Ausfälle ausartete. Und sie vertrug – das wusste sie – in fast allen Fällen den entscheidenden Schluck mehr als ihre jeweiligen
Gegenüber.

Die rote Linie in der Präsentation verschlang sechs Nachtstunden, zweieinhalb
Kannen Kaffee samt anteiliger Menge Schnaps und Likör. Mit einem „Jetzt ist gut"

aus dem Halbschlaf hatte Harry gegen vier Uhr morgens die Zielflagge geschwungen, und Vanessa ging mit dem guten Gefühl schlafen, den nächsten Etappensieg in der Tasche zu haben. Gebongt.

Die Runde der Pinguine war vollzählig versammelt, als Vanessa Brandmaier mit dem ihr eigenen Klopf-Stakkato über den Vorstandsflur hastete. Die honorige Runde musterte sie im Gleichklang von Kopf bis Fuß, das Ganze wirkte wie autogenes Training für pensionierte Synchronschwimmer, ehe Klaus Biber mit einem gekünstelten Räuspern die Aufmerksamkeit auf sich zog.

„Ich darf Euch, liebe Kollegen, unsere neue Expertin in Sachen Social Media vorstellen. Das ist Vanessa Brandmaier, gewaschen mit allen Wassern der Neuen Medien und Dingsda, von denen wir alte Männer keine Ahnung haben."

Die Synchronklotzer wandten ihre Blicke wieder in Richtung Brandmaier. Sie trug jenes schwarze Kostüm mit weißer Bluse, das ihr schon seit Jahren in allen Pinguinrunden ausgezeichnet gestanden hatte. Es war so etwas wie die Neutralitätserklärung zu allen möglichen Positionen und Geschmäckern, jedenfalls reizvoll genug, um von den klassischen Männerrunden, altes Männerpack allesamt, den Wink mehr Aufmerksamkeit zu ergattern als alle anderen.

Der Vorstandsvorsitzende Wolfgang Malle gab seinerseits eine kurze Willkommensbotschaft ab und bat Vanessa Brandmaier auf den einzig freien Stuhl am Tisch, jenen, auf dem vor wenigen Tagen noch der verletzungsbedingt abwesende Doktor Kanter gesessen hatte.

„Vielen Dank meine Herren. Meinen Namen kennen sie so gut wie meine bisherigen Stationen. Ich darf Ihnen daher die unnötigen Details zu meiner Person vorenthalten." Vanessa Brandmaier lächelte verlegen und kämpfte mit aller Kraft gegen den fahrigen Unterton, den sie immer dann besonders gut draufhatte, wenn das Verhältnis von Schlaf zu Alkohol zugunsten von letzterem ausgegangen war.

„Social Media heißt die Voraussetzung, die ich Ihnen in aller Kürze näher bringen muss, ehe wir über den Einsatz der neuen Wunderwaffe der Massenkommunikation diskutieren können. Social Media ist der größte Medienkanal, der in den letzten Jahren etabliert wurde. Mehr als eine halbe Milliarde Menschen sitzen weltweit hinter Facebook und Co., nicht um sich berieseln zu lassen, auch nicht aus purer Unterhaltung, sondern einfach deshalb, weil die Welt heute weitgehend auf Facebook und Co. passiert. Social Media ist ein Sammelbegriff für alles, was Nutzer und Nutzerinnen selbst produzieren, austauschen und am Ende des Tages für sich nutzen. Es ist Information, Interaktion, Persuasion und Belanglosigkeit zur gleichen Zeit. Denken Sie nur, 500 Millionen Menschen sitzen da und warten, dass etwas passiert. Und wenn nichts passiert, passiert ihnen selbst etwas. Das Wort ‚Mitteilung' hat hier seine eigentliche Bedeutung erreicht. Menschen teilen das, was ihnen wichtig ist, mit anderen und halten so eine Kommunikationswolke am Leben, die wir nie steuern können, aber bestmöglich bedienen."

Vanessa Brandmaier suchte nach ihrem Mentor Klaus Biber, um Bestätigung für das bisher Gesagte zu kassieren, zumindest ein wohlwollendes Nicken ob solch dramatischer Informationen, welche dem Unternehmen bislang entgangen waren. Biber starrte auf seine Schuhspitzen und bemerkte den leisen Hilferuf der neuen Kollegin nicht. Sie fuhr fort mit den Ausführungen zur exotisch neuen Medienwelt.

„Der Vorläufer aller Sozialen Netzwerke war der Chat. Menschen trafen sich auf Webseiten, wo sie wild durcheinander Nachrichten zur eigenen Befindlichkeit absetzen konnten. Andere kommentierten, reagierten oder schrieben einfach ihre eigene Befindlichkeit dazu, und es sah so aus, als ob tausende Menschen gleichzeitig an einem einzigen Gespräch teilnahmen und jeder irgendwie den Überblick bewahrte. Menschen trugen Fantasienamen, gaben sich neue Identitäten und taten das, was sie immer tun: sich pausenlos verlieben."

Ein leises Hüsteln, das Insider wohl als schallendes Gelächter qualifiziert hätten, ging durch den Raum. Die Herrenrunde war für einen Moment bei der Sache und konzentrierte sich auf das schwarze Kostüm mit blonden Haaren.

„Das größte Problem des Chats war die Gleichzeitigkeit. Die Nachrichten erreichten nur jene, die zeitgleich im selben Chatroom unterwegs waren. Was das heißt in einer Welt mit mehr als 24 Zeitzonen muss man nicht lange erklären. Andere Vorfahren des Social-Media-Hype waren Foren und Debattenseiten. Sie waren tendenziell themenorientiert und boten speziell Interessierten eine Plattform zum Austausch: vom Ameisenverein bis zum Zebraclub. Immer neue Anwendungen machten vor allem eines: Sie stellten den Nutzer in den Mittelpunkt. Aus dem Kommentar wurde der Eintrag, die Profile wurden immer größer und Menschen sprachen mehr über sich selbst und ihre Umwelteindrücke als über scheinbar wichtige Themen aus allen Bereichen. Facebook ist nichts anderes als ein riesiges, angereichertes Telefonbuch, in dem man nicht nur nachsehen sondern auch kommunizieren kann. Jeder findet dort zumindest 50 oder 60 Menschen, die er kennt, mit denen er in Kontakt tritt und sich letztlich befreundet. Die Verbreitung von Information funktioniert nicht starr sondern in einer Art Schneeballsystem. Das nennt man den Long Tail of Information, einen langen Rattenschwanz an Folgeinformationen also, weil die Nachricht vom ersten bis zum letzten Konsumenten oftmals durch tausend Hände geht, verändert, kommentiert und unter eigenem Namen weitergegeben wird."

Der Vorsitzende Wolfgang Malle blätterte in den Unterlagen, die Brandmaier ausgeteilt hatte, und unterbrach den Vortrag. „Vielen Dank, Frau Kollegin. Das ist ja hochinteressant, was Sie da machen. Aber in dieser Runde – Sie stehen hier vor der obersten Führungsriege der Fidelio – können wir uns nicht mit allen interessanten Aspekten Ihres Medienwissens auseinandersetzen. Die Kollegen werden sich bilateral melden, wenn es da oder dort zusätzlichen Informationsbedarf gibt. Vielleicht erklären Sie uns noch die letzte Seite Ihres Konzepts mit den geplanten Maßnahmen und Ihren Kosten."

Vanessa Brandmaier suchte erneut den Blickkontakt zu Klaus Biber, der diesmal mit seinen Fingernägeln beschäftigt schien. Jedenfalls gab es von Mister Grapscher nicht einmal in dieser delikaten Situation auch nur die geringste Unterstützung.

„Sie wollen da aber einen gehörigen Abkürzer gehen", fuhr Vanessa Brandmaier fort und dachte nicht im Traum daran, sechs Stunden durchwachte Nacht von einem lapidaren Kommentar dieses Herrn Malle in den virtuellen Mistkübel zu werfen. Geschickt beschloss sie, alle weiteren Themen vermeintlich unter dem Punkt „Maßnahmen und Kosten" unterzubringen.

„Wenn wir von Geld sprechen, sprechen wir auch von jenen Gebieten, in denen wir Social Media Networks überhaupt einsetzen können. Marketing-Strategien setzen verstärkt auf den Vertriebsaspekt, sind aber besonders schwierig unterzubringen, es sei denn, die Nutzer werden durch direkte Teilhabe im Entstehungsprozess von Anfang an in ein Produkt miteinbezogen. Als reine Werbeplattform taugen Social Media nicht. Die Public Relations sind viel näher am Thema dran. Aber nur dann, wenn sie auch an den Antworten der Kunden interessiert sind. Wer nur von oben herunter brüllt, hat auf Facebook nichts verloren. Selbstverständlich können Sie auch direkt über Facebook verkaufen. Das würde ich einem Zuckerlfabrikanten aber eher ans Herz legen als einem Pharmakonzern, dessen einzig legale Verkaufsstation noch immer die Apotheke ist. Interessant sind die Einsatzgebiete überall dort, wo es um Kundenbetreuung geht. Stellen Sie sich einfach vor, die Fidelio Pharma AG würde ihren Kunden über Facebook und Twitter Tipps und Tricks im richtigen Umgang mit der Medizin verraten. Produktentwicklung und ähnliche Dinge sind für Ihr Unternehmen vermutlich weniger interessant, wobei ich mir gedacht habe, in Ihrem Fall würde das Betreiben einer Testgruppenseite samt Betreuung über Facebook durchaus Sinn ergeben. Zu guter Letzt hilft Faccbook auch hier im Haus: Sie glauben gar nicht, wie viele Ihrer Mitarbeiter längst dort sind, wo Sie in den nächsten drei Monaten hinwollen. Und ganz zum Schluss, was glauben Sie, wo mich der Ruf von Herrn Biber ereilt hat?" Vanessa Brandmaier hob ihr iPad in die Höhe, deutete auf ein paar unlesbare Zeichen und sagte: „Das ist die Mailnachricht des Herrn Biber, der mich über Facebook rekrutiert hat."

Klaus Bibers Kopf verschwand irgendwo zwischen Schulter und Sakko-Auswölbung, diese Form des Outings hatte er wohl nicht erwartet. Nach einer kurzen Pause erhob er sich von seinem Stuhl, dankte abermals und schickte die neue Kollegin mit dem Verweis auf anstehende weitere Tagesordnungspunkte freundlich aber bestimmt aus dem Raum. „Kosten und Maßnahmen" waren in der Präsentation nicht vorgekommen und 80 Prozent des vorbereiteten Materials blieben unbearbeitet liegen, was Vanessa Brandmaier nur zu einer Schlussfolgerung führen konnte: schwere Niederlage.

Ihre erste Maßnahme fand sie besonders kreativ. Sie hatte bereits 24 Freunde ausgemacht, die sich gegen geringe Bezahlung bereit erklärten, über Blogs, Foren und Facebook die Heilswirkung des Malariamittels Anopharm zu verkünden und den vermeintlichen Opfern Unfähigkeit im Umgang mit dem Medikament vorzuhalten. Für den Bettel von 2.880 Euro hätte die Fidelio Pharma AG über vier Wochen intensivste Social-Media-Attacken gegen die konzernfeindliche Meute reiten können. Und das alles, ohne dass der Name des Unternehmens nur ein einziges Mal aufgetaucht wäre. Die Neue Erpressung kommt aus den Neuen Medien, nicht aus Sizilien.

Vanessa Brandmaier trottete langsam über den Gang. Der Trommelschlag ihrer Stöckelschuhe hatte sich auf ein meditatives langsames Klackern abgebremst. Der Weg bis zur ihrer Tür dauerte gut doppelt so lange wie sonst. Und da es nicht schick war, in der Konzernzentrale besoffenen Kaffee zu schlürfen, hätte sie am liebsten laut losgeheult und geschrien. Dieses Ego-Bashing zu ertragen, hatte sie in keinem Kurs gelernt.

Sie sank über ihrem Schreibtisch zusammen wie eine brennende Leinwand. Fassungslos starrte sie in den schwarzen Bildschirm vor ihr und überlegte, den frisch gewonnen Job gleich zu Beginn wieder hinzuschmeißen. Sie muss einige Minuten regungslos so dagesessen haben, als die Tür ohne ein Klopfen plötzlich aufging.

„Gratuliere. Gratuliere. Gratuliere!" Klaus Biber stand mit dem breitesten Grinsen, zu dem er fähig war, in der Tür und feierte. Vanessa Brandmaier verstand die Welt nicht, Klaus Biber schon gar nicht, und wollte so eben das Ende ihres Jobs verkünden. „Auf allen Linien gewonnen. Ihr gesamtes Maßnahmenpaket ist durch. Sie können per sofort loslegen. Mittel und Ziele sind einstimmig abgesegnet." Biber ging langsam in Richtung Brandmaier, die erschrocken vor Freude und Erstaunen von ihrem Drehstuhl aufstand. Biber streckte die Rechte in Richtung ihres Schulterblattes, wo er – nona – verharrte und dann langsam über ihren Rücken nach unten glitt.

Der erste Arschgrapscher. Die soeben gewonnene Freude wich der Einsicht, dass man Erfolge am Arbeitsplatz in handfester Währung teuer abbezahlen musste. Was diesfalls bedeutete, dass Bibers gestreckte Rechte eine gefühlte Ewigkeit am Rocksaum klebte.

„Wir müssen das mit einem feinen Essen feiern. Ich habe für heute acht Uhr einen Tisch im Pan e Vin reserviert. Das wird ein Abend!"

Den Abend konnte sich Vanessa Brandmaier so lebhaft vorstellen, dass ihr sofort kotzübel wurde. Allein der Gedanke an diesen raumgreifenden Zwangserotiker im Nobelitaliener erschien ihr so ekelerregend wie Cozze im Sesammantel. „Harry kocht." Das erste Mal seit Monaten hatte sie ihren Versagerfreund geliebt. Als Ausrede taugte er allemal besser als in jedem Job, im Bett oder als Begleiter bei jedweder Form von Kulturveranstaltung. „Harry kocht. Und wir haben Jahrestag", log Vanessa Brandmaier weiter und war sicher, dem zudringlichen Kollegen gerade rechtzeitig von der Speisekarte gesprungen zu sein.

„Dann morgen." Biber ließ nicht locker, weder mit der Hand am Gesäß noch mit der bohrenden Forderung nach einem gemeinsamen Abendmahl. Vanessa Brandmaier erkannte, dass die Harry-Lüge kaum mehr Wert war als jedes Essen, das ihr Freund je gekocht hatte. Grapsche-Klaus würde sein Ziel so oder so erreichen, es sei denn, sie schmiss nun alles hin.

Kapitel 8
Good News, Bad News

Doktor Kanter kehrte langsam in sein bekanntes Weltbild zurück, besser gesagt, das Bild der Welt kehrte zu ihm zurück. Die dicken Verbände auf den Augen wurden ihm Schicht um Schicht unter Schmerzen entfernt. Das warme rote Licht unter den Mullbinden wich dem grellen Weiß des Krankenzimmers. Generell hatte Doktor Kanter den Eindruck, dass alles rund um ihn strahlte, blendete und ihn in den ersten Minuten nach dem Verband beinahe um den Verstand brachte. Die Konturen seiner Umgebung verschwommen und immer wieder zweifelte der Kommunikationsprofi außer Dienst an seinen geistigen Fähigkeiten. Verrückt auch noch. Doktor Kanters erste Bitte galt der Lektüre. „Salzburger Nachrichten, die letzten beiden Wochen bitte."

„Sie können noch nicht lesen, vielleicht eine Überschrift oder zwei", sagte der Oberarzt trocken und mitleidslos wie immer.

„Ich will diese Zeitungen, und Sie werden in diesem verfluchten Krankenhaus doch wohl die eine oder andere Ausgabe finden. Und ob ich lesen kann oder nicht, sehe ich selbst am besten." Das „Sie Trottel" unterschlug sich Doktor Kanter im letzten Moment. Er wollte nicht das letzte intakte Stück Porzellan zerschlagen, schließlich stand er vor einem langen Weg zurück, und dieser lange Weg würde über erhebliche Strecken im Landeskrankenhaus stattfinden.

Eine Frau in Weiß, es musste die Schwester gewesen sein, reichte Doktor Kanter die Trinkflasche. „Trinken Sie", forderte sie gnadenlos wie so oft. Doktor Kanter sog den dünnen Kamillentee widerwillig in sich hinein, trank die ganze Flasche leer und deutete dies als außerordentlichen Kooperationswillen seinerseits, da er dem Spitalspersonal mit dieser Geste eine Freude zu machen schien. Für jede leere Flasche gab es ein „Sehr gut" aus Schwesternmund und ein zustimmendes Nicken des Oberarztes.

Mit einem leisen Klopfen öffnete sich die Tür. Marion Weihrater. Doktor Kanter bemühte ein Lächeln ob des aus seiner Sicht so erfreulichen Besuchs.

Marion Weihrater zuckte zusammen und zog die Tür hinter sich zu.

„Kommen Sie rein, kommen Sie rein", rief Doktor Kanter aufgeregt, und die Tür öffnete sich abermals einen Spalt. Er begriff, dass es wohl sein Gesicht gewesen sein musste, das die Kollegin in Schrecken versetzt hatte. So stolz, die eigenen Augen wieder benutzen zu können, hatte er vergessen zu überlegen, wie er selbst aussehen

T. Holzinger, M. Sturmer, *Im Netz der Nachricht*,
DOI 10.1007/978-3-642-22489-8_8, © Springer-Verlag Berlin Heidelberg 2012

würde ohne das schützende Mumienkostüm um seinen geschundenen Körper. „Ich sehe wohl erbärmlich aus. Sie müssen mich nicht ansehen."

Zögerlich schob sich Marion Weihrater durch die Tür und fixierte das Fenster hinter Doktor Kanters Bett.

Doktor Kanter seinerseits wandte den Blick nach draußen, seine Augen versuchten sich an den kaum vorhandenen Konturen festzuhalten und glitten schließlich von Nebelschwade zu Nebelschwade, ehe er beschämt den Kopf in Richtung Marion Weihrater drehte.

Aus dem erschrockenen Blick der Kollegin sprach nun Mitgefühl. „Mit dem Kopf durch die Wand ist wohl besser als mit dem Gesicht durch die Scheibe."

Doktor Kanter lachte. Es war der erste Witz seit dem Unfall, und Marion Weihrater war die letzte Person, der er diesen Witz zugetraut hätte. Er lachte laut und lang. Lustig macht stark. Doktor Kanter entdeckte den Wert des Humors als wichtigstes Würzmittel für einen Menschen, der nach Wochen der schlechten Nachrichten, der trüben Aussichten nun endlich so etwas wie Besserung verspürte. „Das letzte Glas war die Seitenscheibe", antwortete Doktor Kanter und vernahm freudig, dass ihm seinerseits der Hang zu Humor nicht völlig abhanden gekommen war.

Marion Weihrater hatte einen dicken Stoß Papier unter dem Arm geklemmt und setzte den Stapel geschickt neben dem geschienten rechten Fuß Doktor Kanters ab. „Alle Zeitungen der letzten Wochen."

Diese junge Frau hatte seinen größten Wunsch wie von Geisterhand erahnt und erfüllt. Tiefe Dankbarkeit und das Gefühl von Nähe überrollten ihn. Am liebsten hätte er sie umarmt, wie er dies schon im Afro Café zu tun gewünscht hatte, nur dass er jetzt von Gips, Metall, Verband und Schiene in jedem Fall zurückgehalten worden wäre. „Sie sind ein Schatz."

Marion Weihrater berichtete pflichtbewusst von der neuen Social-Media-Beauftragten, während Doktor Kanter sich plagte, an den Zeitungsstapel an seinen Füßen zu kommen. Er nahm die Ausgabe der Salzburger Nachrichten vom Tag nach dem Unfall, fasste den kleinformatigen Chronikteil und suchte seine Nachricht. „Alko-Lenker nach Unfall fast erfroren", prangte aus Top-Meldung auf dem Blatt. Den weiteren Text, das musste Doktor Kanter dem Oberarzt zugestehen, konnte er wirklich nicht lesen. Selbst der Untertitel erschien ihm als schwarz-weißes Aquarell, dem zu viel Wasser und zu wenig Farbe innewohnte. Die Farbkleckse unter dem Aquarell mussten wohl die Bilder vom Unfallort gewesen sein.

„Können Sie mir das vorlesen?" Doktor Kanter fiel Marion Weihrater unsanft ins Wort, bemerkte dies jedoch selbst nicht, weil die Nachricht vom eigenen Beinahe-Tod überschattete bekannte Firmenschilderungen um Weiten.

Marion Weihrater musterte die Chronikseite, las den Artikel offensichtlich still durch und meinte dann: „Ein andermal wäre wohl besser für diesen Stoff."

Doktor Kanter blieb beharrlich und bettelte solange, bis Weihrater langsam zu lesen begann:

Hundespaziergänger rettet Salzburger Angestellten vor dem Erfrierungstod. Um ein Haar tödlich wäre am Donnerstagabend ein Verkehrsunfall auf der Rauchenbichlerstraße am Rande der Stadt Salzburg ausgegangen. Der 51-jährige leitende Angestellte Erich K. war mit seinem Audi kurz nach 19:00 Uhr in einen weiten Wald gerast. Erst nach zwei Stunden wurde der schwerverletzte Lenker von einem Spaziergänger entdeckt und geborgen. Unfallursache waren Eisglätte und Alkohol am Steuer. Der Lenker war mit 1,3 Promille reichlich angetrunken.

„Brauchen Sie wirklich noch mehr?", fragte Marion Weihrater, die unter der wenig rühmlichen Geschichte mehr zu leiden schien als Doktor Kanter selbst.

„Machen Sie ruhig, machen Sie ruhig. Die Wahrheit ist zumutbar."

Salzburg. Ein schwerer Alko-Unfall auf der Rauchenbichlerstraße forderte am Donnerstagabend einen Schwerverletzten. Der 51-jährige Erich K. steuerte seinen schweren Audi kurz nach 19:00 Uhr von einem Wirthausbesuch in Richtung Salzburger Straße. Auf halber Höhe kam der Wagen in einer Rechtskurve von der Fahrbahn ab, überschlug sich mehrmals und krachte ungebremst gegen mehrere Bäume. Der Lenker war nicht angeschnallt, wurde aus dem Auto katapultiert und blieb regungslos im angrenzenden Wald liegen. Nur durch Zufall entdeckte ein 34-jähriger Salzburger den Schwerverletzten. „Mein Hund ist eine Ewigkeit nicht aus dem Wald gekommen", erklärte Gustav Z. gegenüber den SN. „Wie ich nachschaue, habe ich das Wrack und ein paar Meter daneben eine verletzte Person gesehen." Der 51-jährige Lenker verdankt dem 34-Jährigen und seinem Terriermischling Didi vermutlich sein Leben. Erich K. war bereits stark unterkühlt und wurde nach der Erstversorgung durch den Spaziergänger von der Rettung ins Landeskrankenhaus gebracht. Zum Unfallzeitpunkt war die Rauchenbichlerstraße eisglatt. Der Lenker hatte 1,3 Promille Alkohol im Blut. Erich K. wurde durch die Seitenscheibe aus dem Fahrzeug geschleudert. Dabei erlitt er zahlreiche Schnittwunden, Knochen- und Rippenbrüche sowie ein Schädel-Hirn-Trauma. Der genaue Unfallhergang lässt sich anhand der Spuren nicht rekonstruieren. Weitere Personen kamen nicht zu Schaden. Polizeikommandant Franz Schwarzer zu den SN: „So viele Schutzengel bei so viel Verantwortungslosigkeit muss einer haben. Da war der Herrgott gestern Abend besonders großzügig." Gäste des beliebten Ausflugswirtshauses berichten, dass der spätere Unfalllenker mehrere Gläser Wein und Schnaps konsumiert haben soll. Beim Verlassen der Gaststätte habe der 51-jährige schwer beeinträchtigt gewirkt. An der gleichen Stelle war vor sechs Jahren ein Postbus mit 26 Ausflugsgästen verunglückt. Der Unfalllenker konnte zu den Vorfällen nicht befragt werden. Er wurde im Landeskrankenhaus Salzburg notoperiert und in künstlichen Tiefschlaf versetzt. Lebensgefahr besteht nach Auskunft der behandelnden Ärzte nicht.

Doktor Kanter ließ sich die umfangreiche Bildstrecke zum Unfall – Bilder vom Wrack, vom Retter und vom Hund – ausgiebig beschreiben und wollte soeben zu einer Analyse der eigenen Katastrophe ansetzen. Er spürte leichten Druck im Unterleib. Der Kamillentee. Unter normalen Umständen wäre er jetzt federnden Schrittes in der Toilette verschwunden, was ihm die missliche Lage im Krankenbett jedoch gänzlich verunmöglichte.

Marion Weihrater legte die Zeitung zurück auf den Stapel und sah Doktor Kanter mit zusammengepressten Lippen an.

Der Bericht der Salzburger Nachrichten war wenig schmeichelhaft für einen wie ihn, der sein ganzes Leben versucht hatte, in Verantwortung für andere zu stehen und alles abzuwenden, was irgendjemanden zu Schaden gereichen könnte. Für einen Jugendleichtsinn war der Vorfall einfach zu spät passiert. „Haben Sie's gelesen?"

„Natürlich."

„Und haben Sie gewusst, dass ich das war?"

„Nein."

In Katastrophenfällen gehen Menschen offenbar davon aus, dass sie selbst nicht betroffen sind. Unfälle, plötzliche Krankheiten und Naturkatastrophen passieren immer den anderen. Davon zu lesen beruhigt das eigene Gewissen.

„Ich habe erst in der Firma erfahren, dass Sie das waren. Ehrlich: Ich konnte es mir überhaupt nicht vorstellen. Im Anschluss an die Zeitungsmeldung kursierten dutzende E-Mails in der Fidelio, in denen von der Putzfrau bis zum Management alle möglichen Personen ihre Version des Vorgefallenen zum Besten gaben. Es schien, als ob alle mit einem Zeugen, einem Retter, dem Krankenhaus oder sonst wie Beteiligten verwandt, bekannt oder verschwägert waren."

„Sie sehen, Frau Kollegin, der atomare Fallout einer Geschichte steigt mit dem Grad der Betroffenheit. Und die Geschichte nach der Geschichte wird zur eigentlichen Geschichte. Ich bin mir sicher, sämtliche Kollegen erinnern sich jetzt ganz bestimmt, dass sie einmal neben mir im Auto gesessen sind und empfinden es als heilige Gnade, dass ich damals nicht in den Graben gedonnert bin. Weil sie jetzt alle glauben, dass ich immer betrunken und immer zu schnell und immer auf Eis unterwegs war. Menschen ticken so."

Marion Weihrater zupfte verlegen an ihrem Mantelkragen.

„Und was war Ihre Geschichte?", fragte Doktor Kanter mit keckem Unterton.

„In der Firma habe ich nichts erzählt", erwiderte Marion Weihrater und er sah, dass sie sich alles andere als wohl fühlte.

„Ihr Leben besteht ja nicht nur aus Firma."

„Da haben Sie Recht."

„Jetzt rücken Sie schon raus mit Ihrem Teil der Katastrophe." Doktor Kanter wurde ungeduldig und konnte dem Druck auf seiner Blase kaum noch standhalten. „Holen Sie mir die Schwester, bitte. Schnell."

Marion Weihrater sprang auf, sichtlich froh, dass sie ihren Teil der Geschichte unterschlagen konnte.

Doktor Kanter lag verschwommenen Blickes im Bett und hatte nur einen Gedanken: Klo. Wie immer, wenn die Blase drückte, schossen ihm Wasserfälle, Flussläufe, Regengüsse und Springbrunnen durch den Kopf. Es war dies die denkbar blödeste Reaktion eines Gehirns, das genauso gut den Kurzfilm von Wüstensand und Trockenheit hätte spielen können. Doktor Kanter fasste all seine Willenskraft und kniff die Beine zusammen, so gut er dies in Vollgipsausstattung konnte. Mit der unverletzten rechten Hand streckte er sich nach der Ablage unter dem Bett, wo er die rettende Harnflasche vermutete. Hektisch griff er nach dem unförmigen

Plastikgefäß, das ihm – Geschick war noch nie seine Domäne – aus der Hand zu Boden fiel. Verdammte Scheiße.

Marion Weihrater kam ohne Klopfen wieder ins Zimmer. „Die Schwester kommt nach der Visite um zehn bei Ihnen vorbei. Schlechte Nachricht."

Der Harndrang erlaubte keinen weiteren Aufschub. 51-jährige pinkeln nicht unkontrolliert ins Bett. „Könnten Sie?" Doktor Kanter richtete seinen Blick zu Boden, wo die Plastikflasche lag.

„Was könnte ich?" Marion Weihrater, die sonst seine Gedanken lesen konnte, ehe er sie gefasst hatte, kapierte nicht.

„Die Flasche."

Marion Weihrater bückte sich, hob das rettende Gefäß auf reichte es ihrem Chef. „Brauchen Sie noch etwas?", fragte sie mit ungewohnt fester Stimme und ging dabei ohne weitere Worte in Richtung Tür.

Doktor Kanter, der sich so nackt fühlte wie selten in seinem Leben, entblößt und verletzlich, dankte ihr und ließ die Harnflasche unter der Bettdecke verschwinden.

Nach wenigen Minuten kehrte Marion Weihrater ins das Krankenzimmer zurück.

Doktor Kanter – erleichtert und fröhlich – hatte die halbvolle Flasche mit dem letzten Aufgebot an Kräften hinter dem Nachtkästchen deponiert. Er vermeinte den Geruch von Urin fortwährend im Zimmer wahrzunehmen, versicherte sich aber dann selbst, dass dieses Empfinden aus der Scham entstanden war, da er sich nicht erinnern konnte, nicht in seinem Erwachsenenleben und auch nicht in der späten Kindheit, jemals jemanden um Unterstützung beim kleinen Geschäft ersucht zu haben. Er wünschte sich, diese Form der Intimität hätte zu einer anderen Zeit und einem anderen Ort stattgefunden. „Zurück zu Ihnen. Was haben Sie aus der Nachricht gemacht?"

„Ist das so wichtig?"

„Kommen Sie schon. Es geht hier nicht um meine Geschichte, ja nicht einmal um irgendeine Geschichte. Es geht um die Nachricht und ihre Folgen."

Marion Weihrater schien zu überlegen. „Ich habe von Ihrer Rotweinstrategie berichtet", sagte sie knapp.

„Welche Rotweinstrategie?"

„Dass Sie gerne ein Glas nehmen, wenn die ganze Welt zum Feind wird, und auch dann, wenn die ganze Welt zum Freund wird und sogar dann, wenn die Welt weder Freund noch Feind ist."

„Ein Säufer also."

„Nein, die Grenze zwischen Ge- und Missbrauch ist die langfristige Folge. Und die sehe ich bei Ihnen überhaupt nicht. Es erschien mir immer nützlich im eigentlichen Sinn des Wortes."

Doktor Kanter zog das, was von seinen Augenbrauen übrig war, zusammen. „Ein Alkohol-Gebraucher also."

„Wenn Sie so wollen."

„Und sonst?" Kanter war erstaunt über die schonungslose Ehrlichkeit der unterschätzten Kollegin. Ihre wortkarge zurückhaltende Art war einer offensiven Direktheit gewichen, an die er sich erst gewöhnen musste. Gewiss, Marion Weihrater sprach bedacht, präzise und leise wie immer. Aber die Punkte, um die es ihr ging, waren um vieles klarer als die optischen Eindrücke, die ihm seine verletzten Augen ohne Verband zu bieten vermochten.

„Ich habe erzählt, dass mich der Unfall nicht sonderlich wundert, zumal der berufliche Frust Ihnen zugesetzt haben muss. In Wahrheit sind Sie beruflich verunfallt. Ein Glück, dass da nicht mehr passiert ist."

„Die Offenbarung des Johannes liest sich wie ein Beipackzettel im Vergleich zu Ihren kryptischen Andeutungen. Was heißt das?"

„Beruf macht Mensch kaputt."

„Interessant." Doktor Kanter blieb eine Weile regungslos liegen und starrte an die Deckenbeleuchtung. Noch nie in seinem Leben hatte er sich als Opfer empfunden, als Getriebener der Umstände in seinem Beruf, der zwanghaft in den Untergang fuhr, weil er den Herausforderungen am Arbeitsplatz nicht mehr gewachsen war. Das Bild des kopflosen Verlierers missfiel ihm gründlich. „Denken Sie weiter. Es gab das Ereignis, es gab den Vorfall, es gab den Bericht, und es gab Ihren Bericht nach dem Bericht. Und jetzt seien Sie ehrlich: Was hat Sie am meisten beeinflusst?"

„Das ist zu einfach. Die Wirkung von dem, was war, trifft nicht auf drei, vier oder fünf definierten Ebenen ein. Sie vergessen, dass ich Sie kenne, dass ich selbst lebe, dass ich Vorlieben habe, dass ich involviert bin und am Ende glauben Sie gar, hinter all der Überlegung meinerseits stecke irgendeine Form von strategischer Ausrichtung. Das stimmt aber nicht." Marion starrte auf das blitzende Chrom des Bettgestells.

„Da mögen Sie Recht haben. Aber wissen Sie, dort wo wir arbeiten, braucht es genau diese Strategie. Mit lauter diffusen Gefühlswolken kommen wir an kein Ziel. Das wissen Sie besser als ich." Doktor Kanter griff zur Nachkästchenlade, öffnete sie einen Spalt und bat seine Mitarbeiterin, das Päckchen Nikotin-Kaugummi herauszuziehen.

„Sie rauchen sogar im Spital?" Marion Weihrater drückte lachend ein Stück Kaugummi aus der Packung und gab es ihrem Chef.

Der zerkaute lustvoll die Ersatzzigarette, ehe er fortfuhr. „Alles, was nur zufällig passiert, also in tausend Fällen immer irgendwie vorhersehbar, geht uns nichts an. Der Zufall, so er existiert, ist die Kapitulation des Geistesmenschen vor dummer Natur. Wenn Sie an Gott glauben, sehen Sie das vielleicht anders. Dann ist es eben der dumme Gott, der uns genauso wenig weiterhilft wie die grundblöden Elemente. Unsere Arbeit beginnt dort, wo Verhalten prognostizierbar wird. Wo der Zufall nur scheinbar ist und die Struktur im Hintergund die Geschichte macht."

„Jetzt haben Sie vermutlich Recht." Marion lächelte.

„Ich glaube nicht, dass wir hier eine schnelle Lösung finden. Ich weiß nicht einmal, ob überhaupt eine Lösung existiert. Aber wenn, liebe Frau Weihrater, dann können im Augenblick nur Sie danach suchen und nur Sie die Antwort finden."

„Danke."

„Wofür?"

„Ich glaube nicht, dass mir je irgendein Mensch so viel zugetraut hat. Dafür danke."

„Weil Sie auch immer den Lichtschalter abdrehen, wenn Sie bei der Tür hereinkommen."

„Den Lichtschalter?"

„Natürlich. Sie spielen Ihre Rolle in der dritten Reihe so perfekt, dass Sie es vermutlich mittlerweile selbst glauben. Aber ich sage Ihnen was: Mir sind in knapp 30 Jahren Beruf dutzende Menschen untergekommen, die vermeintliche Kommunikationsprofis sind. Die einen beherrschen die Verhaberung, die anderen können schreiben und wieder andere haben ein brauchbares Konstrukt der Welt in ihrem Hinterstübchen. Aber keiner, ich schwöre Ihnen, keiner hat zwei oder gar drei dieser Fähigkeiten vereint. Sie haben das Zeug dazu, nein, Sie haben die Verpflichtung dazu, das Gescheiteste aus den drei Welten unter ein Dach zu bringen."

„Aber ich kann doch nichts wirklich."

„Wissen Sie, was mich an Frauen am meisten nervt?"

„Sie werden es mir gleich verraten."

„Dass sie nicht in der Lage sind, die Verantwortung für ihre Intelligenz zu übernehmen. Die Feigheit vor dem Hirn, dem eigenen. Und wenn Sie die nächste sein wollen, die vor der eigenen Intelligenz in die Knie geht, bitte schön. Für einen Mann und zwei Kinder und ein Leben hinter dem Herd reicht das, was Sie haben, allemal. Wenn Sie das wollen."

„Hallo? Ich habe Sie eigentlich nicht um Ihre diesbezügliche freie Interpretation gebeten, Sie kennen mich doch gar nicht."

„Natürlich. Aber wenn Sie die nächste sind, die diesen vorlauten Idioten vom Schlage eine Klaus Biber die Welt überlassen wollen, bin ich enttäuscht. Das haben wir nicht verdient."

„Wir?"

„Ja wir! Sie werden bemerkt haben, dass man Ihnen in meinem Sog jede Fähigkeit abgesprochen hat, das zu tun, was Sie mit Sicherheit besser können als jeder andere. Und ich sage Ihnen, wir haben ein Match verloren, aber der Saisonausgang ist offen. Am Ende werden wir beide gewinnen oder beide untergehen. Auch wenn Sie das für einen Treppenwitz halten angesichts meiner leicht zerstörten Verfassung, dann lassen Sie sich gesagt sein, wir werden um unsere Jobs kämpfen und erst dann die Segel streichen, wenn meine Annahme nachgewiesenermaßen falsch ist. Und dafür gibt es keinerlei Indiz."

„Darüber möchte ich nachdenken. Geben Sie mir ein, zwei Tage. Ich weiß ja, wo ich Sie finde."

„Ich werde nicht davonlaufen." Doktor Kanter wusste, dass er den richtigen Punkt getroffen, vielleicht ein bisschen zu fest zugeschlagen hatte. Aber letztlich war die gekonnte Provokation erfolgversprechender als das stille Hoffen auf fremde Einsicht. „Ich warte hier auf Sie. Lassen Sie sich nicht zu viel Zeit." Doktor Kanter reichte seiner Mitarbeiterin die Hand. Er ließ sie los, nahm den Chronikteil mit seiner Unfallmeldung vom Zeitungsstoß, legte ihn in ihre Hand und sah sie noch einmal mit bohrendem Blick an: „Denken Sie an die Nachricht."

Kapitel 9
Alte Freunde

Vanessa Brandmaier war zehn Minuten zu früh im Pan e Vin. Sie trug einen dunklen Hosenanzug mit einem hellen Rollkragenpullover, etwas weiter geschnitten, als es ihr sonstiger Modegeschmack erwarten ließ. Sie wollte den grapschenden Kollegen so wenig wie möglich an Angriffsfläche bieten. Hübsch wie immer und verschlossen wie sonst nicht saß sie im Nobelitaliener und fieberte der abendlichen Tortur entgegen.

Biber betrat Schlag acht Uhr das Lokal. Die Haare frisch zurechtgezupft, vermutlich sogar geschnitten und getönt, trug er ein helles Leinensakko mit dunklem Hemd. Sein Outfit wirkte viel zu sommerlich für diese Jahreszeit, wie Sonny Crockett – der ewige Miami-Vice-Fahnder – bei einem Gastauftritt im winterlichen Helsinki. „Meine liebe Vanessa, schönen Abend." Biber hatte das Du-Wort über Nacht für sich beschlossen und wollte offenbar auf dem Weg zur neuen beruflichen Zweisamkeit keine Zeit verlieren.

„Guten Abend, Herr Biber." Brandmaier blieb beim förmlichen „Sie" und dachte abermals daran, dem widerlichen Gegenüber in seinem peinlichen Sommer-Outfit keine falschen Hoffnungen zu machen.

„Ein schlankes Du tut's doch auch. Ich bin der Klaus."

„Okay."

Biber drängte sich zum Stuhl der jungen Kollegin und verpasste ihr drei Küsse auf die Wange, wobei er es nicht bei einem sanften Andeuten beließ, sondern seine feuchtkalten Lippen unangenehm fest – links – rechts – links – in ihre Wangen fräste.

„Ich wusste gar nicht, dass Du Schweizer bist."

„Häh?"

„Das sind doch die Schweizer mit ihrem dreifachen Bruderkuss. Nirgends auf der Welt hätte man so viel Zeit für eine schnöde Begrüßung."

„Das hängt bei mir nur von der Schönheit des Gegenübers ab." Biber bleckte die Zähne wie ein Pferd bei der Tollwutimpfung. Er wirkte mehr schmerzverzerrt als erfreut und setzte sich Vanessa gegenüber. „Prosecco zum Auftakt?", fragte Biber und bestellte zwei Gläser, noch ehe sie ein Wort gesagt hätte.

Biber zählte zu jenen Männern, die Räume gleich welcher Größe mit ihrer Präsenz ausfüllten. Wo ein Biber ist, hat kein anderer Platz. Das Pan e Vin wirkte dank

T. Holzinger, M. Sturmer, *Im Netz der Nachricht*,
DOI 10.1007/978-3-642-22489-8_9, © Springer-Verlag Berlin Heidelberg 2012

seiner Anwesenheit voll und muffig, obwohl es eigentlich das Gegenteil dessen war. Vanessa Brandmaier hielt ihre Augen starr auf den Eingangsbereich gerichtet und zog ihre Füße immer weiter unter den eigenen Sessel, da Biber seine Beine bereits unter dem Tisch in Stellung gebracht hatte.

„Man muss die Feste feiern, wie sie fallen." Biber beugte sich soweit nach vor, wie es die Tischkante zuließ, nahm sein Glas Prosecco und fuchtelte damit vor Brandmaiers Gesicht herum.

Sie nahm zögerlich ihr Glas, prostete kaum sichtbar in die Luft. „Auf Facebook."

„Auf Dich!"

Vanessa Brandmaier sprang aus ihrem Sessel und winkte in Richtung Eingang. Ein Mann Anfang 60 im eleganten Zweireiher kam zu ihrem Tisch.

Biber drehte sich um. Seine Miene versteinerte sich, ehe auch er die Hand zum Gruß hob.

Vanessa küsste den älteren Herrn und bat ihn an den Tisch. „Ich habe mir gedacht, dass ich zur Feier des Tages die zwei alten Freunde aus dem Hochschulclub zusammenbringe. Paps, das ist Klaus Biber. Klaus Biber, das ist Paps." Vanessa strahlte über das ganze Gesicht, während sich die beiden Herren, die sich eigentlich gut kannten, misstrauisch beäugten.

Der Abend verlief so, wie Vanessa das geplant hatte. Der Vater verteidigte die vermeintliche Unschuld der Tochter durch böse Blicke, zynische Kommentare und zweckdienliche Hinweise auf die „glückliche Beziehung" seiner Tochter mit Harry, dem Versager, während Biber dem alten Herrn mit fantastischen Heldengeschichten seines beruflichen Tuns zu imponieren versuchte. Das Herrenduell ging so sehr an die Substanz, dass der Abend zu dritt keine 90 Minuten später noch vor dem Dessert auseinanderfiel. Biber verschwand im Take Five, der Promi-Disco nebenan, die unter jungen Leuten in denkbar schlechtem Ruf stand, weil das Publikum zu einem guten Teil aus Männern vom Schlage eines Klaus Bibers bestand. Brandmaier ließ sich in Papis Benz nachhause chauffieren und genoss den Rest des Abends neben dem fernsehenden Harry, der bis Sendeschluss nicht einmal Notiz zu nehmen schien von seiner Lebensabschnittspartnerin.

Kapitel 10
Strategische Besserung

Im Salzburger Krankenhausdistrikt Mülln war der Frieden eingezogen. Der erste ernst zu nehmende Schneefall diese Jahres begrub den hektischen Spitalsalltag unter einer dämmenden Schicht aus weißer Eiswatte, die der ganzen Szene etwas Beschauliches verlieh. Doktor Kanter hatte seinerseits Frieden mit dem Spitalsalltag geschlossen. Sein Sonderklassezimmer sah mittlerweile aus wie eine improvisierte Spitalsbibliothek, wobei das freibleibende Nachbarbett als Zwischenablage für Stöße von Zeitschriften und Zeitungen diente. Die strikte Liegeverordnung war dem Bewegungshorizont eines kurz gehaltenen Kettenhundes gewichen. Er hatte Gehwagen und Krücken, war aber dank anhaltender Infusionen und Drainagen an die Nähe seines Bettes gebunden.

Die Tür öffnete sich mit einem leisen Klopfen, als er gerade geradezu lässig an einer Krücke lehnte und die Zeitungen der vergangenen Woche zu sortieren versuchte. „Störe ich?" Marion Weihrater. Endlich. Ihre Nachdenkphase hatte eine ganze Woche beansprucht, und Doktor Kanter war längst nicht mehr sicher gewesen, ob die Kollegin überhaupt zurückkehren würde.

„Nur herein, nur herein." In seinem weißen Nachthemd und der Gehhilfe, den feinen Narben im Gesicht sowie den zahlreichen Schlauchverbindungen zum Liegeplatz musste er komisch ausgesehen haben. Er hatte die volle Sehkraft zurück erlangt und tat das, was er am liebsten tat, nämlich Lesen.

„Sie haben ja ein schönes Weilchen nachgedacht."

„Ist das ein Vorwurf?"

„Hören Sie, ich bin 51. Da denkt man in kürzeren Zeiträumen." Doktor Kanter setzte sich an die Bettkante und bot Marion Weihrater Kamillentee aus der Thermoskanne.

Sie lehnte ab. „Wir machen das." Marion Weihraters Stimme stand im krassen Gegensatz zu den Worten, die sie soeben gesagt hatte. Genau genommen wisperte sie noch leiser als sonst.

„Großartig. Ich sage Ihnen, es wird Ihnen keine Sekunde Leid tun. Ich scharre mit dem Gips im Startloch." Er bot Marion Weihrater den Sitzplatz am Ende seines Bettes an und wippte aufgeregt mit den Beinen. Doktor Kanter war angestrebert wie Lehrers Liebling vor dem Abitur. Er wollte eigentlich nach dem Befinden seiner Mitarbeiter und den Vorgängen in der Fidelio fragen, doch platzte die Information

T. Holzinger, M. Sturmer, *Im Netz der Nachricht*,
DOI 10.1007/978-3-642-22489-8_10, © Springer-Verlag Berlin Heidelberg 2012

über das eben Angelernte umgehend aus ihm heraus. „Die gesamte menschliche Entwicklung können Sie auf Abermillionen biologische Ereignisse zurückführen oder auf die Kommunikation. Und wenn wir genau sind: Die Tatsache, dass wir vor drei Millionen Jahren auf den Bäumen saßen, als die Raubtiere kamen, verdanken wir der Nachricht. ‚Achtung Löwe!' ist wohl die kürzeste vollständige Nachricht, die mir in einer Woche eingefallen ist. Wer? Der Löwe! Tut was? Er kommt! Wann? Jetzt! Wie? Bedrohlich! Warum? Aus Hunger! Welche Quelle? Meine Augen! Plus: Welche Konsequenz? Ich werde gefressen! Ich halte das für die Urnachricht. Sie ist Ausgangspunkt für Sicherheit, Arbeitsteilung, räumliche Überwindung und Überlegenheit durch Kommunikation. Wir sind mit dieser Kurznachricht gewiss nicht weit vom Reflex der Tiere entfernt. Und doch wohnt in ihr so viel menschliche Einsicht, dass sie auf dem Weg durch die Köpfe die jeweils unterschiedlichen, aber richtigen Reaktionen auszulösen vermochte. Die Kleinen sprangen auf die Bäume, die Mutigen griffen zu den Ästen und die Anderen riefen es zum nächsten Baum weiter. Wenn sie wollen, waren das Nachricht und Social-Media-Kampagne in direkter Folge. Und noch Tage später werden die Menschen dagesessen haben und das Erlebte immer und immer wieder in ihren Köpfen durchgespielt und sprachlich weitergegeben haben." Doktor Kanter war nicht mehr zu bremsen. Besonders angetan hatte ihm die Geschichte des Läufers von Marathon. Der athenische Soldat, der je nach Quelle Pheidippides, Thersippos, Eukles oder Philippides genannt wurde, war nach siegreicher Schlacht gut 42 Kilometer in die Stadt gerannt, einzig um die Frohbotschaft des Sieges zu überbringen und dann tot zusammenzubrechen. „Was ist das Geniale dieser Meldung?"

Marion Weihrater dachte nach und zuckte mit den Schultern.

„Die Botschaft hatte keine andere Funktion außer der Freude. Eine gewonnene Schlacht verlangt keine Reaktion außer dem Jubel. Das war 490 vor Christus nicht anders als heute. Da rennt sich einer tot, nur um zu sagen, ‚Bayern München hat gewonnen'. Und diese völlig belanglose Geschichte hat sämtliche Epochen unbeschadet überlebt. Die Wenigsten wissen, dass Athen gewonnen hat, dass Athen überhaupt beteiligt war, kein Mensch weiß, was Auslöser und Folge der Auseinandersetzung war, aber jedes Kind weiß, dass der arme Tropf tot umgefallen ist, nur weil er als erster den großen Sieg verkünden wollte." Doktor Kanter thronte stolz im Bett wie einst der siegreiche Feldherr nach gewonnener Schlacht. Natürlich. Die Nachricht hatte zur Realität nicht mehr Verbindung als er zu seinem Bett. Der feine Schlauch, durch den die Infusionen tropften, war jener Haltebügel, der auch Nachrichten an die Wirklichkeit fixierte. Ihre Wirkung entfalten sie selten aus sich heraus sondern aus der Interpretation, die im Zuhörer entsteht. „Stellen Sie sich vor, Ihr Freund kommt völlig abgehetzt nachhause, erzählt, dass Sie im Lotto gewonnen haben, und fällt dann tot um, ohne je einen Cent ausgeben zu können."

„Ich bin noch immer solo."

„Aber Sie müssen nicht solo sein. Stellen Sie sich vor, Sie hätten einen Freund, und er fiele tot um nach der Frohbotschaft. Da hätten Sie bestimmt mehr zu erzählen als nach meinem Autounfall." Doktor Kanter saß in seinem Bett und hatte einen Stapel mit jenen Nachrichten vor sich, die eines einte: Sie waren alle völlig belanglos und verbreiteten sich doch wie Lauffeuer um den Erdball. Da war die

Geschichte jenes vietnamesischen Buben, der auf einer Reise durch das Land von seinem Onkel an einer Tankstelle vergessen wurde und acht Jahre später nach Hause zurückkam. Gleich daneben lagen die handschriftlichen Notizen zu Bill Clintons Sexaffären, dahinter Auszüge aus allen möglichen Kurzmeldungen über schicksalhafte Banalitäten, die überall herumerzählt wurden. „Wir haben die Nachricht vom ersten Moment an am falschen Eck festgenagelt. Die Realität ist nur die Würze auf einem Gericht, das uns Menschen täglich neu einfällt. Wir brauchen die Nachricht, weil wir Nachrichten brauchen.

Marion Weihrater saß mit großen Augen am Bettende und hörte Doktor Kanter, der unbeirrbar in seiner Nachrichtenerzählung feststeckte.

„Eine Nachricht ist so gut wie ihr Empfänger. Schreiben Sie sich das auf. Sie werden feststellen, dass das Publikum mehr Nachricht ist als das Ereignis."

„Sie meinen, dass es völlig gleich ist, was wir schreiben?"

„Im Prinzip ja. Wenn nicht die falsche, unrichtige Nachricht die beste Nachricht wäre. Nichts freut uns Menschen mehr als die Fehltritte anderer. Das Missgeschick der falschen Nachricht ist daher die beste Nachricht, und es beweist wieder nur, dass wir Menschen in allererster Linie unsere Schwächen ausleben, wenn wir davon ausgehen, dass Schadenfreude eine Schwäche ist."

„Wir bräuchten die Welt also nur gut genug erfinden, sodass es keiner merkt, und alles wird gut?"

„Nein. Wenn das so wäre, würden wir hinter unseren Büchern verschwinden ab dem Tag, an dem wir lesen gelernt haben, und nie wieder auftauchen. Authentische Nachrichten zeichnen sich durch zwei Merkmale aus: Dass sie anderen passiert sind und mir selbst passieren könnten. Und nichts beweist die Möglichkeitsform besser als die Tatsache, dass jemand anderer das Ergebnis schon hatte. Die Erzählung der Nachricht wird damit pädagogisch wertvoll. Ich will bestimmte Dinge haben, die Andere schon vor mir hatten, und jene Unbilden vermeiden, die wieder Anderen widerfahren sind. Oder haben Sie je gehört, dass jemand etwas erreichen wollte, was es gar nicht gibt?" Doktor Kanter wartete nicht auf die Antwort. „Natürlich nicht. Wenn Sie Milliardär sein wollen, dann deshalb, weil es Milliardäre gibt. Die wenigsten Menschen streben an, die meisten Grashalme zu besitzen, weil sie noch davon erfahren haben, dass es einen Sinn haben würde, Grashalme zu besitzen. Aber die meisten Autos in der Garage – das wäre schon erstrebenswert. Weil von Sammlern, die ganze Parkhäuser mit dem eigenen Fuhrpark füllen, haben wir mehrfach gehört und gelesen. Nachrichten stecken unseren Horizont ab. Sie sind die Grenzen unseres Handelns und Wollens – im Guten wie im Schlechten. Stellen Sie sich Salzburg als Stadt der Nachrichten vor: Sie wohnen in der einen Nachricht und würden ganz bestimmt nie zur anderen umziehen. Sie wollen unbedingt dort bleiben, wo die Rezension aus dem Festspielhaus, die Beschreibung der Obdachlosen und die Geschichten der Salzburger Einwanderer wohnen. Es ist genauso vorstellbar, in Nachrichten zu wohnen, so wie es vorstellbar ist, seine Umgebung anhand der Existenz eines bestimmten Menschenschlages zu qualifizieren. Ich möchte dort sein, wo die Reichen sind. Das ist eine gängige Praxis. Ich möchte dort sein, wo die guten Nachrichten sind – das ist der verständlichste aller Wünsche."

„Sie meinen also, die Nachricht lebt als Mikrokosmos ohne starke Anbindung an die Wirklichkeit? Das würde ja heißen, wir erzeugen die Welt in einer Art Gefühlsduselei?"

„Da haben Sie schon Recht. Die Konstruktion von Wirklichkeit durch Medien ist ein plausibles Denkmodell. Der Fehler ist nur, dass wir bislang die Zeitung, die Fernsehstation oder meinetwegen die Internet-Quetsche als Fabrik dieser Wirklichkeit angesehen haben. Das stimmt nur zu einem Teil. Die Wirklichkeit passiert in 6,2 Milliarden Köpfen. Und das, was Medien liefern, ist ein Baustein unter vielen in einer hoch komplexen Konstruktionslandschaft. Ereignisse leben von der Wirkung, die sie in uns anrichten und im Vorteil, den sie uns bieten. Da greift jede medienzentrierte Betrachtung zu kurz."

Marion Weihrater kritzelte wild in ihrem Notizblock herum.

Doktor Kanter nahm zufrieden zur Kenntnis, dass seine Saat aufzugehen schien. Sein radikales Aufräumen mit 30 Jahren Berufs- und sechs Jahren Studienerfahrung war jedenfalls nicht zu halten. Medienmodelle – da war er sicher – waren keine gesamtheitliche Größe sondern wabbernde Massen, die sich an sich selbst und ihrer nächsten Umgebung orientierten. Es gab zweifellos keinen objektiv messbaren Anlass, der etwa den Ostblock im Jahr 1989 hinweggefegt hatte. Es musste sich also um eine seltene Übereinstimmung in den Köpfen von ein paar tausend Menschen gehandelt haben, die in ihrem Nachrichtendasein zu dem Schluss gekommen waren, dass es Zeit wäre, etwas zu tun. „Wissen Sie, warum die Berliner Mauer gefallen ist? Da hat ein hoher Sekretär eine Nachricht des Zentralkomitees nicht richtig verstanden und das erst bemerkt, als er direkt in einer Live-Pressekonferenz saß. Die Nachricht enthielt verklausulierte Hinweise auf eine kommende Reisefreiheit für DDR-Bürger. Westjournalisten hörten, was sie hören wollen. Dass die Grenze geöffnet werde. Sie fragten kurz nach, der Sekretär bestätigte, dass das Gesetz ab sofort gelte. Kaum war die Nachricht draußen, strömten abertausende Menschen zu den Grenzen und forderten deren Öffnung. Die DDR zerbrach letztgültig an einem Irrtum, der zur Nachricht wurde, die falsch verstanden worden war. Jetzt machen Sie mir daraus ein gültiges Modell."

Marion Weihrater blickte stumm auf die Infusionsflasche über Kanters Spitalbett. Nach einer Weile wandte sie sich ihren Notizen zu und begann leise zu sprechen: „Sie sagen doch – nicht mehr und nicht weniger – als dass unser Job völlig sinnlos ist. Sie behaupten, dass jeder Buchstabe unserer Arbeit neu kombiniert und damit neu verstanden werden kann. Unser Tun und sein Ergebnis hätten ja nichts miteinander zu tun."

„Oh nein, meine Liebe. Sie erliegen gerade dem Fatalismus der Denkfaulen. Nur weil eine Struktur nicht offen auf dem Tisch liegt, ist sie inexistent. Und wissen Sie, warum ein Hohlkopf wie Biber uns den Rang abläuft? Weil er als Marketing-Fuzzi Meinungsforschung betreiben muss. Auch wenn er keine Ahnung hat, wie die Welt funktioniert, weiß er zumindest, wie die Menschen denken. Das wissen wir nicht, das ignorieren wir konsequent. Unsere Nachrichten finden in den Köpfen der Menschen statt und genau dorthin müssen wir sie schreiben. Wie das gehen soll, weiß ich auch nicht. Es gibt ja Sie."

„Für eine Person, für mich vor allem, ist das ein bisschen viel. Ich weiß nicht, ob ich das kann."

„Das weiß ich auch nicht. Aber bis Sie daran gescheitert sind, glaube ich daran, dass Sie das können. Und ich hoffe, Sie trauen mir in diesem Kontext auch ein bisschen etwas zu. Der große Vorteil meiner misslichen Situation ist die viele Zeit, die ich zum Denken und Lesen habe." Kanter hob belustigt sein gebrochenes Gipsbein und wippte gleichmäßig vor sich hin.

Die Tür des Spitalzimmers ging plötzlich ohne jede Vorwarnung auf. „Servas."

„Oh hallo." Doktor Kanters Feldherrenrede brach in sich zusammen wie eine Welle am Stand angesichts der unerwarteten Begegnung. Sein Sohn hatte es in Woche zwei des Spitalaufenthalts tatsächlich bis in sein Zimmer geschafft.

Andreas Kanter trug weite Jeans, eine hüftlange schwarze Lederjacke, darunter eine scheinbar zufällige Abfolge von T-Shirts und Pullovern. Schicht um Schicht lieblos auf den Körper geworfen. Der Schal sah aus wie ein Erbstück Yassir Arafats. Doktor Kanter hatte die unreflektierte Palästina-Optik seines Sprösslings stets verabscheut.

Andreas ließ ein handtellergroßes Päckchen auf das Spitalsbett fallen. „Deine Tschik."

„Vielen Dank." Doktor Kanter wandte sich zu Marion Weihrater. „Ich bin einfach unverbesserlich mit meinem Nikotin. Die Jumbo-Packung Kaugummi sollte für ein paar Tage reichen. Das ist übrigens mein Sohn."

„Hallo."

„Andreas, das ist meine Mitarbeiterin Marion Weihrater."

Andreas nickte stumm und deutete mit einer Handbewegung kaum sichtbar an, dass er gegrüßt hätte, wenn Reden seine Sache gewesen wäre.

„Was macht Dein Studium?"

„Na was schon. Ich hab schwer gehofft, dass der Unfall diese Frage aus Deinem Schädel geblasen hätte."

„Danke für Dein Mitgefühl." Doktor Kanters Stimmlage unternahm erneut eine scharfe Kehrtwende. Jetzt war er der gestrenge Vater, der dem mittlerweile ausgewachsenen Sohn die Schranken zeigen musste. „Willst Du vielleicht wissen, wie es mir geht?"

„Seh ich doch. Aber ganz ehrlich, bei dem Dusel selber schuld."

„Du kannst gleich verschwinden."

„Mach ich eh, wenn Du mir die 60 Euro für die Nikotin-Dinger gegeben hast."

Marion Weihrater erhob sich vom Nachbarbett. „Ich glaube, ich muss jetzt ins Büro. Auf Wiedersehen." Sie ging eilig zur Tür und zog sie fest hinter sich zu, ungewohnt fest.

„Du treibst sogar meine Gäste in die Flucht." Doktor Kanter griff zu seiner Geldbörse, zog einen 100-Euro-Schein und reichte ihn Andreas.

„Und Du treibst mich in die Flucht." Sein Sohn stopfte den Geldschein achtlos in seine Gesäßtasche und verließ ohne weitere Worte das Krankenzimmer.

Kapitel 11
Social Pharming

„Morgen." Klaus Biber, MAS hatte seine Lektion weithin sichtbar gelernt. Und die Begrüßung am nächsten Tag im Büro fiel denkbar kühl aus.

„Guten Morgen." Vanessa Brandmaier bemühte sich um eine freundliche Stimmlage. Sie wusste, dass ihr Sympathiekredit weitgehend aufgebraucht war, und sie es sich nicht leisten konnte, weitere Fronten im Grapsch-Krieg zu eröffnen. Sie war froh, dass Bibers Hände wie festgeklebt in den Hosentaschen steckten. Das Grundsetting kannte nur eine Handlungsanleitung: Business as usual.

Das Geschäft wie immer hieß Social-Media-Strategie und war die Umsetzung dessen, was der Vorstand vor zwei Tagen abgenickt hatte. Vanessa Brandmaier hatte 24 freie Komplizen, die ab sofort die soziale Umgebung der Fidelio Pharma AG gesundschreiben würden. Sie hatte für jeden ihrer bezahlten Freunde einen Vertrag mit sieben Seiten vorbereitet, in dem Rechte und Pflichten peinlich genau aufgelistet waren. Auffällig war, dass dem Brutto-Ertrag von 120 Euro pro Nase eine Konventionalstrafe von 5.000 Euro, ebenfalls pro Nase, gegenüber stand, für den unwahrscheinlichen Fall, das irgendeiner aus dem Bezahlnetzwerk über seine Tätigkeit plaudern würde. Vanessa steckte die Vertragsheftchen in Kuverts und übergab sie dem Sekretariat.

Ihr eigener Job war der Aufbau einer kleinen Fanpage. Zur Spurenverwischung war das erste Thema nicht die umstrittene Malariavorsorge, sondern ein Blutdrucksenker, der seit Jahren ohne Probleme an zahlreiche Patienten verabreicht worden war. Die Fanpage auf Facebook wurde in einem ersten Schritt allen Mitarbeitern der Fidelio Pharma AG ans Herz gelegt, eigentlich aufgedrängt. Angenehmer Nebeneffekt war eine gewisse Kontrolle über das Facebook-Treiben der eigenen Mitarbeiter. Es war nun ein leichtes, das Freundschaftsnetzwerk so über die Firma zu legen, dass man von subversiven Aktivitäten im eigenen Reich rechtzeitig Wind bekäme. Die „Gefällt mir"-Buttons purzelten nur so durch den virtuellen Raum, und die geschundene Pharmafirma hatte binnen weniger Stunden nebst einer erklecklichen Anzahl von Einträgen auch 127 Anhänger.

Vanessa Brandmaier hatte sich mittlerweile mehrfach gespalten wie ein vermehrungswütiger Einzeller. Mit ihren acht Profilnamen konnte sie unterschiedliche Figuren im Fansektor simulieren. Dem oberflächlichen Betrachter fiel auch nicht

T. Holzinger, M. Sturmer, *Im Netz der Nachricht*,
DOI 10.1007/978-3-642-22489-8_11, © Springer-Verlag Berlin Heidelberg 2012

auf, dass sie wie manisch die Wortfolge „an und für sich" in jedem zweiten Satz unterbrachte, egal ob sie als Teenager oder Techno-Pensionär ihre Spuren hinterließ.

Die Fidelio Pharma AG bekam eine Facebook-taugliche Geschichte verpasst. Und natürlich durfte Wolfgang Amadeus Mozart nicht fehlen. Der Komponist und Namenspate sollte in seiner Mischung aus Tradition und Superstar ein positives Licht auf das Unternehmen werfen. Fidelio war als Oper weithin bekannt. Zudem hatte der Name mit Treue und Sicherheit zu tun, all jenen Werten, die einem Pharmaunternehmen bestens zu Gesicht standen. Ich bin ein Genie! Aus dieser Altknackerbude ein Facebook-Profil zu schnitzen, ist eine Leistung. Die grauen Panther werden Augen machen. Vanessa stellte sich die Lobpreisungen der Vorstandsetage plastisch vor und dieser Erfolg würde es ihr auch erlauben, weitere Annäherungsversuche von Biber entsprechend brüsk zurückzuweisen. Erfolg, das hatte sie gelernt, schützt vor Übergriffen.

Der nächste Schritt galt der Sammlung von Multimedia-Inhalten. Bilder und Videos sollten dem neugewonnen Auftritt das nötige Fleisch geben und zudem neue Plattformen erobern. YouTube, Flickr und Foursquare sollten an der Fidelio nicht vorbeikommen. Die Rache des Unternehmens war das Archiv. Vorstandsfotos im Stil fürstlicher Porträtmalerei des 17. Jahrhunderts, langatmige Unternehmensfilmchen, in denen ein rhetorisch schwächelnder Chemie-Professor medizinische Wirkungsweisen darzulegen suchte, dazu die eingescannten Verpackungsdesigns der letzten 20 Jahre. Das multimediale Erscheinungsbild des Pillenkonzern war erbärmlich. Vanessa ließ sich auf Firmenkosten die neueste Canon Powershot mit Videofunktion an den Schreibtisch liefern und ging selbst auf Motivjagd. Besonders angetan hatte es ihr das Schild „Löschgasflutung – Raum nicht betreten – Lebensgefahr", das über dem EDV-Zentrum im Erdgeschoss prangte. Sie nötigte eine Mitarbeiterin der Telefonzentrale, mit einer gelben Plastikgießkanne vor besagtem Schild zu posieren. Vanessa fand das lustig.

Es entstanden insgesamt 576 Aufnahmen aus dem Unternehmen, wobei ihr der Sektor „Was Sie nicht mit Medizin tun sollten" besonders gut gefiel. Er zeigte Menschen, die ein Handvoll Tabletten zum Mund führten, Kinder mit der Antibaby-Pille, Katzenfutter mit undefinierbaren bunten Kapseln und Kaminfeuer mit halb verschmorten Packungen darin. Die Fotos strich sie Stil eines Verkehrsschildes rot durch und fügte sie der Verbotszone auf Facebook hinzu. Den Vorstand ersuchte sie um maximal einminütige Statements zu verschiedenen Fachthemen der Pharmakologie. Die Content-Strategie sah vor, sämtliche Führungskräfte mit einem Themenbereich zu präsentieren, der im weitesten Sinn mit Verantwortung zu tun hatte. Von „Good Governance" im Unternehmen über Nachhaltigkeit medizinischer Forschung bis hin zum Vermeiden von Tierversuchen reichte das Spektrum. Den Einwand des Forschungsvorstandes, Adalbert Druckl, dass die Fidelio Pharma AG sehr wohl auf Mäuse, Ratten und Hasen, ja manchmal sogar auf Affen angewiesen sei, wischte Vanessa kurzerhand vom Tisch. Sie behaupte ja nicht, dass die Fidelio nicht an Tieren teste, sondern bloß, dass man es vermeide, wo es gehe, und so human mit den Kreaturen hantierte, wie es die Versuchsreihe erlaubte.

Biber sollte ein Thema für die Jungen präsentieren, als 40-jähriger war er schließlich der Youngster unter den Vorstandsmitgliedern. In quälend langen

Aufnahmeserien verhaspelte er sich, forderte zu Medikamentengebrauch auf, was durchaus missverständlich war, und fand immer dann, wenn der Text in Ordnung gegangen wäre, ein optisches Makel an seinem Auftritt und fing von vorne wieder an. Der Typ ist einfach peinlich!

Vanessa musste keine Gegenwehr aus dem Unternehmen fürchten. Alle Einwände vermochte sie mit dem Hinweis auf die Internetgeneration abzuwehren. „Das macht man auf Facebook so", reicht als Totschlagargument jedenfalls aus. Auf YouTube, der größten Videosammlung der Welt, wuchs ein eigener Kanal heran, der abwechselnd Chemieunterricht und stotternde Männer zeigte, die sich an ihre Kunden wandten. Zwischendrin blinkten Schnittbilder – auch die Löschgas-Dame wurde filmisch verwurstet –, die dem tristen Gesamteindruck die geeigneten Farbklekse verpassen sollten. Für die nächste Sitzung des Vorstandes hatte Vanessa bereits ein Papier vorbereitet, das die Produktion professioneller Werbefilmchen und einiger Facebook-Applikationen beinhaltete. Das Papier trug den stolzen Titel „Social Pharming", was ihr als Kunstwort vor dem Einschlafen eingefallen war.

Auf Flickr, dem Fotoalbum für alle, wohnte die Ahnengalerie der Fidelio, wobei die aktuellen Vorstände um keinen Deut frischer aussahen als ihre Vorgänger von 1914. Die fotografische Malaise sollte Harry ausbügeln. Er hatte eine Fotografenausbildung an der Volkshochschule erfolgreich absolviert und galt im näheren Umfeld als der fotografisch Begabteste. Ein kleiner Job zwischen den endlosen Fernsehtagen würde ihm außerdem guttun.

Vanessa überlegte lange, wie sie den Kurznachrichtendienst Twitter mit Informationen beschicken könnte. Die Fidelio gab diesbezüglich einfach nichts her. Die Zulassung eines Medikaments dauerte Jahre und eine Twitter-Präsenz, die nicht zumindest wöchentlich, eher aber täglich Neuigkeiten bieten konnte, war nichts wert. Das war ihr klar.

Eine ganz andere Qualität hatte da Foursquare. Die Plattform bot die Verknüpfung des eigenen Tuns mit geografischen Daten. Was läge daher näher, als ein Pharmaunternehmen mit den einzig zulässigen Verkaufsstellen zu kombinieren: den Apotheken. Stolze 2.271 Einträge – so viele Apotheken überziehen das Land – lagen vor ihr. Puh, das wird eine Hacken.

Vanessa musste jetzt noch irgendwie an jene Poster herankommen, die das Unternehmen in unterschiedlichsten Plattformen schlecht machten. Noch einmal ging sie zur virtuellen Selbstspaltung über und erfand vier weitere Personen, mit denen sie das Feindesland erkunden konnte. Dazu lud sie Profilbilder von Facebook-Usern in Kanada, Chile und Argentinien auf ihren Desktop und bürgerte sie quasi über Nacht ein. Die Spionage im geheimen Auftrag sollte ihr jene Informationen bringen, die sie an ihre 24 Mitarbeiter weitergeben würde. Die Krönung der Fälschung war Doktor John Ngugi, ein Arzt aus Nairobi, der im holprigen Englisch über die genialen Fortschritte dank Anopharm berichten durfte. Um dem Doktor die nötige Glaubwürdigkeit zu verleihen, mussten sein engsten Mitarbeiter miterfunden werden, denn es würde ein seltsames Bild abgeben, hätte der Doktor aus dem fernen Afrika nur österreichische Freunde. Das Fotomaterial entnahm Vanessa Brandmaier von verschiedenen südafrikanischen Internetadressen, die Namen kombinierte sie aus offiziellen kenianischen Quellen, wobei sie peinlich darauf Acht gab, keine real existierenden Figuren zu kopieren. John Ngugi war die perfekte Mischung eines bekannten Schriftstellers mit einem Allerweltsnamen, der wohl auch in Kenia vorkommen musste. Die frisch erfundene kenianische Doktorsaga wurde dann in den wenigen vorhandenen prestigeträchtigen Einrichtungen eingetragen, die auf Facebook existierten. John Ngugi war nicht nur Wunderarzt, sondern auch ein Ass am Golfplatz. Die befreundete Assistenzärztin Aisha Kwanza war ausschließlich in den angesagtesten Clubs der Hauptstadt unterwegs. Die schwarzen Götter in Weiß hatten Biografien, die besser waren als jene, die das echte Leben schrieb. Die Lawine konnte rollen.

Kapitel 12
Träume für die Rückkehr

Ich lege meinen Arm um Elisabeths Schulter. Glasenbach liegt ungefähr zwei Stunden hinter uns. Ich küsse sie, zuerst sanft von der Seite, dann versperrt sie mir den Weg, verschränkt kurz die Arme vor dem Körper und lächelt. Der grüne Pullover weht im Wind. Wir umarmen uns, ich spüre ihre Hand von den Nackenhaaren über das Schulterblatt nach unten gleiten. Der Herbst spielt noch einmal Leidenschaft.

Arm in Arm passieren wir drei kleine Holzbrücken, vor dem Marterl an einer Lichtung kurz vor der Erentrudis Alm bleibt Elisabeth noch einmal stehen und verschließt ihren Körper mit den Armen. „Ja oder nein?" Elisabeths Stimme ist leise wie immer und doch trifft die Frage wie eine Speerspitze mitten ins Herz. Ich spüre warmen Schmerz in der Brust und verliere den Kontakt zur Außenwelt. Elisabeths Körper verflüchtigt sich wie Wasserdampf, ihre Worte verstummen im leisen Klang des kleinen Bachs neben dem Weg.

Ich laufe durch den Wald und suche Elisabeth. Mein Herz rast, mir ist, als schössen Ströme von Blut aus meinem Herz. Elisabeth erspähe ich auf einem kleinen Vorsprung am Ende des Weges. Ich haste zu ihr und jedes Mal, wenn ich nach ihr greife, wiederholt sich das Schauspiel: Lächelnd verdampft ihr Körper im milden Herbstwind. Ich frage Wanderer, Bauern der Umgebung, alle, die ich finden kann, nach Elisabeth. Niemand antwortet. Bin ich tot? Ich laufe den Weg nach oben, immer schneller, dort wo es kein Weiterkommen gibt, steht abermals Elisabeth. Ich laufe, den Blick zu Boden gerichtet, um nicht zu fallen, stolpere. Das Gesicht schlägt weich auf. Die Walderde ist feucht vom Regen der vergangenen Woche. Der kalte Schlamm beruhigt und lässt die Wunden vergessen, die mein Gesicht überziehen. Ich laufe weiter, konzentrierter und schneller als zuvor, und wage nicht noch einmal in Elisabeths Richtung zu blicken. Vor ihren Schuhen, den Beinen, die plötzlich aus dem Moos wachsen, halte ich inne. Mein Blick geht langsam Millimeter für Millimeter nach oben. Ich zucke zusammen. Elisabeth ist Marion. Marion Weihrater.

Doktor Kanter fuhr hastig in die Höhe.

„Sie haben geträumt." Der Oberarzt lächelte Doktor Kanter an, reicht ihm den Kamillentee und ging wortlos aus dem Raum.

T. Holzinger, M. Sturmer, *Im Netz der Nachricht*,
DOI 10.1007/978-3-642-22489-8_12, © Springer-Verlag Berlin Heidelberg 2012

Doktor Kanter war verstört. Fahrig. Verunsichert. Er nannte den Traum das Elisabeth-Motiv, etwas, das sich tausende Male wiederholt hatte in seinen unruhigen Nächten, und es spielte den Abschied von der Geliebten tausendfach durch. Nie zuvor hatte er Elisabeth im Traum wieder erreicht. Und plötzlich stand die Geliebte von damals als Marion Weihrater wieder auf. Sein Puls raste, seine Augen suchten Halt im konturlosen Weiß der Zimmerdecke. Und so sehr er sich auch gegen das Gefühl und den Gedanken sperrte – er musste, nein er hatte sich, er könnte sich – verliebt haben.

Der Oberarzt betrat noch einmal das Krankenzimmer, nur hatte er diesmal einen dicken Stoß Papier in seinen Händen. Das Stethoskop hing lustlos von seinem Hals. Die Augen des Mediziners waren in irgendwelche Dokumente vertieft. „Herr Doktor Kanter, ich habe eine schlechte Nachricht für mich: Ab Montag habe ich einen Klassepatienten weniger. Die gute Nachricht für Sie . . .".

„Ich kann nach Hause", fiel ihm Doktor Kanter abrupt ins Wort.

„So ist es. Aus medizinischen Gründen kann ich Sie wohl hier weiter nicht festhalten. Die äußeren Verletzungen sind weitgehend abgeklungen, die Infektionsgefahr ist gleich null und Ihr Gipsbein können Sie genauso gut durch Ihre Wohnung schleppen wie über den Spitalsflur."

„Danke." Abwesend notierte Doktor Kanter das Ende seiner Spitalslaufbahn. Seine Gedanken stürzten zwischen Elisabeth und Marion hin und her. Die Ähnlichkeiten der beiden, gewiss, hatte er bemerkt. Von einer Art Zuneigung hatte er Notiz genommen. Er hatte das zurückgeführt auf die Tatsache, dass man manche Menschen mag, andere wiederum nicht. Wer in seine Träume kam, hatte Bedeutung, allemal. Elisabeth war in sein Leben getreten, als er in sein letztes Studienjahr ging. Sein kleiner Sohn Andreas war damals gerade zwei Jahre alt. Seine Ehe hatte sich zwischen Studium, Geldbeschaffung und Kindeserziehung weitgehend wund gelaufen. Der Alltag zwischen Pampers und Moneten war ihm immer verhasster erschienen, seine junge Gattin als Ursache des Übels ausfindig gemacht, sein Sohn als Bremsklotz für ein freies Leben, das er insgeheim stets angestrebt hatte.

Elisabeth bedeutete Flucht. Unbelastet von Nebensächlichkeiten wie Kind und Existenz war ihm diese Frau Ruhepol und Sehnsuchtsort gleichermaßen. Doktor Kanter hatte Elisabeth vom nahenden Ende seiner Ehe gebeichtet und befand sich damit, das bemerkte er erst Jahre später, in der guten Gesellschaft aller Männer, die auf der Suche nach einem Abenteuer sind. Aber weil auch Elisabeth zuvor keinen Umgang mit verheirateten Typen gepflogen hatte, war ihr dieses durchaus stereotype Verhalten neu. Über ein Jahr blieb die Beziehung der beiden Studienkollegen angenehm unverbindlich und frei. Kanter vermochte all seine Träume in dieses Parallelleben projizieren und egal, was Elisabeth tatsächlich tat, allein diese Projektionen hielten eine unwiderstehliche Zuneigung am Leben, die immer wieder ihre körperlichen Höhepunkte fand. Bis zu jenem Tag, da Elisabeth die entscheidende Frage stellte: „Ja oder nein?" Kanters Antwort traf postalisch ein und setzte dem jungen Liebespaar ein jähes und immerwährendes Ende.

Elisabeth blieb die Projektion seiner Leidenschaft. Und je weiter sie weg war, desto stärker pochte sein Herz in Gedenken und in Gedanken an sie. Elisabeth, das wusste er, hatte sein Liebesleben hypothekarisch belastet – für immer. Wenn er es nicht zu Wege brachte, ein und dieselbe Frau länger als ein halbes Jahr auszuhalten, dann lag das keineswegs an den Frauen sondern an seiner Vorstellung von wahrer Liebe, der Liebe zu Elisabeth. Unter seinen wenigen weiblichen Bekannten trug Doktor Kanter deshalb den Spitznamen „Saison-Lover".

Marion setzte diesen Spuk nach 25 Jahren ein Ende. Die Erlösung. Doktor Kanter trank abwechselnd Kamillentee und kiefelte nervös auf seinen Nikotinkaugummis herum. Vor lauter Aufregung hätte er die bevorstehende Entlassung beinahe vergessen. Das Mittagessen, Spitalskost im übelsten Geschmacksinn des Wortes, ließ er unangerührt stehen. Er versuchte zu schlafen und hoffte insgeheim, noch einmal auf Marion zu treffen und die Fortsetzung jenes Traumes zu erfahren, den der Oberarzt am Morgen so unsensibel abgebrochen hatte. Was auch immer er tat, um die Augenlider zu beschweren, er konnte nicht einschlafen.

Die Entlassung! Gegen vier erinnerte sich Kanter an die bevorstehende Rückkehr ins sein altes Leben. Es überkam ihn Angst, er hätte sich an das komfortable Nichtstun so sehr gewöhnt, dass er den Alltag allein nicht bewältigen könnte. Schon gar nicht mit Gips und Verband und der strikten Auflage, nur ja nicht über die Stränge zu schlagen im Versuch, Aktivität zu entwickeln. „Schonen Sie sich", hatte der Arzt warnend verkündet.

Doktor Kanter nahm den schwarzen Blackberry vom Nachtkästchen. Er konnte den Heimweg unmöglich allein antreten, das verboten erstens die vielen Bücher und Zeitungen und zweitens die Angst, dem eigenen Haus mutterseelenallein begegnen zu müssen. Der Blackberry hatte viele kleine Schrammen auf dem Display, die alle nicht vom Unfall stammten – da hatte das Telefon sicher verwahrt im Auto gelegen – sondern von der ungeschickten Behandlung davor. Ein Tag, an dem der Blackberry nicht zu Boden gedonnert war, war kein vollständiger Tag. Doktor Kanter einigte sich mit sich selbst auf Joe. Er hatte ein Auto, eine angenehm unempathische Distanz zu empfundenen Katastrophen und jenes praktische Gespür, das ihn erkennen lassen würde, ob man ihn – den nach wie vor Schwerverletzten – alleine in einem riesigen Reihenhaus zurücklassen konnte. Jojo-Joe war das ideale Taxi für die Rückreise in sein früheres Leben.

Die Zeit schien festzustecken. Doktor Kanter schob sich von Sekunde zu Sekunde, von Minute zu Minute, von Stunde zu Stunde. Seine Gedanken blieben zerstreut und wechselten atemberaubend schnell zwischen den einzelnen Themenbereichen hin und her. Marion, der Job, Elisabeth, sein Sohn – keine Linie dauerte länger als drei Sekunden und Doktor Kanter spürte, dass er die Übersicht in seiner Gefühlsdiskothek zu verlieren drohte. Er aß kaum, trank den Kamillentee nur aus Freundlichkeit gegenüber dem Personal und sprach nicht. Ärztliche Fragen quittierte er mit Nicken oder Kopfschütteln, Besuche waren am Wochenende sowieso nicht zu erwarten. Das Schlimmste, dachte er, wäre Marions Besuch. Er konnte ihr seit seinem Traum nicht mehr neutral begegnen. Er würde ihren Körper mustern, sich nach ihren Lippen verzerren und am Ende Gefahr laufen, durch eine falsche Andeutung jede Basis zu zerstören. Wer würde schon erwarten, dass der alternde Vorgesetzte in den dritten Frühling fällt.

Montag kurz nach neun sprang die Tür auf. Jojo-Joe, im Schlepptau sein Hansi. Doktor Kanter fühlte sich elend. So wie man Zoolöwen nicht einfach in der Steppe aussetzen konnte, würde man den spitalszahmen Doktor Kanter nicht einfach nachhause auswildern dürfen.

Jojo-Joe bemerkte Doktor Kanters Unsicherheit. „Ein Häufchen Elend vor dem Heimflug?" Der dicke Freund lachte polternd und zerrte Hansi am Jackenärmel durch die Tür herein.

Doktor Kanter begrüßte den ängstlichen Hansi, der es in der Öffentlichkeit vorzog, nicht allzu nah an seinen Lebensgefährten zu geraten. Hansi war Domprediger in Salzburg. Als homosexueller Geistlicher, der seine Neigungen auslebte, war er in der Kirche beileibe kein Einzelfall, aber die Wenigsten, die in der Hierarchie so weit nach oben gefallen waren, zeigten ihre schwulen Partner auch nur in der Nähe des Arbeitsortes. Unter Homopriestern waren sogenannte „Rosa Pilgerreisen" angesagt, jene Bahn- oder Busfahrten über einige hundert Kilometer einmal die Woche, die direkt ins Schlafzimmer der jeweiligen Liebhaber führten.

Jojo-Joe stopfte Bücher und Kleider in einen mitgebrachten Ikea-Sack und kümmerte sich wenig um die Leiden des unschuldigen Papiers. Er reichte Doktor Kanter ein Bündel Kleidungsstücke. „In der Engelskluft willst Du hoffentlich nicht nach Hause fahren."

Doktor Kanter lachte das erste Mal seit Tagen laut auf. „Aber vor der Schwulenparade umziehen, kommt auch nicht in Frage." Er wies die beiden bei der Tür hinaus. „Lächerlich, eigentlich", dachte er, und genierte sich ein bisschen für seine übertriebene Scham.

Jojo-Joe packte seinen Freund abermals am Ärmel und zog ihn wie einen bockigen Hund aus dem Krankenzimmer.

Standard-Hosenbeine sind nicht für Gipsbeine geschneidert. Mit Verbandsschere und dem ihm eigenen Ungeschick schuf er seine eigene Spitalskollektion, die ihn noch lächerlicher aussehen ließ. Da hätte er gleich im weißen Nachthemd über die Getreidegasse nach Hause humpeln können, es wäre um nichts peinlicher gewesen. Doktor Kanter schleppte sich zur Tür und bat Jojo-Joe und Hansi wieder herein.

Der beleibte Freund konnte sich vor Lachen kaum halten und schlug sich den Kopf an einer Bettquerstrebe an. „Der Gewinner des diesjährigen Vogelscheuchenwettbewerbs." Joe erstickte den schlechten Witz in lautem Gelächter.

Doktor Kanter konnte nicht anders, als sich diesem anzuschließen.

Einzig Hansi blieb auffällig ernst.

„Schwing die Krücke, auf geht's." Jojo-Joes mächtiger Körper bebte immer noch, er murmelte Dinge wie „Das gibt's ja nicht" und grunzte amüsiert vor sich hin.

Doktor Kanter nahm hinkend die Personalverabschiedung vor, entschuldigte sich kokett für seine Spitalsmarotten und versprach, sich für die zuvorkommende Behandlung samt rascher Heilung erkenntlich zeigen zu wollen, sobald dies sein körperlicher Zustand erlauben würde.

Das ungleiche Trio bewegte sich langsam in Richtung Ausgang. Der vorlaute Joe, der nachdenkliche Kanter und der stumme Hansi. Jojo-Joe verstaute Gepäck und Mitfahrer in seinem alten Peugeot Kombi und ließ sich selbst in den durchgesessenen Fahrersitz fallen. Der Wagen schaukelte zwei oder drei Mal, sprang kreischend an und fuhr weg. Sie passierten die Stiftsbrauerei gegenüber der Zufahrt zum Landeskrankenhaus. Joe bremste stark ab, blieb abrupt rechts stehen und fixierte seinen Partner. „Ohne Dich wären jetzt zwei Halbe angesagt." Er lachte gequält.

„Nicht unter meinen Brüdern. Joe bitte." Hansi versuchte seine außergöttliche Beziehung zumindest nicht in kirchlichen Einrichtungen vorzuführen. Ein gemeinsames Bier unter den anderen Kirchenmännern hätte dem Geistlichen nicht gut bekommen.

„Er hat's nicht leicht zurzeit." Jojo-Joes Miene wurde zum ersten Mal seit seinem Eintreffen im Spital tiefernst. „Die homophoben Salzburger Klerikalbanden drohen ganz unverhohlen mit den Zwangsouting."

„Oh."

„Und was liegt näher als schnöde Homosexualität mit dem Dauerbrenner Missbrauch zu verknüpfen? Wenn wir nicht aufpassen, werden wir noch als klerikale Kinderschänder durch die Altstadt getrieben."

Hansi schaute betreten auf den verschmutzten Fahrzeugboden. Zwischen Fast-Food-Kartons und Pizza-Schachteln fixierte er die Schnürsenkel seines linken Schuhes. „Das hätte ich mir bei Gott nie gedacht."

„Das tut mir leid." Doktor Kanter suchte nach dem erlösenden Satz, nach einer Milderung, doch er fand keinen passenden Gedanken, der irgendetwas in der misslichen Situation geändert hätte.

„Wir drei sind halt eine recht sieche Gesellschaft heute", resümierte Joe und fand etwas zwanghaft zu seinem ironischen Tonfall zurück. Er gab Gas und steuerte den Peugeot direkt zu Doktor Kanters Haustür.

Gips und Krücken passen schlecht in alte Autos. Doktor Kanter konnte den Kombi aus eigener Kraft nicht verlassen. Mit einem unsanften Ruck hievte Jojo-Joe den verletzten Freund aus dem Beifahrersitz. Doktor Kanter wunderte sich, dass die halbverheilten Knochen und Nähte diese grobe Behandlung unversehrt überstanden.

„Geht doch", rief Joe und schwang sich mit Ikea-Sack und zweiter Krücke unterm Arm zur Haustür. Er verlangte den Schlüssel und wies die beiden anderen großzügig durch die Tür. „Willkommen daheim, mein Lieber!"

Doktor Kanter schleppte sich über die wenigen Stufen im Vorgarten ins Haus. Die Räume sahen exakt so aus wie an jenem Tag, als er seinen Audi in die Wälder geritten hatte. Aus der Küche schoss ihm der beißende Gestank von Verdorbenem entgegen.

„Trautes Heim – Dein Glück allein", schmetterte Joe durch den Vorraum. „Pfiat Di, Kanti."

„Und wer hilft mir bei dem ganzen Chaos?"

„Du wirst ja wohl zwei Müllsäcke vor die Tür wuchten können."

„Und einkaufen?"

„Der Spar ums Eck ist auch für Dich keine Weltreise. Du musst wieder leben lernen."

Doktor Kanter fühlte sich um die ihm gebührende Pflegeleistung betrogen. Vor ihm lagen Stiegen, hinter ihm eine ekelerregend riechende Küche, und der völlig intakte Freund machte keine Anstalten, auch nur einen Handgriff mehr als unbedingt nötig zu verrichten. Doktor Kanter empfand die Welt in diesem Moment als ungerecht und schlecht.

„Ein Gipsfuß ist keine Querschnittslähmung." Joe lachte noch einmal laut auf und ließ dann die Tür gnadenlos hinter sich ins Schloss fallen.

Kapitel 13
Zickenkriege

„271 Personen gefällt das." Vanessa Brandmaier verfolgte den Aufstieg ihrer Facebookseite mit großer Genugtuung. Jede Stunde kamen ein oder zwei Menschen dazu, die dem, wie sie meinte, originellen Auftritt ihre Gunst erwiesen, zumindest auf „Gefällt mir" drückten. Sie ertappte sich dabei, wie sie zahlreiche der eingetragenen Fans auf Google verfolgte, ihre Vorlieben auf anderen Webseiten zu eruieren suchte und schließlich eine interne Liste mit Fansektoren erstellte. Ihre Maschinerie lief wie geschmiert und es stand außer Zweifel, dass sie mit Fidelio 2.0 ihren bislang größten beruflichen Coup landen konnte. „Marion Weih Rater gefällt das." Die Seite hatte einen neuen Fan erhalten. Marion Weihrater. „Mitarbeiterin", notierte Bandmaier in ihrem Fanverzeichnis. Sie schüttelte den Kopf, weil diese Weihrater nicht einmal Frau genug war, unter ihrem exakten Namen aufzutreten. So findet die kein Mensch.

Die Kollegin aus der Presseabteilung war ihr in den ersten Tagen kaum aufgefallen. Der Bitte nach aktuellen Bildern für die Social-Media-Kampagne war die unscheinbare Brünette lustlos, aber schnell nachgekommen. Ducktussi. Die wenig schmeichelhafte Bezeichnung für mäßig engagierte, jedenfalls zurückhaltende, aber im Prinzip kreuzbrave Mitarbeiterinnen ohne jede Karrierechance schien auf die Dame aus dem Kanter-Ressort zu passen wie ein Maßkostüm. Das Facebook-Profil von Marion Weihrater war fest verschlossen. Neben dem Erstbildkontakt gab es nur den Wohnort: Salzburg. Eine weitere Google-Recherche förderte nicht mehr als eine alte Handynummer und eine Seminararbeit zu Tage. Vanessa hielt nichts von Menschen, die den Scheinwerfer stets von sich selbst wegdrehten. Sie wertete das als ein Zeichen von Schwäche, Dummheit oder Ahnungslosigkeit. Kein Mensch mit Grips würde den Kopf in den Schatten halten. Zur Assistentin geboren, für solche wie Weihrater war in der dritten Liga Endstation.

Presseabteilung. Klaus Biber hatte ihr im Vorbereitungsgespräch verraten, dass von dort der schärfste Wind wehen würde. ‚Die Holzhütte', hatte er die Abteilung Doktor Kanters abschätzig genannt. Das war ein bisschen ums Eck gedacht und stand für ‚Abteilung der Holzmedien', also für all jene Dinge, die auf Papier gedruckt wurden. Rohstoff für Papier war schließlich Holz. Bibers Originalität war aus dem gleichen Stoff. Hölzern. Konstruiert. Jedenfalls, das wusste Vanessa, wäre

T. Holzinger, M. Sturmer, *Im Netz der Nachricht*,
DOI 10.1007/978-3-642-22489-8_13, © Springer-Verlag Berlin Heidelberg 2012

die Presseabteilung jenes Gebiet, aus dem die schärfste Gegenwehr gegen die Kommunikationsmoderne zu erwarten war. Die Büros am anderen Ende des Flurs waren Feindgebiet. Benannte man sie nun nach Holz, Papier, oder einfach nur nach der Langweile, die sie für Vanessa ausstrahlte.

Vanessa Brandmaier nahm einen viel zu dicken Packen der neuen Visitenkarte, ließ sie in der Umhängtasche verschwinden, zog ihren Blazer wie ein Kettenhemd über und ging. Ein Anstandsbesuch, ein Anstandsversuch. Zumindest sollte ihr niemand vorwerfen, die Einbindung der Holzhütte in ihre Social-Media-Strategie nicht versucht zu haben. Und da ihr der Chef der Abteilung unfallbedingt für die nächsten Wochen nicht unterkommen würde, musste eben die stinklangweilige Assistentin dafür herhalten.

Das Absatztrommeln erfüllte einmal mehr die Fidelio-Räume. Mit kurzen, schnellen Schlägen eilte die Neue aus dem Facebook-Eck über den Gang. Vanessa klopfte mit jedem Schritt zwei Mal auf den Boden. Klonk, die Ferse, Klonk, die Fußspitze. Das ganze ergab einen schnellen, hängenden Viervierteltakt, ein bisschen wie Foxtrott von einer betrunkenen Ballband, die ihr Metronom viel zu schnell eingestellt hatte.

„Hallo." Vanessa wählte die kürzest mögliche Form der unverbindlichen Begrüßung.

„Hi." Marion Weihrater blickte von schräg unten auf die neue Kollegin. „Was kann ich für Dich tun?" Ihre Stimme klang sanft und leise. Das „Hi" und die freundliche Frage, dienstbereit formuliert, waren dem trockenen „Hallo", das einigermaßen unfreundlich rüberkam, an Sympathie und Freundlichkeit eindeutig überlegen. Der erste Punkt ging an Weihrater. „Kann ich etwas für Dich tun?", wiederholte sie.

Marion wischte mit der Hand eine Haarsträhne aus dem Gesicht und wartete interessiert auf weitere Anweisungen. „Ich wollte mit Dir über die Kampagne reden. Ich bin jetzt mit Facebook einigermaßen durch und wollte Dir das schnell erklären. Vielleicht könnt ihr ja mit der neuen Menge an Dingen im klassischen Bereich auch etwas anfangen?"

„Klar, gute Idee." Marion Weihrater sah sie mit ihren großen Augen an und zog die Augenbrauen in die Höhe.

„Na dann, auf geht's." Vanessa bemühte sich um Freundlichkeit, bemerkte aber, dass sie außer einem recht angestrengten Lächeln nichts Brauchbares im Repertoire hatte. Die unscheinbare Kollegin hatte ihr in diesem Bereich Einiges voraus. Marion Weihrater versprühte so etwas wie universellen Charme hinter einer recht dürftigen Fassade. Vanessa strahlte nur Anstrengung und Überwindung aus.

Vanessa klickte sich rasch durch die verschiedenen Auftritte bei Facebook. „Die Unternehmensgeschichte. Vielleicht könnt ihr mit der etwas machen?"

„Ich schau mal schnell drüber." Marion Weihrater überflog die Informationen, blieb kurz an der Namenserklärung hängen. „Fidelio", las sie leise, „von Mozart". Sie zog ihre Augenbrauen ganz tief nach unten und schaute die Kollegin wieder an. „Da hast Du aber eine ganze Menge erfunden."

„Geschichten sind in erster Linie Geschichten. Sowas bleibt hängen." Vanessa ärgerte sich über die Pedanterie des Pressemäuschens. Die Fidelio Pharma

AG steht vor dem New-Media-Supergau und die Kommunikationsabteilung sucht Rechtschreibfehler in der Buchstabensuppe.

„Klar. Hängen bleibt das schon."

„Du kannst mir ja einen Korrekturvorschlag schicken. Nicht böse sein, wenn das nicht eins zu eins umgesetzt wird. Ich muss da mehr auf die Zielgruppe schauen."

„Ich geb' Dir Bescheid, wenn mir etwas auffällt." Marions Stimme klang nicht mehr ganz so sanft. „Wer trägt eigentlich die presserechtliche Verantwortung für das, was hier steht?"

„Presserechtlich? Was meinst Du mit presserechtlich?" Vanessa war verunsichert.

„Wer haftet für die Information? Also wer muss das ausbaden, wenn etwas nicht stimmt?" Marions Stimme klang jetzt ungeduldig, fordernd.

„Ich sicher nicht." Vanessa überlegte kurz. „Aber was soll schon falsch sein? Wenn sich jemand aufregt, kann ich das ja rauslöschen."

„Tolles Konzept." Marion war unwirsch geworden. „Du weißt aber schon, dass wir hier Standards haben, ein Prozedere, das sicherstellt, dass wir keinen allzu großen Unsinn hinausschicken."

„Ich bin eine eigene Stabsstelle. Beim Biber, glaube ich. Wenn ich mit eurem Beamtenstaat operieren muss, sind wir die nächsten vier Jahre nicht auf Facebook. Du musst mir da vertrauen, ich kenne das Metier wie meine Jackentasche."

„Ich weiß nur, dass es im Fall des Falles wieder keiner war." Marion machte ein paar Notizen auf ihrer Schreibtischunterlage. Ihre Buchstaben zogen sich klein und rund aus der Miene und bleiben wie gemalt auf dem Papier kleben. „Wollt ihr nicht die Presseaussendungen unterbringen?"

„Wer soll denn das lesen? Wir sprechen von F a c e b o o k." Vanessa zog das Wort absichtlich in die Länge. „Auf F a c e b o o k sind Menschen, die mit eurer Pressearbeit fertig sind. Die schlägst du mit einer Aussendung nur in die Flucht. Das ist doch peinlich für die."

„Du kannst sie ja adaptieren, solange der Sinn der gleiche bleibt." Marion presste provozierend die Lippen zusammen.

„Adoptieren kann ich ein Kind." Vanessa wusste nun, weshalb diese Kommunikationsabteilung für Social Media gänzlich ungeeignet war. Da saßen Menschen und feilten tagelang an Nebensätzen herum, während die Welt weiterquatschte in völlig anderen Themenbereichen. „Wenn ich mal Zeit habe, reden wir über Pressearbeit und Web 2.0." Vanessa strich mit ihren Fingern über einen Stoß Papier, den sie auf dem linken Arm hielt. „Da, hab ich dir ausgedruckt. Social Media der Fidelio in Buchform. Ersparst du dir das Surfen im Web."

Marion stand auf, ging zu einem der hellbeigen Bene-Kästen und zog einen dicken Ordner heraus. „Pressemeldungen 2011" stand darauf zu lesen. „Ich kann dir das Lesen von Papier leider nicht ersparen. Wird dir nicht schaden."

„Hol ich mir, wenn das Gröbste erledigt ist." Vanessa ließ ihren Papierstoß auf Marions Schreibtisch fallen, drehte auf dem Absatz um und verließ mit dem Vierviertel-Klopfen das Büro. Die Tür hinter sich ließ sie offen.

Vanessa hatte die Kollegin am Ende des Flurs während der kurzen Auseinandersetzung von oben bis unten gemustert. Marion war ein paar Zentimeter kleiner als sie. Ihre Kleidung war nicht mehr als Sicht- und Kälteschutz. Die Jeans mussten schon im Vorjahr out gewesen sein. Bootcut. Jene Variante, die unten breiter als oben ist, war nur noch auf Flohmärkten zu ergattern. Die Hose war außerdem gut eine Nummer zu groß. Formen waren unter dem Stoff nicht zu erkennen. Ihr dünner, beiger Pullover verschwamm mit den Bene-Kästen zu einer sandfarbenen Wüste aus Stoff und Plastikfurnier. Auch das Oberteil war zu groß. Vanessa tastete ihren Bauch, dann den Oberkörper ab. Vermutlich hatte Marion die bessere Figur, aber wer – außer ihrem Duschkopf – sollte das je bemerken? Und das Gesicht war hübsch, zugegeben. In ihren braunen Augen lag Geheimnisvolles. Ein Versprechen, das nie Worte fand. Marion war ungeschminkt. Wo andere Menschen eine Frisur hatten, wuchsen bei dieser Person einfach Haare. Irgendwie. Und einmal im Quartal, malte sich Vanessa lebhaft aus, ging der einfallsloseste aller Salzburger Friseure mit der Schere durch das brünette Gestrüpp. Nein, diese Marion Weihrater konnte ihr nicht gefährlich werden. Ihre beruflichen Tugenden waren in einem Tresor versperrt, ihre optischen Reize versteckt hinter einem eisernen Vorhang aus Geschmacklosigkeit und optischer Ahnungslosigkeit. Ein hübsches Gesicht allein macht keine gute Performance im Job.

Zum ersten Mal seit Tagen wagte sich Vanessa zu Grapsche-Biber. Er sollte von der ungelenken Dame in Kanters Abteilung erfahren. Zur Sicherheit. Seine Bürotür stand offen. Biber saß mit einer Tasse Tee in seinem Bürostuhl, zurückgelehnt, die Arme hinter dem Kopf verschränkt.

„Meine liebe Vanessa, komm herein." Biber schien die Schmach aus dem Nobelitaliener vergessen, zumindest ausreichend verdrängt zu haben. „Was führt dich zu mir?" Biber erhob sich langsam aus seinem Stuhl und führte Vanessa mit der Hand, die er behutsam auf ihrem Oberarm platziert hatte, zu dem kleinen Besprechungstisch.

„Ich komm grad aus der Steinzeit." Vanessa grinste und wünschte sich, die Hand an ihrem Oberkörper würde nun langsam zu ihrem Besitzer zurückkehren.

„Sag nicht, du warst beim Kanter."

„Der ist doch noch daheim, oder? Ich war bei seiner Saftschubse." Vanessa zog eine Fratze, die Lächeln andeutete und doch nur furchterregend war.

„Die graue Maus vom Mars." Biber bleckte sein Gebiss. „Apropos. Heute ganz ohne den Herrn Vater unterwegs?"

„Ich dachte, ihr seid gute Freunde", log Vanessa. „Tut mir leid, dass das eine Niederlage war." Vanessa bemühte sich, ihr Gesicht so unschuldig wie möglich zu verziehen. „Die glaubt doch glatt, dass ich auf Facebook ihre Pressemeldungen abtippe.", wechselte sie schnell das Thema. Vanessa stand auf und ging zum Fenster, um Bibers Hand loszuwerden.

„Der Kleinen darfst du nicht böse sein. Unauffällig, aber bemüht. Die könnte vielleicht mehr. Unter dem Kanter wird die vertrocknen. Ich habe ihr mehrfach angeboten, dass sie in meine Abteilung kommt."

„Die?" Vanessa wurde unsicher. Sie streckte ihren Kopf nach oben, das Kinn stand waagrecht zum Boden, die Mundwinkel zuckten nach unten. „Das ist aber nicht dein Ernst."

„Doch." Biber bemerkte offenbar, dass er die widerspenstige Kollegin gerade in die Ecke treiben konnte. „Die ist jung, nicht unhübsch und ausbaufähig. Das einzige, was ihr fehlt, ist ein Stilberater und ein bisschen Schreitraining. Damit man sie wenigstens zwei Meter daneben noch hört. Aber inhaltlich ist die Weihrater besser als ihr Auftreten, die darfst du nicht unterschätzen."

Vanessa fuhr sich durch die verhärteten Haare, das Gel musste sie am Morgen etwas zu dick aufgetragen haben. „Wusste gar nicht, dass du die ganz alte Schule steil findest."

„Tu' ich nicht. Die ist nur sehr loyal. Wäre der Kanter ein Schäferhund, würde sie auch bellen lernen."

Was wollte Biber ihr damit sagen? Vanessa erkannte, dass der gelungene Hinterhalt im Pan e Vin keinen gewonnenen Krieg bedeutete. Die kleine Assel aus der Kommunikationsabteilung würde sich in aller Loyalität vermutlich den Arsch abgreifen lassen, bis Biber an der Gicht zugrunde geht. Und ins Bett würde die sicher auch. Die schon. Sie nicht. Das musste Biber gemeint haben.

„Wenn es dir gelingt, die Weihrater in unsere Abteilung zu ziehen, hast du einen Extra-Gutpunkt bei mir." Biber machte auf Staatsmann und sah an Vanessa vorbei schräg nach oben an die Wand.

„Ich werde mich anstrengen." Vanessa log schon wieder und versuchte nicht einmal ansatzweise, diese weithin spürbare Tatsache besonders zu verbergen. Sie würde alles Mögliche tun, unter Qualen und ausreichend Alkohol vielleicht sogar mit Biber nach Hause gehen. Aber die Kollegin aus der Holzhütte? Niemals.

„Es eilt nicht." Biber wirkte gelassen. „Sonst noch was?"

Sie suchte verzweifelt nach einem Thema, das sie hinter die unerfreuliche Geschichte mit Marion Weihrater stellen konnte, es fiel ihr aber nichts ein, was auch daran lag, dass Biber erneut Gelegenheit zu ein wenig Körperkontakt gefunden hatte. „Nein, das war's auch schon."

„Ich melde mich, wenn's was Neues gibt." Biber schritt langsam zu seinem Bürostuhl zurück und ließ sich selbstzufrieden in die dicken Lederpölster fallen.

Vanessa Brandmaier klöppelte schnellen Schrittes und ohne vernehmbare Verabschiedung aus dem Büro. Sie hatte ihre ersten beiden Schlachten geschlagen und kläglich versagt. Das kleine Biest. Der große Biber. Nichts als Idioten. Nur Niederlagen. Ihr Zielgebiet war ab sofort der Vorstand. Auf einen wie Biber war kein Verlass.

Kapitel 14
Ein Gipsbein auf Tour

Doktor Kanter saß in seinem Reihenhaus und starrte auf das Fernsehgerät. Er hatte die Innenräume in einigermaßen benützbare Form gebracht. Die fauligen Abfälle, das alte Obst, selbst die leeren Flaschen hatte er bis zur Haustür geschafft. Innen drin beseitigte ein Besen, flink geschwungen mit der Rechten wie ein Tennisschläger, die natürlichen Ablagerungen aus drei Wochen Absenz. Auf Jojo-Joe war er böse, noch mehr auf den stillen Hansi, der als Geistlicher doch zumindest Ansätze von göttlicher Hilfsbeflissenheit hätte haben müssen. Hatte der nicht die Samariter studiert? Nichts davon. Der alte Freund und sein Prediger zogen die vergnügliche Zweisamkeit der harten Arbeit im verlotterten Haus offenbar vor.

Die prall gefüllte Ikea-Tasche tat ihm weh. Sämtliche Zeitungen der letzten Wochen, die Salzburger Nachrichten, die Presse, der Standard sowie einige österreichische und deutsche Wochenmagazine lagen da, als warteten sie auf die Altpapiersammlung. Jojo-Joe hatte kein Gefühl für Dinge, ja eigentlich, dachte Doktor Kanter, hatte er nicht einmal ein Gefühl für Menschen, wie sollte er dann einen Stoß Papier pfleglicher behandeln als einen seiner ältesten Freunde? Er zog Ausgabe um Ausgabe umsichtig aus dem blauen Plastiksack, strich mit der Hand die Ecken glatt und stapelte die Blätter in exakt jener Ordnung, die er im Spital erfunden hatte. Die Artikel zu seinem Unfall hatte er mit rotem Leuchtstift markiert. Die Regionalausgaben der österreichweiten Zeitungen hatten über seinen Ausritt vergleichsweise umfangreich berichtet. Der Lokalreporter der Kronenzeitung hatte sogar bei ihm selbst angefragt: Ob er sich denn aufgrund der Malaria-Sache das Leben nehmen wollte? Doktor Kanter hatte dies brüsk zurückgewiesen und den Herrn trotz Pacemsalvit und Augenverband so lange mit Anwälten bedroht, bis dieser die Geschichte zurücknahm. Was für eine Geschichte: „Schlechtes Gewissen: Pharma-Sprecher bringt sich nach Medikamentenskandal um." Doktor Kanter machte der Krone im letzten Augenblick einen Strich durch die Rechnung. Nicht auszudenken, was so eine Meldung in Salzburg auslösen könnte. Eine Krone-Schlagzeile zum vermeintlichen Selbstmordversuch könnte ihrerseits Grund für den tatsächlichen Plan werden. Ein Leben nach dem gescheiterten Suizid ist in einer 150.000-Einwohnerstadt schwer vorstellbar.

Die Nahrungsmittel in Doktor Kanters Haus wurden knapp. Kekse, Chips und die letzten Flaschen Mineralwasser waren binnen weniger Stunden verbraucht. Er

T. Holzinger, M. Sturmer, *Im Netz der Nachricht*,
DOI 10.1007/978-3-642-22489-8_14, © Springer-Verlag Berlin Heidelberg 2012

stopfte in sich hinein, was er fand. Essen statt Arbeit, Mahlzeit! Im Gipskorsett. Er brauchte dringend Nachschub. Der nächste Supermarkt lag keine fünf Gehminuten von seinem Haus entfernt. Normalerweise. Doktor Kanter fühlte sich alles andere als normal, noch immer schwankten seine Gedanken zwischen Nachrichten, Elisabeth, Marion und der Angst vor dem Alleinesein hin und her und wirkliche Krückenpraxis konnte er nicht vorweisen. Die Spar-Filiale würde er in einer knappen Viertelstunde erreichen, rechnete Doktor Kanter sich aus und humpelte los.

Beim Gartentor schleppte er sich nach knapp drei Minuten vorbei. Nicht schlecht, befand er. Schließlich hatte er die wenigen Stufen überwunden, die Tür versperrt und zwei Müllsäcke im Container verstaut. Guten Mutes wackelte Doktor Kanter durch die Straßen, genau genommen durch zwei Straßen, denn mehr hatte er auf dem Weg zum Supermarkt nicht zu passieren. Er schaffte die Distanz in 17 Minuten, keine schlechte erste Zwischenzeit, wie er bemerkte. Appetit und die Befürchtung, allzu oft einkaufen zu müssen, führten zu manischem Konsumrausch. Er griff nach allem, was ein Mann seiner Größe in einem Menschenleben essen wollen könnte. Dass selbst Kohlsprossen und Olmützer Quargel im Einkaufswagen landeten, deutete auf fortgeschrittenes Hamsterverhalten. An der Kassa bezahlte Doktor Kanter schließlich 103 Euro und 72 Cent, ungefähr das Dreifache jenes Betrages, den er für einen ordinären Einkauf benötigt hätte. Vier schwere Säcke hingen an seinen Krücken.

„Soll ich Ihnen a Taxi holen?" Die Kassierin hatte Doktor Kanter mitleidig beobachtet.

„Danke, ich schaff das schon", schummelte Kanter, der seinen Blackberry aus der linken Sakkotasche fischte und abermals Jojo-Joes Nummer wählte.

„Der gewünschte Teilnehmer ist derzeit nicht erreichbar. Bitte rufen sie zu einem späteren Zeitpunkt noch einmal an."

„Ach Scheiße." Doktor Kanter stand im Spar in der Nonntaler Hauptstraße und konnte weder vor noch zurück. Marion. Sie würde seiner Bitte nachkommen. Er wählte ihre Nummer.

„Marion Weihrater." Ihre Stimme klang am Telefon viel souveräner als in Echt, der leise Tonfall war einer Festigkeit gewichen, die ihn kurz irritierte.

„Hallo Marion. Hier Doktor Kanter." Es fiel ihm nicht auf, dass er die Kollegin plötzlich beim Vornamen rief.

„Herr Doktor Kanter, wie geht's Ihnen?" Marions Stimme hörte sich erfreut, vertraut an.

„Den Umständen entsprechend ausgezeichnet." Doktor Kanter schilderte sein Problem. Ob sie ihn im Taxi abholen könnte? Es sei einigermaßen dringend, weil der „Krüppel im Spar", wie er sagte, mittlerweile wie eine Jahrmarktsensation begafft wurde. Er hasste solche Blicke, zumal er meinte, dass alle wussten, warum er weitgehend fußlahm und hilflos zwischen zwei Krücken im Kassenraum hing. Die Menschen hatten ja Zeitungen, und in denen stand eindeutig, dass er als Alkolenker verantwortungslos um wenige Millimeter am Sensenmann vorbeigerast war. Und dass er nun nicht weiter konnte, sei das Mindeste, was ihm an gerechter Bestrafung widerfahren sollte.

„Ich setz' mich ins Taxi. Eine halbe Stunde werden Sie aber warten müssen." Marion entschuldigte sich vorab für die Wartezeit und legte auf, ehe Doktor Kanter sich gebührend verabschiedet hatte. Er stand da, auf seine Krücken gelehnt, und begann, das Gewicht seiner Einkaufstüten konsequent zu reduzieren. Schokolade und Schinken gerieten ihm als erstes in die Finger. Bis zu Marions Eintreffen war Doktor Kanter gut satt, um nicht zu sagen, überfressen, mindestens so voll wie vor dem Unfall.

Der beige Toyota Minivan blieb direkt vor dem Eingangsportal stehen. Marion sprang aus dem Taxi und lief zu Doktor Kanter, der gerade nach Magenbitter in seinen Taschen suchte. Er war wohl unter der Milch und dem Orangensaft begraben.

„Herr Doktor Kanter, Ihr Krankenwagen." Marion hatte den Humor entdeckt.

„Schwester, ich brauche Ihre Hilfe." Doktor Kanter replizierte geschickt und freute sich, dass Marion ihrerseits ein Lachen auskam. Sie nahm ihm die Einkaufstaschen ab und lief zum Wagen, verstaute die Gegenstände.

„Können Sie gehen oder brauchen Sie Hilfe?"

Doktor Kanter verspreizte sich in den beiden Aluminiumbehelfen und humpelte Richtung Ausgang. Er überlegte kurz, sich besonders ungeschickt anzustellen. Helfen bringt Körper zusammen. Er ließ es aber bleiben, denn erstens war er von Natur aus ungeschickt genug, es würde ihm also auch ungeplant ein Malheur widerfahren, wobei er Stützung bitter nötig haben würde, und zweitens war er überzeugt, dass es Unglück bringen musste, wenn er ein Leiden vortäuschte, das ihn nicht wirklich plagte. In solchen Dingen, sonst nicht so sehr, war Doktor Kanter abergläubisch.

„Können wir bei Bankomat und Apotheke vorbei?", fragte er höflich.

„Klar, kein Geld und keine Drogen?" Marion scherzte weiter.

Er lächelte gequält, während der Taxilenker, ein eleganter Herr indischer oder pakistanischer Herkunft, besorgt in den Innenspiegel starrte. Drogenabhängige als Fahrgäste schien er nicht zu schätzen. „Geld und Zigarettenersatz", ergänzte Doktor Kanter, um dem unbekannten Fahrer kein schlechtes Bild von sich zu vermitteln.

„Können Sie? 3034 ist die Nummer, 400 Euro bitte!" Kanter flüsterte zur Marion, um den Zugang zu seinem Barvermögen nicht allzu laut auszuplaudern. Er empfand allein die Information als intim und konnte sich nicht erinnern, je irgendjemandem den Zugang zu seinen Konten verraten zu haben. Der Fahrer hielt vor der Oberbank-Filiale an.

„Vierhundert?" Marion versicherte sich noch einmal ob des genauen Betrages und verschwand im Foyer. Doktor Kanter folgte der jungen Kollegin mit aufmerksamem Blick. Sie hatte sehr gerade Beine, die Knie führten zu keiner Störung jener harmonischen Linie, die bei den Hüften begann und an den Schuhspitzen endete. Die Füße waren weder nach außen gedreht wie bei Cowboys, noch nach innen. Letzteres hielt er für ein Anzeichen von Hemmungen. Marion hatte elegante, gerade Beine, und bewegte ihren Körper ganz sanft in einer angedeuteten S-Linie. Schultern und Kopf blieben dabei am selben Punkt. „So ebenmäßig", murmelte Doktor Kanter.

„Ihre Frau?" Der Taxilenker unterbrach seine Blickstudie.

„Nein", warf er kurz zurück.

„Schön ist trotzdem. Wenn du wieder gehen kannst, hast du Spaß", antwortete der elegante Herr vom Subkontinent und kicherte.

Doktor Kanter schwieg. Als alternder Sugar Daddy wollte er sich nicht outen, das war er nicht, bestimmt nicht, und alles, was er nun sagte, würde früher oder später in eine Schlüpfrigkeit münden, die er um alles in der Welt vermeiden wollte. „Schön ist trotzdem", dachte er sich leise, als Marion zurückkehrte. Auch wenn sie nicht der Typ war, dem Männer reihenweise auf den ersten Blick zu Füßen fielen, so war sie doch die Schönheit aus dem zweiten, dem längeren Hinsehen. Er genierte sich kurz für seine Gedanken, schließlich war das medizinische Hilfeleistung und nicht Liebesdienst. Auf der anderen Seite: „Schön ist trotzdem". Diese Erkenntnis mochte er nicht als unanständig erkennen, da er genau das empfand.

Die Szene wiederholte sich vor der Apotheke auf gespenstische Weise, der Fahrer variierte den Dialog insofern, als dass er fragte, ob es sich um die Freundin handelte.

„Nein."

„Noch immer ist schöne Frau." Scin Urteil stand fest und Doktor Kanter widersprach nicht.

Der Wagen hielt vor der Einfahrt. Marion nahm die vier halbvollen Säcke. Doktor Kanter legte zum stolzen Fahrpreis noch zehn Euro Trinkgeld drauf und schälte sich mühsam aus dem Sitz. „Wirklich schön ist. Hast du Glück." Der Taxifahrer zog sein breitestes Grinsen auf, während Doktor Kanter versuchte, sich auf die beiden Krücken gestützt in die Senkrechte zu katapultieren. Der gesunde rechte Arm dürfte dabei zu viel Vehemenz entwickelt haben. Der sieche Doktor Kanter vollzog beim Aufstehen ein halbe Pirouette, stützte sich kurz an der Tür ab und fiel dann wie ein loser Holzpfosten in den Vorgarten.

„Sind Sie verletzt?" Marion beugte sich über den erbärmlich unbeweglichen Doktor Kanter.

„Nein, ich glaube nicht. Können Sie mich kurz halten?"

„Klar". Marion zog ihren Chef aus dem Erdreich. Doktor Kanter hatte sein Stück körperliche Nähe nun gänzlich unfreiwillig heraufbeschworen.

Der Lenker war aufgeregt aus dem Taxi gesprungen. „Musst du aufpassen auf deine alten Mann", rief der Inder zu Marion, die ihren Chef, der doppelt so schwer sein musste wie sie selbst, zum Eingang hievte. „Schaffst du?"

„Ja". Marion entzog sich dem Taxifahrer-Dialog. Sie dankte höflich, wie es ihre Art ist, für die angebotene Hilfe und verschwand mit Doktor Kanter am Arm im Vorhaus.

„Wie kann ich Ihnen danken?"

Marion lächelte ihn an. „Sie werden schon die passende Gelegenheit finden?"

„Aber auf einen Kaffee werden sie hoffentlich noch bleiben. Zu essen gibt es auch." Doktor Kanter blickte auf seine vier Einkaufssäcke.

„Daran habe ich keinen Zweifel", sagte sie.

Doktor Kanter bemerkte, wie ihm warm um sein Gesicht wurde und er vermutete, dass er nun rot angelaufen war wie ein verliebter 14-Jähriger, traute sich aber nicht, den eigenen Zustand im Spiegel zu überprüfen, weil ihn sein rotes Konterfei noch weiter verunsichert hätte.

„Ist Ihnen heiß?" Marion Weihrater traf mit sicherem Schuss exakt in die offene Wunde.

„Wieso?" Doktor Kanter spürte, wie sein Gesicht noch einige Grad an Temperatur zulegte.

„Sie wirken abgehetzt."

„Es war wohl der längste Ausflug seit langem." Er ließ sich in seinen Ledersessel fallen und schloss für einen Moment die Augen. Er, der überlegte Doktor Kanter, war schon wieder in eine Situation geraten, die er nicht beherrschte. Die junge Mitarbeiterin, die ihm seit einem lächerlichen Traum so plötzlich ans Herz gewachsen war, die er verehrte, wie er sich eingestand, die er schön fand, woran ihn der Taxifahrer erinnert hatte, stand vor ihm, und er wusste nicht, was er mit dieser glückhaften Fügung anfangen sollte. Planlos und verliebt. Doktor Kanter fühlte sich wie ein Teenager im Körper eines Greises.

„So, was wollen Sie essen? Pizza, Spaghetti, Lasagne, Jägerschnitzel, Fischstäbchen, Wurstsemmel, Messino, Milka, Mannerschnitten, Artischocken, Essiggurken, Asia-Nudeln, Nusskuchen, Fruchtjoghurt, Grünen Salat?" Doktor Kanter legte die ganze Einkaufsliste vor.

„Ein Kaffee tut's schon." Marion Weihrater half ihrem Chef in die Küche, betrachtete die elegante Espressomaschine. „Automatisch, nehme ich an?"

„Ja. Wasser sollten wir noch wechseln."

Marion reinigte die Behälter, heizte das Gerät an und ließ zwei Mal Kaffee laufen. „Milch ist im Kühlschrank?"

Doktor Kanter reichte ihr das volle Tetrapak aus dem Einkaufssack. „Nimm zur Sicherheit diese. Die im Kühlschrank hat die beste Zeit wohl hinter sich." Er war froh, einen harmlosen Witz herausgewürgt zu haben. Er stützte sich auf seine Gehbehelfe und hoppelte unbeholfen den Flur entlang in Richtung Wohnzimmer. „Nimmst du die Tassen?" Doktor Kanter hatte auf das Du-Wort gewechselt, erschrak zunächst, beschloss aber dann, zumindest so lange dabei zu bleiben, bis er sich selbst als Du anbieten müsste.

„Marion, du bist ein Engel", entfuhr es ihm, er streckte die heile Hand aus und nahm ihre Linke, die neben ihm am Sofa zu liegen gekommen war.

Marion zuckte zurück, ließ ihn dann aber gewähren.

Er hielt ihre Hand lange und fest und fühlte sich, wie schon lange nicht: verbunden.

„Ich hatte heute Besuch von Miss Facebook." Marion wechselte das Thema.

„Und? Ist die gut?"

„Diese Ansicht vertritt sie jedenfalls selbst am lautesten." Marions Gesichtszüge verfinsterten sich. „Die glaubt, sie hat die Welt erfunden. Und ich fürchte, Ihr Vorstand sieht das auch so."

„Dein Vorstand." Kanter sah die Gelegenheit, das Du-Wort ohne Namen unterzubringen.

„Warum mein Vorstand?" Marion verstand nicht.

„Nein, ich meinte, du kannst du zu mir sagen." Marion drehte ihren Kopf zur Seite. „Wenn du meinst, Doktor Kanter."

Getroffen, zum zweiten Mal. Die Situation war ihm schon wieder davon geritten. Mangels Planung. „Du kannst dir aussuchen, wie du mich nennst. Nur bitte nicht Erich."

Marions Gesicht nahm nun auch an Farbe zu. Verlegenheit, folgerte Doktor Kanter, der mit einem Schlag an Selbstsicherheit gewonnen hatte. Die Hitze in seinem Kopf ließ spürbar nach. Aus Rot war Rosa geworden.

„Die Miss Facebook. Du hast dich also mit der schönen neuen Medienwelt auseinandergesetzt." Doktor Kanter kehrte zum sicheren Terrain des Firmentratsches zurück.

„Allerdings", erklärte Marion knapp. „Das ist eine Katastrophe. Eine Mischung aus Peinlichkeiten, Interviews und gestelzten User-Fragen, die irgendwo bestellt wurden. Sie können sich das nicht vorstellen."

„Du." Doktor Kanter blieb beharrlich.

„Du kannst dir das nicht vorstellen. Hast du Internet?"

Der PC thronte mächtig über dem Wohnzimmer. Doktor Kanter hatte das Gerät auf einem überlebensgroßen Computertisch untergebracht, den sie bis vor wenigen Jahren in allen Möbelhäusern verkauft hatten. Mit Ablageflächen für Drucker, Bildschirm und Papier, darüber eine Lampe. Doktor Kanters Tisch war aus dunklem Holz, wie alles andere im Raum.

Marion setzte sich hinter die Tasten. Facebook. „Fidelio Pharma AG. Medizin für Jedermann." stand dort auf der Einstiegsseite. Doktor Kanter schüttelte den Kopf. Er ließ sich durch die verschiedenen Bereiche führen. Die YouTube-Videos gefielen ihm besonders gut. Doktor Kanter besaß keine Lautsprecher rund um den PC. „Unnötig für ein paar Mails pro Monat", führte er zu seiner Verteidigung ins Treffen. Die pantomimischen Leistungen seiner Vorstandskollegen erheiterten ihn wie nur wenig in den letzten Wochen. Klaus Biber, MAS, stand breitbeinig vor der Kamera, vollbildpeinlich, und hielt sein spitzes Kinn in die Höhe. „Preußische Offiziere sind Sympathieträger im Vergleich." Doktor Kanter lachte herzlich und synchronisierte die stummen Gesichter der sprechenden Vorstandskollegen mit allerhand Unsinn. „Kaufen sie bitte unsere Medizin, es wird Ihnen wahrscheinlich nicht leid tun", legte er dem Vorsitzenden Wolfgang Malle in den Mund.

„Ich sag' dir, ich habe mich entschlossen, noch einmal zu kämpfen. Ich sehe zwar gerade nicht so aus, als könnte ich viel mehr als mit den Krücken durch den Vorgarten springen. Aber so billig lasse ich mir das alles nicht abjagen." Doktor Kanters Gesicht wurde von einer dunklen Wolke der Nachdenklichkeit eingehüllt. „Wir müssen diesem Unsinn etwas entgegensetzen. Die Vorstellung, dass die Dummheit gewinnt, stört mich dabei mehr als der mögliche Untergang eines Unternehmens. Firmen kommen, Firmen gehen. Das mag so sein. Aber dass die Welt den Dummen gehört, das mag ich nicht kampflos glauben."

Marion zog einen Stoß Papier aus der Tasche und legte ihn auf den Couchtisch. „Dann wirf mal deine Denkmaschine an."

Doktor Kanter breitete eine Batterie mit Fachbüchern wie Pokerkarten vor sich auf dem Tisch aus und blickte erwartungsfroh auf Marion. „Wir müssen diese ganze Welt an Seltsamkeiten, an Brüchen, an Erwartungen, an Gefahren und an Möglichkeit, dieses absurde Sammelsurium, das sich Gesellschaft nennt, auf eine gemeinsame Linie bringen. Und dieses Facebook und seine Ableger, die müssen auch rein." Er befand sich auf dem Höhepunkt einer Flammrede, die vor allem eines leisten sollte: Marions Ehrgeiz entzünden und den kontrollierten Brand dann uferlos anfachen.

„Ich habe mir eine ganze Menge zusammengeschrieben." Marion lächelte verschmitzt und zog ein eng beschriebenes Blatt aus ihrem Papierberg. „Eine Nachrichtenstrategie."

„Warum eine? Die Nachrichtenstrategie!", warf Doktor Kanter zurück. „Du darfst den Menschen keine Wahl lassen. Wenn du Strategien wie auf einer Speisekarte untereinander auflistest, dann kann dir passieren, dass alle das falsche Menü wählen."

„Wenn die Menschen mit Pommes Frites glücklich werden, warum soll ich ihnen dann Kaviar und Trüffeln servieren?" Marion sah Doktor Kanter verwundert an.

„Weil du nur in einem Feld wirklich gut sein kannst. Ist wie bei den guten Wirtshäusern. Der Koch ist bekannt für eine Speise, für eine Richtung. Es gibt Lokale, da habe ich mein ganzes Leben immer nur ein Gericht, das eine gute, das eine bekannte, gegessen. Wenn einer Pizza, Sushi, Schnitzel und Kebab im Programm hat, musst du davon ausgehen, dass nichts wirklich gut ist." Doktor Kanter trug dick auf und bemerkte, dass ihn die Kulinarik vom Thema wegzutragen drohte. „Du musst die Lösung präsentieren. Nicht eine unter vielen. Die guten unterscheiden sich von den sehr guten Leuten nur darin, dass sie die Lösung schlechthin haben. Nicht irgendeine."

„Die Nachrichtenstrategie", wiederholte Marion. „Nachrichten sind ein bedürfnisorientiertes Gut wie Lebensmittel. Und manchmal sind sie Luxusgüter, wie besondere Lebensmittel. Andere Nachrichten zählen zur Grundversorgung. Reis, Mehl und Zucker haben vermutlich – äh hast vermutlich – auch du immer zuhause."

„Schön, schön, aber was hat das mit uns zu tun?" Doktor Kanter begab sich langsam in die Rolle des Provokateurs, der Marions Ideen an der Grenze zur Feindseligkeit abzuklopfen versuchte.

„Die Nachricht, dass Sommerzeit ist, gehört zur Grundversorgung. Mehl. Die Nachricht, dass ein Sturm kommt, gehört zur Grundversorgung. Zucker. Die Nachricht, dass Österreich künftig den Besitz von Beaujolais verbietet, ist Grundversorgung. Milch." Marions Stimme war nun gereizter, was Doktor Kanter ausgezeichnet gefiel.

„Was habe ich davon, wenn ich die Grundversorgung kenne? Soll ich jetzt Mehl kaufen?"

„Nein, du kannst einfach fünf Minuten zuhören."

Getroffen. Doktor Kanter nahm seine Angriffslust um zwei Stufen zurück und hörte zu, wie Marion es befohlen hatte.

„Jede Nachricht, die in die Welt hinaus will, muss über diese Grundversorgung drüberkommen. Die Hürde für Verbreitung ist die Überschreitung des Hintergrundrauschens. Dessen, was immer ist. Du kennst das. Nachrichten sind das Besondere, nicht das Normale. Besonders werden sie erst, wenn sie als besonders erkannt und konsumiert werden. Die Menschen müssen für sich erkennen, dass eine Nachricht wichtig ist."

„Im Normalfall erledigt diese Auswahl ein Redakteur. Da setze ich an."

„Schon, schon. Aber du vergisst, dass Redakteure eine ganz andere Bedürfnis-
welt erfüllen. Jene der Redaktion. Mit ihren wirtschaftlichen, ihren publizistischen
und auch mit ihren politischen Interessen. Das ist ja weit weg vom persönlichen
Bedürfnis eines Lesers." Marion blickte kurz zu Doktor Kanter, der seine Stirn nachdenklich in Falten gelegt hatte. „Als Angestellte erfüllen sie eine Aufgabe, so gut
es geht. Die Redaktion ist ein Mikrokosmos, der nur eine Sicht auf die Welt an-
bietet. Das geht mitunter meilenweit an den Interessen des Publikums vorbei. Oder
glaubst du, dass Menschen wirklich lesen, was die Zeitung schreibt? Alles, meine
ich, wirklich alles?"

„Nein, natürlich nicht. Selbst für die Kronenzeitung bräuchte ich dann mehr als
einundzwanzig Minuten", erklärte Doktor Kanter mit einem Anflug von Selbstironie.

„Ich dachte, du bist alphabetisiert?" Marion lächelte. „Nein, im Ernst, kein
Mensch fragt sich, was die Menschen mit dem Blatt tun, wenn die Titelseite einmal
betrachtet wurde."

„Da hast du wohl Recht." Doktor Kanter begriff, dass Medienarbeit und Nach-
richtenarbeit offenbar zwei unterschiedliche Dinge sein mussten, wenn die Schreib-
stuben und die Produktionshallen nicht jene Verstärker waren, für die er sie immer
gehalten hatte.

„Wieviel Prozent des Fernsehprogramms siehst du?" Marion grinste überlegen.

„Keine Ahnung. Eine Stunde täglich. Maximal."

„Und wieviel Programm könntest du sehen?"

Doktor Kanter rechnete die 39 TV-Kanäle mit einem durchschnittlichen Programm von 18 Stunden täglich im Kopf aus. „Etwas über 600 Stunden."

„Siehst Du. Von über 600 Stunden erreicht dich eine Stunde. Die anderen 599 gehen völlig ungesehen an dir vorüber. Trotzdem halten wir das Fernsehen für extrem
wichtig." Marion hatte den ersten Punkt für sich entschieden.

Doktor Kanter griff zum Taschenrechner und tippte in schneller Folge ein paar
Zahlen ein. „Die Wahrscheinlichkeit, dass ich mit einer zufälligen TV-Präsenz
erreicht werde, liegt bei 0,16 Prozent. Und der Anteil des nie gesehenen Fernsehprogramms hingegen bei 99,84 Prozent."

„Da hast du's. Und bei Zeitungen ist der Anteil noch viel schlimmer. Sagen wir,
das Angebot wird von dir zu 0,1 Prozent genutzt. 99,9 Prozent gehen dir durch die
Lappen." Marion grinste siegessicher. „Noch dazu, wo du für die Krone schon mehr
als 21 Minuten brauchst."

Doktor Kanter hatte begriffen. Die Frage, ob er in einer Zeitung vorkomme
oder nicht, ob der Chefredakteur diese oder jene Information heimlich unterbringen würde, war eigentlich von geringer Relevanz. Er hatte, mutmaßte er, über viele
Jahre für das Archiv gearbeitet. Wer wusste denn, was Leute wirklich lesen? Nervös griff er nach seinen Krücken, stemmte sich aus dem Ledersessel in die Höhe
und humpelte nervös im Wohnzimmer auf uns ab. Natürlich. Selbst wenn bald jeder
Zweite in Österreich die Kronenzeitung lesen würde, sein Artikel würde womöglich
jungfräulich ungelesen in der Medizinecke versauern. Er erkannte, dass die Treffer-
wahrscheinlichkeit über klassische Medienarbeit im statistischen Unschärfebereich

lag. Genauso gut hätte er Flugzettel aus einer Raumstation abwerfen können. „Gehen wir davon aus: 99,9 Prozent des Medienschaffens verpuffen ungelesen im Raum." Doktor Kanter empfand diesen Wert als unglaubliche Niederlage.

„Wenn wir es aus Sicht des Einzelnen betrachten, dann ja." Marion schaute ihren Chef mitleidig an.

„Und da bewegen wir uns nur auf nationaler Ebene, Basis Österreich, vielleicht auf der Sprachebene. Ein bisschen Deutschland zählt wohl auch dazu", erklärte Doktor Kanter.

„Wann hast du zuletzt Schweizer Nachrichten konsumiert?"

Nein, die Schweiz konnte er getrost vergessen, die spielte in Österreich gar keine Rolle, solange sie nicht über den Rhein und den Arlberg einmarschierte. Doktor Kanter wütete in den neu entdeckten Zahlenspielen.

„Wir müssen in den 0,1 Prozent landen. Das ist doch das Ziel." Marion sprach langsam, stand ebenfalls auf und ging zum Fenster.

„150.000 Menschen da draußen", Kanter hob seine rechte Krücke und zeigte in Richtung Altstadt, „und wenn wir Glück haben, erwischen wir gerade mal 200 mit einer Nachricht, die wir in irgendeiner Zeitung durchdrücken. Und wenn es ganz blöd kommt, vergessen von den 200 wiederum 99,9 Prozent, was sie gelesen haben. Bleiben 0,2 Lesekontakte. Ein erbärmliches Geschäft."

„Noch Kaffee?"

„Nein, liebe Marion, ich schlafe schon so schlecht genug." Doktor Kanter hantelte sich zurück zum Stuhl und ließ sich abermals fallen. „Rotwein, was sagst du?"

„Danke, ich nicht, nach einem Achtel davon kannst du mich auf deinen Krücken heimtragen. Ich trinke so gut wie nie." Marion trat einen Schritt zur Seite. „Ich glaube, ich sollte jetzt gehen."

„Sonst denkt dein Freund Schlechtes von dir?" Doktor Kanter schaute verschmitzt zu Marion und wartete auf eine Antwort, erhielt diesmal aber keine. Kein Dementi? Er war kurz verunsichert, drehte die linke Krücke wie einen Kreisel um die eigene Achse und blickte insistierend zu Marion.

„Ach komm." Marion lächelte verlegen, sah abwechselnd auf die rotierende Krücke und Doktor Kanters Nasenwurzel. „Vielleicht ist ja deine Frau böse, wenn ich solange mit dir rumhänge." Marions Gesicht entspannte sich.

„Meine Frau? Meine Ex-Frau. Die würde in Freudentaumel verfallen, wenn sie die Garantie bekommt, dass ich nie wieder auftauche."

„Ich weiß." Marion wandte sich schnell zum Couchtisch und trug die beiden Kaffeetassen weg. Doktor Kanter folgte ihr, die Zuckerdose in Richtung Küche balancierend, stets darauf achtend, nicht über die Krücken zu stolpern. „Was weißt du?" Er brannte nach der Antwort.

„Du kommst klar?" Marion ignorierte die Nachfrage.

„Soweit." Doktor Kanter traute sich nicht, der Kollegin noch einmal mit seinen bohrenden Nachfragen zu belästigen, wiewohl ihm die Antwort wichtig gewesen wäre.

„Na dann. Danke dir für die spannende Unterhaltung." Marion streckte ihrem
Chef die Hand entgegen. Kanter ließ die Krücke los und suchte sein Gleichgewicht. Sie kam einen Schritt auf ihn zu, sodass es nur noch wenige Zentimeter
waren zwischen den beiden, und hielt ihn mit beiden Händen an den Oberarmen auf.
Kanter fühlte sich stabilisiert. „Danke vielmals. Wir machen weiter." Er schwankte
zwischen Frage und Aufforderung.

„Ja", hauchte Marion, „wir machen weiter."

Doktor Kanter beugte sich leicht nach vorne, um Marion mit einem angedeuteten
Kuss auf die Wange zu verabschieden, erinnerte sich aber gerade rechtzeitig, dass er
dabei wohl wieder vornüber zu Boden gekippt wäre und zog den Kopf blitzschnell
wieder zurück. „Du weißt?" Kanter öffnete ihr die Haustür und schaute ihr nach,
wie sie in Richtung Zaun ging.

Marion drehte sich noch einmal um, warf ihm einen warmherzigen Blick
aus zehn Metern Entfernung entgegen und wiederholte. „Ich weiß." Dann verschwand sie.

Kapitel 15
Rückkehr durch die Hintertür

Die Räume erschienen Doktor Kanter kleiner, als sie waren. Marion war in der kalten Abendluft entschwunden, und er versuchte, seine Gefühlslage auszubalancieren. Das gelang ihm noch schlechter als der würdevolle aufrechte Gang auf zwei Krücken. Marion. Immer wieder Marion. „Wir machen weiter." Eine Aufforderung, mehr zu wollen, mehr zu zeigen, zu mehr jedenfalls? Und was wusste sie von seiner Ex-Frau?

Die Trennung hatte sich vor bald 20 Jahren zugetragen und gehörte nicht zu seinen rühmlichen Episoden. Doktor Kanter hatte seiner Familie, vor allem seiner Frau, aber auch Andreas, der damals in der Volksschule gewesen war, nie verziehen gehabt. Sie waren vor seinen Augen schuldig gewesen, ohne dass er das je laut gedacht hätte, sein Glück zunächst gestört und dann vernichtet zu haben. Wie weit wären Elisabeth und er wohl gekommen ohne den Anhang – die Frau, das Kind –, die nichts dafür konnten und trotzdem so hinderlich einfach da gewesen waren? Doktor Kanter hatte die Ehe auf seine Art gelöst. Ohne große Worte. Er hatte begonnen, sich mit anderen Frauen zu verabreden. Zunächst geheim, dann offen. Die Wahrheit über sein Treiben hatte er weder verheimlicht noch offen ausgesprochen. Frau und Kind waren gezwungen gewesen, den langsamen Rückzug des Ehemanns und Vaters wie durch eine Glasscheibe zu verfolgen. Wortlose Entfremdung über Jahre. Doktor Kanter hatte das Ende in unendliche Längen ausgedehnt. Bis zu jenem Tag, da seine Ex-Frau ihn weinend gefragt hatte, ob er noch Liebe empfunden hätte. „Nein, schon lange nicht mehr." Die Antwort war ungebremst mitten in das Familienidyll gedonnert. Noch in derselben Nacht hatten Frau und Kind die Sachen gepackt und waren verschwunden.

Doktor Kanter hatte das irgendwie leidgetan. Auf der anderen Seite war er ja, so sah er das noch Jahre später, verlassen worden. Einfach so, wegen eines kleinen Moments der Wahrheit. Die Beziehung zu Ingrid, so hieß seine Ex-Frau, ihren Vornamen gebrauchte er aber genauso selten wie den eigenen, blieb weit unter der Frostgrenze. Sie hatten kein Wort mehr gewechselt nach dem harten Knick, nach der stillen Explosion. Die Scheidung vor dem Bezirksgericht war der einzige Tag nach der Trennung gewesen, an dem sie nicht die Straßenseiten wechselten, wenn der jeweils andere den Gehsteig entlang spaziert kam.

Sein Sohn Andreas war gezwungen worden, über die Großeltern Kontakt zum Vater aufnehmen. Ihr Verhältnis hatte sich über die Jahre wohl etwas entspannt, weit entfernt von dem, was andere Menschen als normal bezeichnen würden. Wenn andere Väter zum Fußballspielen gegangen waren, hatten die Kanters – Vater und Sohn – eine Auseinandersetzung, eine Debatte, einen Krieg oder einen Disput. Doktor Kanter hatte danach getrachtet, dem Filius Sprachgewalt mit auf den Weg zu geben. Dass der lieber geschwiegen hätte, war ihm erst aufgefallen, als der Bub ein Mann geworden war.

Die Geschichte der Ex-Familie Kanter kannte kaum jemand in Salzburg. In den ersten Jahren nach der Scheidung hatten vielleicht ein paar gemeinsame Bekannte von der tragischen Trennung berichtet. Aber jetzt? Doktor Kanter schob sich unruhig von einer Seite des Sessels zur anderen und wieder zurück.

Konnte Marion seine Geschichte ahnen? Sah sie sein Inneres? War sie vielleicht der zweite Teil jener – seiner – Seele, die sich auf zwei Körper aufgeteilt hatte? Er überschlug sich in immer neuen Denkvarianten, durchleuchtete das Gefühlsleben der jungen Kollegin wie ein manischer Röntgenapparat, der sich nicht mehr ausknipsen ließ. Doktor Kanter hielt solche Überlegungen im Normalbetrieb für esoterischen Quatsch, für ausgemachten Gefühlsblödsinn, der nur Menschen einfallen konnte, die ihren Mangel an Leben durch eine peinlich ausufernde Phantasie an der Grenze zum Wahnsinn ausgleichen mussten. Langeweileerregungen. Jetzt hing er denselben Gedanken nach, trieb sie an die Spitze, um sie dann wieder zu verwerfen und von Neuem aufzubauen. Am Ende beruhigte er sich mit der Einsicht, dass Marion vermutlich seine missliche Lage empathisch aufzunehmen versuchte. Das war, beschloss er, ihre Art, Zuneigung zu zeigen. So, wie sie ihn aus dem Dreck im Vorgarten gezogen hatte, wie es nur Menschen tun, die mehr empfinden als schnöde Verpflichtung zur Hilfeleistung. Er öffnete eine Flasche Beaujolais und setzte sich mit einem Glas hinter den Computertisch. „Wir machen weiter." Aber wie?

Doktor Kanter legte sich eine Strategie zurecht, in dieser Disziplin war er fraglos gut, einer der Besten, der Beste. Natürlich hätte er mit Gips und Arbeitsunfähigkeitsbescheinigung die kommenden zwei oder drei Monate die Folgen seines alkoholbedingten Ausritts auskurieren können. Der Vorstand der Fidelio Pharma AG hätte ihm diesen Umstand vermutlich nicht einmal krumm genommen. Kein anderer im Unternehmen war weniger krank als er. Wegen eines lächerlichen Hustens, der sich schon einmal zur Bronchitis oder sogar zur leichten Lungenentzündung auswachsen konnte, blieb er nicht daheim. Er arbeitete Vollzeit, und das, hatte er beschlossen, hieß nun einmal, dass neben der Vollzeit keine andere Zeit mehr übrig zu bleiben hatte.

Das Unternehmen würde mit jedem Tag seiner Absenz mehr spüren, dass es einen wie ihn gar nicht gebraucht hätte. Während die meisten Menschen annahmen, dass Abwesenheit die Sehnsucht steigerte, wusste Doktor Kanter, dass das Gegenteil der Fall war. Nach Monaten waren die Leute oft froh, wenn jemand nicht mehr zurückkehrte. Kein Wunder, dass die meisten Fernbeziehungen, die ihm bekannt waren, scheiterten. Mit jedem Monat der Trennung sank der Bedarf nach dem anderen Menschen, bis irgendwann alle Luft ausgelassen war und die Sehnsucht in ihrem Gegenteil weiter existierte. Froh, dass es vorbei war. Den Satz hatte er oft gehört.

Er musste zurück an seinen Arbeitsplatz und benötigte gleichzeitig ein gerütteltes Maß an Ruhe, um seinen Angriff, den letzten vielleicht, vorzubereiten. Doktor Kanter beschloss, am nächsten Morgen sein Büro aufzusuchen. Er wollte unter allen Umständen vermeiden, den falschen Menschen zu begegnen. Einen wie Klaus Biber, MAS, hätte sein Heilungsprozess nur schwer ertragen. Die süffisanten Fragen nach dem Unfall, Kommentare wie „ich dachte, nur ihr Auto fährt mit Diesel, ich wusste gar nicht, dass sie auch so sind" hätten ihn nur neuerlich dermaßen aus der Bahn geworfen, dass er, wer weiß, den nächsten Blödsinn angerichtet hätte, und dafür gab es weder Zeit noch die nötigen körperlichen Reserven.

Sein Plan sah vor, ganz in der Früh, gleich vor acht, in sein Büro zu stelzen. Er würde fast den gesamten Vorstand um diese Uhrzeit vorfinden. Die Mehrzahl seiner Kollegen in den hohen Etagen entstammte einer Zeit, in der acht Uhr als Arbeitsbeginn als eher spät galt. Folgerichtig saßen die Herren – keiner von ihnen verdiente unter 12.000 Euro monatlich – pflichtbewusst um diese Uhrzeit hinter dem Schreibtisch. Einzig Klaus Biber würde da frühestenfalls sein Frühstück einnehmen. Das erschien ihm für einen Bürobesuch sehr praktisch, da er nicht damit rechnen musste, von den Falschen, genau genommen von dem Falschen, weil außer Biber störte ihn niemand ernsthaft, in der Fidelio Pharma AG gesehen zu werden.

Doktor Kanter stellte seinen Radiowecker auf Schlag sechs Uhr. Er wollte seine Haare waschen, was einhändig mit einigem Verbands- und Gipsmaterial um den Körper ein schwieriges Unterfangen werden könnte. Nach ausgiebigem Frühstück – ein voller Magen würde ausreichend Reserve für die anstrengende Tour ins Arbeitsleben speichern – wollte er mit dem Taxi zeitgerecht in Richtung Firma aufbrechen. Zur Sicherheit stellte er auch die Weckfunktion des Blackberry auf den frühen Morgen. Verschlafen galt nicht. Zufrieden legte er sich auf das ungemachte Bett. Für Zähneputzen erschien ihm der Weg zu weit und ausziehen wollte er sich auch nicht. Energiesparen für den nächsten Tag.

Eine volle Stunde vor dem ersten Weckgeräusch plumpste Doktor Kanter aus seiner reichhaltigen Traumwelt. Wach um fünf. Er versuchte, die Augen noch einmal zuzudrücken, gab aber auf, als er erkannte, dass es keinen Sinn hatte, gegen die Schwerkraft anzukämpfen, selbst, wenn sie wie heute aus der falschen Richtung kam, nämlich von oben. Er kämpfte sich aus seinem Gewand vom Vortag, schleppte sich nackt auf den Krücken durch den Flur ins Bad. Mit dem ihm eigenen Ungeschick duschte er sämtliche Verbände und Gipsbestandteile ab, ließ aber die Hälfte des Haarshampoos auf seinem Kopf zurück und rieb am Ende alles mit einem Badetuch trocken. Er suchte einen weit geschnittenen Anzug, einen, den er auch über den Verbänden anlegen konnte, und schlüpfte in das ernsthafteste Outfit, das er in seiner Situation zustande brachte. „Nicht schlecht für einen Behinderten", dachte Doktor Kanter und genierte sich sogleich für die politisch glanzlose und unkorrekte Selbstironie. Für Witze abseits seines politischen Anstands hatte er nie die nötige Portion Unverfrorenheit entwickelt.

Der Taxifahrer war an diesem Morgen ein Salzburger Urgestein. Er erkannte seinen Fahrgast von früheren Fuhren und fragte nach der Ursache für die aktuelle Gehbehinderung. „Unglückliche Umstände, sehr komplizierte Sache", entgegnete Doktor Kanter und wusste, dass es in manchen Situationen besser ist, nichts zu sagen oder nicht mehr als das unbedingt Nötige. Er war überzeugt, dass der Lenker sowieso alle Zeitungsartikel zu seinem Unfall verschlungen hatte, zumal Taxilenker oft stundenlang auf zahlungswillige Kundschaft warteten, insbesondere wenn sie in übertriebenen Massen dreireihig vor dem Salzburger Bahnhof standen, einer Provinzstation eigentlich, welche den Titel „Bahnhof" gar nicht verdient und nur deshalb erhalten hatte, weil hinter Salzburg Deutschland kommt und ein Zug nicht einfach so ungesehen aus Österreich hinausbrausen konnte. Wie lächerlich klein wäre denn ein Land, wenn es außer dem Hauptbahnhof in Wien, ganz im Osten des Landes, keinen einzige haltenswerten Bahnhof hätte. Salzburg Hauptbahnhof war auch deshalb der Umschlagplatz für Nachrichten. Was die Taxilenker dort nicht von Scheibe zu Scheibe austauschten, lasen sie in den vordergründig für Kundschaft angeschafften Zeitungen nach. Um das Gelesene gleich wieder mit den Kollegen zu teilen. Der Lenker musste wissen, dass er besoffen in den Abgrund gerast war.

Itzling lag im gleichen feuchten Nebel, den er vor mehr als drei Wochen im Rettungswagen verlassen hatte. Die Fidelio Pharma AG stand dort, wo einst das übergroße Lagerhaus die Aussicht versperrt hatte. Das Lagerhaus hatte man in die Luft gejagt, da Itzling von der aufstrebenden Stadt Salzburg aufgesogen worden war. Irgendwann befand es sich mitten im Salzach-Metropölchen, das sich stets größer genommen hatte, als es war. Lagerhäuser im Stadtgebiet ergaben keinen Sinn, wenn der nächste Bauer, ein Nebenerwerbsbauer gewiss, gut zehn Kilometer entfernt wohnte. Die Fidelio Pharma AG ersetzte den alten Silo durch einen neuen, nicht minder hässlich, aber architektonisch anspruchsvoll. Er hatte keine Ahnung von Architektur, er sah auch keineswegs ein, weshalb er sich entsprechendes Wissen auf seine alten Tage noch aneignen sollte. Hässliche Häuser eben hässlich zu finden, benötigte keine besondere Ausbildung. Und Ästhetik war eine nicht diskutierbare Bewertung, die sich objektiven Kriterien sowieso entzog.

Vorsichtig quälte sich Doktor Kanter das Stiegenportal hoch. Er hätte die Behindertenrampe nehmen können, aber das wäre ihm zuviel der Ehre für seine lästigen Verletzungen gewesen. „Der Stolz stirbt zuletzt", pflegte er oft und immer öfter unpassend zu sagen. In diesem Moment passte es, passte es vor allem gut zu ihm selbst. Er steckte seinen Schlüssel in das Schloss neben der automatischen Glastür. Langsam schleppte sich Doktor Kanter in einem großen Bogen an der Empfangsdame vorbei, die ihn aus der Ferne willkommen heiß. Er schwang kurz die Krücke nach oben und verschwand im Lift. Das Haus war leer, wie erwartet. Einzig die Vorstandsetage war beinahe voll besetzt.

„Kanter, um Gottes Willen, was suchen Sie hier?" Ausgerechnet Wolfgang Malle, der vor lauter Schreck den „Doktor" vor dem Namen vergessen hatte.

„Guten Morgen, guten Morgen." Der Kommunikationschef in Krankenstand spielte sein Stück von der guten Laune.

„Ich dachte, Sie sind bis Ende Jänner krankgeschrieben?"

„Bin ich auch. Aber Sie wissen ja. Ein Indianer bleibt nicht lange im Wigwam."

Malle konnte ein Lachen nicht unterdrücken. „Kaffee für unseren Apachen?"

„Gerne." Doktor Kanters Plan schien ohne Umschweife aufzugehen.

„Was in aller Welt", fragte Malle frei heraus, „ist Ihnen da nur eingefallen? Ich hätte Ihnen gar nicht zugetraut, so viel Unvernunft auf einen Haufen zu packen?"

Malle zog seine Augenbrauen zusammen und um ein Haar wäre ihm das auch geglückt, dann wären die Linien zusammengewachsen, und wer weiß, hätte er sie wieder auseinander gebracht.

„Jede Erklärung ist halbwarm. Wenn ich Ihnen sage, dass es ein besonders schlechter Tag war?" Doktor Kanter blickte sorgenvoll zu Malle.

„Dann sage ich Ihnen: Den haben wir alle dann und wann."

„Und wenn wir alle bei jeder Leichtsinnigkeit halbtot im Wald landen würden?" Doktor Kanter hatte den Satz längst in seinem Gedächtnis vorbereitet. „Wieviele von uns wären heute noch da?"

„Hm. Nicht viele, oder?" Der Vorstandsvorsitzende schien seine Erinnerung nach eigenen Verfehlungen durchzurechnen. „Schwamm drüber. Ich nehme an, Sie haben etwas gelernt, Herr Doktor." Malle gab den gütigen Vater, das Letzte, was Doktor Kanter gebrauchen konnte, weil einen Vater hatte er selbst einmal gehabt, und der war längst tot.

„Seien Sie sicher." Doktor Kanter wollte die Debatte mit einem Satz auslöschen. „Was macht die Sache mit dem Anopharm?", schoss er eilig nach, ehe Malle weitere väterliche Weisheiten zum Besten geben konnte.

„Wir haben schon mehr gelacht. Da wären wir gleich wieder bei Ihnen, das würde ich Ihnen jetzt gerne ersparen, bis Sie wieder gesund sind."

„Ich brauche keine Schonzeit. Der Kopf ist heil, und die Füße tragen mich von Tag zu Tag schneller." Doktor Kanter wollte die Konfrontation, am besten sofort, denn allzu oft würde ihm die überraschende Begegnung am Morgen mit anschließender Kaffeeeinladung beim Chef nicht gelingen.

„Aus den Krankenhausreports sind Homestories geworden. Unsere angeblichen Opfer sind alle daheim." Malle berichtete besorgt aus der aktuellen Medienrealität. „Aber auf Facebook sind wir auf einem guten Weg."

„Wie sieht denn so ein guter Weg aus?", fragte Doktor Kanter gespielt neugierig.

„Ach was weiß ich. Von dem Zeugs verstehe ich nichts. Aber die Sache ist in guten Händen."

„In guten Händen. Ja. Ich habe mir das angesehen. Ich glaube nicht, dass Sie damit eine einzige Geschichte umdrehen können. Aber allzu viel verstehe ich auch nicht davon." Kanter gab den Ahnungslosen und wartete auf seine Gelegenheit.

„Das wirkt doch nicht von heute auf Morgen. Wir müssen der Dame schon ein wenig Zeit geben. Demnächst wird präsentiert. Wenn Sie wollen, kommen Sie doch dazu. Vorstandsmitglied sind sie ja." Malle hatte offenbar keine allzu groben Vorbehalte gegen ihn entwickelt.

„Gerne."

„Ich lass ihnen den Termin zukommen. Aber nur, wenn der Arzt zustimmt. Einen Notfall im Vorstandszimmer kann ich mir nicht auch noch leisten." Malle grinste.

„Alles klar. Ich lasse mich vom Krankenstand beurlauben." Doktor Kanter hatte jene Eigenschaft wiedergefunden, die nur in Frankreich eine passende Bezeichnung erhalten hatte: Nonchalance.

„Ich bin froh, dass Sie wieder ganz werden", sagte Malle, der es nicht einmal der Mühe wert gefunden hatte, bei Doktor Kanter im Spital vorbeizuschauen, ein

Umstand, den der Leiter der Kommunikationsabteilung still getroffen notiert hatte und nun nicht so schnell vergessen würde.

„Ich danke Ihnen sehr. Das ist nicht selbstverständlich und ich weiß das." Doktor Kanter freute sich über den gelungenen Wiedereinstieg. „Und eines noch: Was auch immer mit mir passieren soll. Verschonen Sie bitte meine Mitarbeiter. Die sind weit besser als mein Ruf." Er dachte an Marion und die Erbschuld, die einer loyalen Mitarbeiterin die Karriere kappen konnte. Doktor Kanter versuchte, mit einem Ruck und ohne Krücken aufzustehen, fiel dabei aber immer wieder in den Stuhl zurück. Malle reichte seine Hände als Hilfestellung über den Tisch, doch er lehnte das mit einer abschätzigen Handbewegung ab.

„Schlimmer als Ihre Sturheit ist nur Ihre Eitelkeit." Malle schüttelte ungläubig den Kopf, während sein Kommunikationschef sisyphosgleich aus dem Sessel zu wippen versuchte und immer wieder in die Ausgangsstellung zurück rollte.

„Eine letzte Bitte hab' ich noch: Wie Sie wissen, liege ich ja den ganzen Tag mehr oder minder immobil herum. Das einzige, was ich tun kann, ist Lesen, Lesen und nochmals Lesen. Zwischendrin läuft der Fernseher. Ich habe mir ein paar Thesen zurecht gelegt. Vielleicht wollen Sie die ja im nächsten Vorstand ganz unverbindlich hören?" Doktor Kanter bemühte sich, so unaufgeregt wie möglich zu klingen.

„Gerne. Aber lassen Sie diesmal die Breitseiten auf die Kollegen aus. Ach ja: Und fahren Sie nachher bitte nicht im Auto nach Hause." Malle war wieder ganz der Vater.

„Keine Angst, ich nehm' die Krücke."

Der Vorstandsvorsitzende verabschiedete sich jovial, brachte den fußlahmen Doktor Kanter bis zur Tür und schickte ihn mit der innigen Bitten, keine weiteren Blödheiten zu unternehmen, nach Hause.

Doktor Kanter presste seine Unterarme in die Krücken und flog in großen Sprüngen, wie er glaubte, über den Flur. Bei seinem Büro bog er kurz ab, blieb bei Marions Schreibtisch stehen und schrieb gut gelaunt auf einen Zettel. „Wir machen weiter. Dein DrK."

Kapitel 16
Das Phantom auf der Krücke

Die Fidelio Pharma AG wirkte in den Führungsbüros denkbar geschäftig, als Vanessa Brandmaier kurz nach halbzehn in ihr Büro hastete. Klaus Biber kam ihr entgegen und grüßte mit einem „Na, den Wecker nicht gefunden?" Sie hatte an diesem Dienstag ihre rechteckige schwarze Hornbrille auf, die ein bisschen an Nana Mouskouri erinnerte, nur dass ihr die schwarzen, langen, seidigen Haare fehlten, die sie durch ihre blonde, heute etwas aus der Fasson geratene Businessfrisur zu ersetzen suchte.

Der Morgen war furchtbar gewesen. Harry hatte am Vortag einmal mehr den Schornsteinfeger verpennt und nun drohte die Anzeige. Die Bürokratie hatte kein Verständnis für langschlafende Versager, und langschlafende Versager verstanden nichts von Bürokratie. Eine unpassende Mischung. Vanessa hatte die halbe Nacht gestritten, gebrüllt, ihren faulen Harry der Wohnung verwiesen und dann, als sie nicht einschlafen konnte, per Telefon wieder zurück dirigiert. Und der Penner hatte nichts Besseres im Sinn, als sich nach dem Wiedereinlass lautstark über diese herablassende Art, die diktatorische Kleinlichkeit und die kalten Füße, die ihm der unvermittelte Rausschmiss beschert hatte, lautstark zu beschweren. Vanessa fühlte sich elend, und sie sah auch so aus.

Doktor Kanters Morgenvisite hatte sich wie ein Lauffeuer verbreitet. Die Empfangsdame hatte für die ausreichende Verbreitung der Nachricht gesorgt. Jeder wusste anderes zu berichten über den Zwischenfall, der so ernsthaft betratscht wurde, als ob es gälte, eine entlaufene Ratte in der Produktionsstraße für intensiv-medizinische Medikamente zu finden. Er war das Phantom auf der Krücke. Vanessas E-Mail zeigte eine Nachricht von „Clara Egger im Auftrag von Klaus Biber, MAS". „Termin mit KB. Elf Uhr." Keine Frage. Biber bestellte die Kollegin in sein Zimmer.

„Sie werden gehört haben, Kanter reitet wieder." Klaus Biber blickte ernst über den Tisch. „Und ich fürchte, es ist Zeit für eine Zwischenabrechnung. Auf gut Deutsch: Wir müssen Fakten vorweisen. Erfolge. Was Facebook bringt. Was wir auf YouTube erreicht haben. Wie viele Meinungen wir gedreht haben. Wie die Berichterstattung in den Holzmedien zurückgegangen ist. Ich brauche das heute noch."

„Hey, das ist Social Media! Eine halbe Milliarde Menschen sind da drin." Vanessa wollte die konkrete Nachfrage durch berauschende Zahlen ersticken.

„Ja, und von den 500 Millionen Accounts gehören alleine zehn dir", erwiderte Biber. „Wir zählen bitte keine Accounts, weil Accounts werden nicht krank, gehen

T. Holzinger, M. Sturmer, *Im Netz der Nachricht*,
DOI 10.1007/978-3-642-22489-8_16, © Springer-Verlag Berlin Heidelberg 2012

nicht zum Arzt und benötigen auch keine Pillen. Die sind unserem Management denkbar wurscht."

„Du kannst den Long Tail of Information nicht in Zahlen fassen."

„Welchen Teil?"

„Na den Long Tail. Den langen Schwanz der Information", erwiderte Vanessa, ein bisschen stolz, mehr zu wissen als ihr sonst noch besserwissender Vorgesetzter.

Biber fuhr aus seinem Sessel hoch. „Der lange Schwanz der Information? Der lange Schwanz der Information?" Seine Stimme bebte und wurde immer lauter. „Hör mal, wir machen da keinen Nachrichtenporno, sondern Vertriebsoptimierung. Marketing. Alles Mögliche. Aber bitte hör mir auf mit solchen Dingen. Wir brauchen keinen langen Schwanz mit Informationen, wir brauchen Ergebnisse." Biber war sichtlich nervös. „Um 15 Uhr 30 habe ich das Papier." Er drehte sich weg und verschwand hinter seinem Schreibtisch. „Und bitte pünktlich."

Vanessa warf Biber einen verächtlichen Blick zu. Mit einem „Pffff" verließ sie den Raum, schmetterte die Tür hinter sich zu. Auf dem Flur kullerte eine Träne über ihre Wange. „Vollarsch. So ein Scheißkerl", wiederholte sie immer wieder. Das Trommeln aus ihrem Schritt war einem leisen Klappern gewichen. Sie ärgerte sich, dass ihr einer wie Biber so an die Nieren gehen konnte, dass ihr die Tränen ins Gesicht schossen. Sie verschwand in ihrem Büro, schloss die Tür hinter sich ab, was sie sonst nicht tat, und heulte. Harry. Klaus. Scheißjobs. Vor allem: Was nun?

Vanessa öffnete ihren Facebook-Account. 621 Freunde zählte die Seite der Fidelio Pharma AG. Und die posteten am Tag geschätzte 150 Mal, was auffällig viel war. „Bitte etwas langsamer auf unserer Fanpage", ließ sie ihren bezahlten Helfern per Instant Message ausrichten. Sie zählte alle Anfragen zu Anopharm und kam auf gerade mal zwölf. Von diesen war die Hälfte bestellt, einige hatte sie selbst verfasst, die anderen Autoren waren ihr nicht bekannt. Erfolge sahen anders aus. Ein paar Themen hatte sie selbst über mehrere Accounts bestritten. Ob man „an und für sich Angst haben" müsse, wenn man mit Anopharm ein oder zwei Bierchen hebe, fragte da ein User, der sich über die „an und für sich"-Formulierung als Vanessa outete. „An und für sich nicht. Ein Bierchen schadet doch nie." Diese Antwort hatte sie unter eigenem, richtigen Namen gegeben. Das deckte sich zwar nicht ganz mit der Packungsbeilage von Anopharm, aber immerhin zwölf User hatten diese flockige Information mit „Gefällt mir" markiert.

Generell war der Tonfall auf Facebook weit cooler als überall sonst in der Fidelio Pharma AG. Vanessa Brandmaier hatte das alteingesessene Unternehmen flugs in die Jugendkultur übersiedelt und gab lässige Tipps und halblustige Statements zu Anfragen, die sie oftmals selbst erfunden hatte. „Wirkt Anopharm wirklich psychedelisch?", hatte sie sich selbst gefragt und mit einem „Probier's doch aus ;-) – im Ernst: eher nein. :-)" geantwortet. Auf Facebook war sie die Fidelio, sie allein, ohne Wenn und Aber, denn aus den hohen Etagen hatte sich niemand außer Biber die Mühe gemacht, in den hunderten Threads herumzustöbern. Trotzdem: Rein zahlentechnisch hielt Vanessa die bisherige Performance eher für dürftig. Ihre launig knappen Bikinifotos aus dem letzten Sommerurlaub hatten jedenfalls mehr Besucher und mehr Kommentare als die gesamte Fidelio zusammen.

Auf den einschlägigen Medizinforen sah die Sache freundlicher aus. Dort wurden kritische Anmerkungen einfach niedergeschrieben. „Bleib halt daheim, Schisser", gehörte zu den freundlicheren Posts, die immer dann abgelassen wurden, wenn jemand allzu kritisch nach den möglichen Wirkungen fragte. „Wenn du die Hosen voll hast vor ein paar Pillen, dann sind die Tropen sicher auch nicht gut für dich. Ich empfehle dir einen guten Therapeuten anstelle der Fernreise. Wird dir gut tun."

Diese Rückmeldung war selbst für Vanessa ein Stück zu heftig. In einer zweiten Nachricht an ihre freien Mitarbeiter bat sie um „etwas mehr Nettiquette" im Umgang mit Anfragen. „Kommt doch eh alles aus unseren Reihen", kam binnen weniger Minuten zurück. Die Maschinerie arbeitete perfekt. Dass auch die Anfragen ein Fake waren, machte die Sache um Welten leichter. Niemand würde auf die Idee kommen, sich über schlechte Behandlung aufzuregen. Es war einfach so, dass ihre Diskutanten jedes Thema enterten und über Postings im Minutentakt die Debatte verwässerten. Jedenfalls waren auf fünf einschlägigen Forumsseiten insgesamt 17 Diskussionsstränge durch Angriffe von Vanessas schneller Eingreiftruppe jäh gestoppt worden.

YouTube wies 204 schmale Videozugriffe aus. Alles in allem keine tausend Kontakte, die sich in zwei Wochen angesammelt hatten. Da hatte sie den Long Tail, den langen Schwanz noch nicht eingerechnet. Jeder Kontakt würde zumindest drei Personen davon in Kenntnis setzen, und die wiederum würden über Umwege vielleicht den einen oder anderen Post reposten. Vanessa öffnete den Rechner auf ihrem Bildschirm und gab ein paar Zahlenreihen ein. Sie wusste nicht genau, was die Operationen eigentlich bedeuten sollten, aber am Ende kam sie auf einen Wert von 4.231 qualifizierten Kontakten. Die Wahrscheinlichkeit, dass sich unter diesen Kontakten zumindest ein Journalist befand, berechnete sie mit 89,3 Prozent, wobei sie diesen Wert frei erfinden musste mangels ausreichender Datengrundlage und fehlender mathematischer Kenntnisse. Die nachhaltige Veränderung im Sinne künftiger Kommunikation bewertete sie noch einmal mit dem Vierfachen der Ausgangssumme und kam so auf eine Long Term Penetration von 16.924 Kontakten. Auf gut Deutsch: Jeder zehnte Salzburger würde, Brandmaier sei Dank, einmal in diesem Jahr an der Fidelio Pharma AG anstreifen und Information mitnehmen. Das Ergebnis gefiel ihr. Sie möbelte ihre Statistiken mit allerhand Grafiken auf, gab die beeindruckenden Nutzerzahlen von Facebook unten dran („potenzielle Zielgruppe: 500.000.000 Menschen") und schickte das Konvolut um kurz vor 15 Uhr an Biber. „Wie besprochen, meine Erfolgsbilanz. Grüße, V." Kürzer hätte ihre Message nicht ausfallen können.

Der Trommelschlag aus den Absätzen war wieder zurück. Vanessa stapfte sicheren Schrittes zu Bibers Büro. „Na, zufrieden?" Sie grinste.

„Ich bin beeindruckt. Wo lernt man diese Voodoo-Mathematik?" Biber schaute von seinem Tischtaschenrechner zu Vanessa. „Im Marketing arbeiten wir sehr viel mit Zahlen. Ich beherrsche die Grundrechnungsarten."

„Pfff." Vanessa zischte kurz. „Und du willst mir erklären, dass deine aufgeblasenen Marketingstudien groß anders funktionieren?" Eins zu eins. Natürlich, das wusste Vanessa, waren Umfragen stets so gepolt, dass ein durchschnittlicher Befragter das gewünschte Ergebnis ausspucken würde. „120 Prozent aller Salzburger haben dringenden Bedarf nach Malariamitteln. Der Rest hat keine Ahnung", spottete Vanessa.

„Was weißt denn du schon von Marketing?" Bibers Miene verfinsterte sich. Er zog ein paar Zettel aus der Lade. 1.000 Interviews, Schwankungsbreiten, Skalenniveaus. Vanessa überflog die Marktstudien.

„Und du glaubst wirklich, dass da irgendjemand 1.000 Interviews ausgewertet hat?" Vanessa ließ die Augen über die Zahlenkolonnen wandern. „Ich habe drei oder vier Freunde, die arbeiten für solche Institute. Für die ganz renommierten übrigens."

„Und? Nur weil es deine Freunde sind, heißt das noch lange nicht, dass sie keine Interviews führen können", sagte Biber schnippisch.

„Nein, aber sie führen jedes zweite Interview mit mir", zischte Vanessa zurück. „Jeder macht das so. Du musst 100 Telefoninterviews zu Ende führen. Vier von fünf Anrufern legen vorzeitig auf oder schmeißen dir schon nach der Begrüßung den Hörer hin. Und am Ende hast du 500 Gespräche geführt, davon 440 abgebrochen. Nada. Die Interviews bestenfalls bis zur Hälfte. Was glaubst du, machst du dann?" Vanessa wusste, dass sie die Methoden der Meinungsforscher besser kannte als Biber.

„Ich rufe noch 40 Nummern durch."

„Ach du spinnst ja. Du rufst deine Freunde an, sagst ihnen, wen sie bitte spielen sollen, und führst so dein Werk zu Ende. Die kriegen pro Fragebogen bezahlt. Und zwar dann, wenn er fertig ausgefüllt ist."

„Nein wirklich?" Biber hob seine Stimme gekünstelt an.

„Glaub's oder glaub's nicht. Aber ich schwöre dir, die arbeiten alles andere als sauber."

„Wie auch immer." Biber wollte diese Debatte nicht fortsetzen. „Wenn ich bei dir zu streng nachfrage, wackelt mein Job so stark wie deine Verlängerung. Und wenn du die ganze Marktforschung mit einem Handstreich vernichtest, dann gibt es unsere Abteilung morgen nicht mehr. Wir sind so etwas wie eine Schicksalsgemeinschaft. Das sollten wir nicht vergessen."

Vanessa schätzte diese Art von Rationalität. Biber war darauf angewiesen, dass sie Erfolg hatte. Sie war darauf angewiesen, dass Biber diesen Erfolg verkaufen konnte. „Dann sind wir handelseins?"

„Ja, aber bitte schau, dass du ein paar von deinen Zahlen in den nächsten zwei Wochen tatsächlich erreichst. Am 17.12. ist Vorstandssitzung. Falls sich bis dahin wider Erwarten doch einer von diesen Lemuren auf Facebook und YouTube verirrt, sollte das nicht ganz so offensichtlich sein." Biber wirkte nachdenklich.

„Klar. Ich schiebe kräftig an." Vanessa war angespornt.

„Aber mit Augenmaß."

„Klar, klar. Für wen hältst du mich?" Vanessa lächelte, und Biber nützte das kurze Tauwetter für einen kleinen Hinterhalt. Er erhob sich aus seinem Sessel, stellte sich breitbeinig neben Vanessa und meinte knapp: „Wir sollten uns den – wie hast du das genannt? – den Long Tail sollten wir uns noch einmal genauer ansehen." Er ließ seinen Blick in Richtung Unterleib fallen und zog die Mundwinkel weit nach oben.

„Sonst geht's gut, ja?" Vanessa fand die Anspielung gänzlich unpassend.

„Den Short Tail hast du vermutlich zu Hause." Biber grunzte vor Lachen.

„Hör mal, mich interessiert nicht, was du in der Hose oder ich zu Hause habe. Ich brauch' mir das echt nicht geben."

„Ja, gleich zu Daddy damit laufen." Bibers Mundwinkel zuckten nach unten. „Schon mal was von Humor gehört?"

Vanessa riss die Tür auf und rannte hinaus. Ihr war übel. Wut und Tränen mischten sich mit Gewaltphantasien. Biber quälen, das wär's. Wenn diese grauenhafte Anmache die Eintrittskarte in ein erfolgreiches Berufsleben war, würde sie lieber arbeitslos bleiben oder heiraten. Aber vor der Hochzeit, das wusste sie, würde sie alle Männer, die so waren wie Biber, vor ein Gericht bringen. Die gehörten angezeigt, allesamt. Eingesperrt. Zwangskastriert.

Vanessa versteckte sich heulend in ihrem Büro, dem einzigen Zufluchtsort, der ihr kurzfristig einfiel. Zuhause saß der faule Harry vor dem Fernseher, vermutlich noch immer sauer von der Nacht davor, zu ihren Eltern konnte sie nicht gehen mit dem verheulten Gesicht, das hätte zu viele Fragen gebracht, und nach Ausgehen war ihr nicht zumute. Das Büro war der sicherste Ort. Sie überlegte sich ein paar neue Themen, die sie auf ihren Plattformen unterbringen könnte. Schließlich müsste sie irgendwann jene fast 17.000 Menschen erreichen, die sie in ihrer Expertise ausgerechnet hatte. Es fiel ihr kein Satz ein. Ihre Gedanken kreisten um Biber und die gerechte Rache, die sie ihm antun würde. Mehr als ein paar mittelalterliche Foltermethoden fielen ihr nicht ein. „Dass dieser Biber imstande ist, aus jeder Situation ein Stück mehr an Bedrängnis zu bauen." Vanessa wurde immer wütender. Diese grausliche Gestalt, die offenbar nur dem eigenen Geschlechtsteil folgte, machte ihr das Leben nicht leichter.

Kapitel 17
Auf dem Weg der besseren Nachricht

Doktor Kanter genoss die wenigen Sonnenstrahlen, die an diesem Morgen durch den Itzlinger Nebeleintopf stachen. Er ließ seinen Körper zwischen den beiden Krücken munter baumeln und bewegte sich so schnell wie schon lange nicht. Seine Behinderungen nahm er sportlich. Die letzten Tage waren seine gewesen. Zuerst Marion, dann der Volltreffer bei Malle. Er war gut drauf und beschloss, die Schillerstraße in Richtung Bahnhof zu hoppeln, und wer weiß, vielleicht noch weiter. Aus einer Laune heraus ließ er sein gesamtes Gewicht kurz auf beiden Beinen ruhen und stelle zufrieden fest, dass sein Skelett wieder tragen gelernt hatte. Er humpelte, die Krücken in die Höhe gestreckt wie die Skistöcke eines siegreichen Rennfahrers im Zieleinlauf, die Geleise der Lokalbahn nach Lamprechtshausen entlang. Es wäre ein guter Tag, beschloss er dann, die Krücken und den Gips gegen ein Stück Freiheit zu tauschen. Er ließ sich vom Bahnhof per Taxi zum Landeskrankenhaus chauffieren. Unterwegs blieb er vor einer Schokoladeboutique stehen, kaufte ein paar Säckchen der sündteuren Delikatessen und fuhr dann weiter zum Spital.

Seinen Oberarzt traf er wie immer um diese Uhrzeit bei der Visite an. „Herr Doktor, verzeihen sie meinen kleinen Überfall, aber ich habe da eine Bitte." Doktor Kanter bemühte sich um ausgleichende Freundlichkeit, die vergessen lassen sollte, dass er als Patient miesepetrige Stimmung verbreitet und jeden Behandlungsschritt argwöhnisch bis feindselig verfolgt hatte.

„Oh, Herr Doktor Kanter. Schon genug von der Freiheit? Sie haben Sehnsucht nach einem warmen Bett mit Vollpension?" Der Oberarzt war nicht minder gut gelaunt. Zufrieden betrachtete er seinen ehemaligen Patienten vom Scheitel bis zur Zehenspitze. „Was führt Sie zu mir?"

„Sie haben doch gesagt, nach vier Wochen könnten wir über die Entfernung der Schienen verhandeln?" Doktor Kanter schmunzelte erwartungsvoll.

„Nach vier Wochen schon, ja."

„Dreieinhalb und vier, ist das nicht praktisch das gleiche? Zeit ist doch etwas sehr Relatives." Er bemühte sich, den Arzt mit philosophischer List zu überzeugen.

„Wann waren sie in der Volksschule? Dreieinhalb und vier ist alles andere als das gleiche. Aber ich nehme an, sie wollen ihren Gips sofort ab haben."

„Ganz und gar nicht, wo denken Sie hin?", flunkerte Doktor Kanter. „Ich wollte eigentlich nur das versprochene Dankeschön abgeben." Er reichte dem Arzt

T. Holzinger, M. Sturmer, *Im Netz der Nachricht*,
DOI 10.1007/978-3-642-22489-8_17, © Springer-Verlag Berlin Heidelberg 2012

den prallen Sack mit Schokolade. „Und bitte den Schwestern auch ein Stückchen überlassen. Mit den wärmsten Empfehlungen von mir." Ausgesprochen charmant verbeugte er sich, so tief er konnte, ehe er sein Gesicht zum Ohr des Oberarztes wandte. „Aber wenn sie mich so fragen: Ein Leben ohne Gips wäre auch nicht schlecht."

„Vielen Dank für die Aufmerksamkeit." Der Oberarzt starrte auf die Schokolade und stand da wie ein Taferlklassler mit einer viel zu großen Schultüte. „Aber ihren Wunsch kann ich nur nach einer eingehenden Untersuchung samt Röntgen erfüllen. Wenn überhaupt. Versprechen kann ich nichts."

Doktor Kanter verbrachte weitere drei Stunden im Spital, der Arzt ließ sich Innenaufnahmen von sämtlichen Frakturen vorlegen, betrachtete dann verheilte Wunden und holte schließlich ein bedrucktes Blatt Papier aus einer Ablage.

„Schön, es ist aus medizinischer Sicht vertretbar, ihren Körper wieder freizulegen. Die komplizierten Brüche sind fest verschraubt, der Rest scheint verheilt."

„Weg damit!", rief Doktor Kanter vorlaut.

„Das geht nur mit ihrer Unterschrift." Der Oberarzt holte ein Blatt aus seiner Schreibtischlade, auf dem Doktor Kanter die volle Verantwortung für die vorzeitige Entgipsung übernahm. „Gegen den ärztlichen Rat", las er laut vor, wobei der Oberarzt nickend zustimmte. Eine knappe Stunde später war Kanter bis auf einige Wundverbände ganz der Alte.

„Sie sind kein ganz junger Hupfer mehr. Also passen sie auf, sonst habe ich sie nächste Woche wieder bei mir. Kein Sport, keine ausgedehnten Spaziergänge, lieber klein anfangen. Und keine Autounfälle, wenn's leicht geht."

„Ich werde aufpassen." Wieder einer, der den Vater gab. Doktor Kanter zog einen Zettel aus seiner Tasche. „Da wäre noch etwas. Ich möchte, dass sie meine Arbeitsunfähigkeitsbescheinigung aufheben."

„Das kommt überhaupt nicht infrage. Sie bleiben im Schongang." Der Oberarzt drehte sich nach einer Krankenschwester um. „Nehmen sie den Herrn Doktor Kanter bitte mit. Einmal Ganzkörpergips, nur zur Sicherheit."

„Dann wenigstens teilweise. Bitte." Seine Stimme klang weinerlich.

„Sie bekommen einen Halbtag pro Woche Ausgang. Mehr ist nicht drin." Der Oberarzt kritzelte einige unleserliche Zeichen auf ein Blatt Papier. „Damit gehen sie bitte zur Stationsschwester."

Doktor Kanter hatte erhalten, was er brauchte. Er würde nun ganz offiziell wieder sein Büro aufsuchen dürfen. Zwar nicht lange, aber sooft er wollte, denn ein Halbtag, rechnete er aus, wäre in fünf kleine Einheiten à 72 Minuten unterteilbar. Er konnte also jeden Tag über eine Stunde ins Büro, ohne gegen die Auflagen zu verstoßen.

„Ich bin Ihnen zu großem Dank verpflichtet." Doktor Kanter stolzierte etwas ungelenk über den Gang. Seine Muskeln hatten gelitten in all den Wochen. Der Gleichgewichtssinn machte Denkpausen, und die Knie schlotterten. Er sah aus wie ein Undercover-Clown, der übliche Bürokleidung trug, aber von seinen patscherten Schritten verraten wurde.

Doktor Kanter verließ freudig das Krankenhaus und hinkte heimwärts. Die gesamte Strecke dauerte gut eine Stunde, weit mehr, als ihm der Oberarzt zuvor geraten hatte. Mit jedem Meter gewann er Selbstsicherheit. Bald hatte er die schlenkernden Beine im Griff, und in seiner Straße war er bereits in der Lage, auf kleine Gegenstände zu treten, ohne gänzlich aus der Balance zu fallen.

Zuhause angekommen warf er seinen Computer an, ein langwieriges Prozedere, gewiss, denn das Gerät war schon nicht neu, als er es vor Jahren anschaffte. Als „Vorführgerät" hatte man es ihm verkauft, viel näher lag die Annahme, dass es sich um ein Rückgabegerät gehandelt hatte, das kurz vor Garantieablauf irgendwo zusammengekracht war.

Im Posteingang wartete Marions Nachricht. „Lieber DrK, beinahe hätte ich dein Kürzel als ‚Dirk' gelesen. Der Name steht dir noch besser als dein wirklicher. Gratuliere. Ich warte auf weitere Anweisung. Marion."

Doktor Kanter war enttäuscht. Nicht „Deine Marion". Oder „Lieber Gruß, Marion." Nein. Nur „Marion". Er überlas den Witz mit den Vornamen und schaute dutzende Male auf das Wort „Marion"; aber sooft er auch hinsehen mochte, es änderte sich nichts an der Tatsache. Hier stand ohne Umschweife und Schnörkel einfach nur „Marion". Nach einer Weile griff er selbst zu den Tasten und antwortete.

„Liebe Marion, Dirk ist beileibe eine der wenigen Steigerungsstufen. Uwe wäre noch besser. Aber jetzt etwas ganz anderes: Ich bin gipsfrei und darf ab sofort aus dem Haus. Ich habe beschlossen, die Fidelio Pharma AG von Grund auf zu erkunden. Wir können die Nachrichten nur dann in den Griff bekommen, wenn wir ganz innen beginnen. Das Unternehmen ist nicht nur Aussender, sondern Teil der Nachricht. Herzlichst. DrK."

Die Nachricht hatte mit allen Korrekturdurchläufen eine gute halbe Stunde in Anspruch genommen. Das „Herzlichst, DrK" hielt er für die geeignete Replik auf „Marion". Doktor Kanter war kein Ass hinter der Tastatur. Im Regelfall verwendete er zwei bis drei Finger, um seine Texte zu verfassen. Die Umstelltasten für die Großbuchstaben verfehlte er regelmäßig, sie waren hinter den Handballen so gut versteckt, dass er sie blind treffen musste. Das gelang ihm selten.

Nach wenigen Minuten genierte er sich für seine kleinliche Grußformel und setzte die folgende Nachricht auf: „Liebe Marion, was hältst Du zur Feier der neuen Beweglichkeit von einem Glas Himbeersaft im Afro Café? 17.00 Uhr? Positive Antworten nehme ich gerne auf meinem Mobiltelefon entgegen. Den PC schalte ich jetzt aus. Lieber Gruß. DrK."

Er schaltete den Computer umgehend ab und starrte auf seinen Blackberry. Das erlösende Piepsen holte ihn nach einer guten Viertelstunde aus der Agonie: „Fein, dass du wieder gehen kannst, gratuliere. Ich muss heute zu Freunden. Lange ausgemacht. Vielleicht morgen? M."

Doktor Kanter zuckte zusammen. Marion? Freunde? Auf die Idee war er nicht gekommen. Natürlich hatte er angenommen, dass sie irgendeinen Umgang hätte. Mit der Dame an der Supermarktkassa freundlich tratschen würde. Im Bus auf Fragen höflich antworten. Dem Briefträger ein Glas Wasser anbieten, wenn er nach vier Stockwerken hechelnd mit einem Paket vor der Tür stand. Aber Freunde? Am Abend?

Er war enttäuscht, bekam seine Gedanken dann aber wieder in den Griff, da es tatsächlich sein konnte, dass Marion Weihrater Freunde hatte und diesen ausgerechnet für heute versprochen hatte auszugehen. Wiewohl: Natürlich hätte er ein Treffen mit Jojo-Joe kurzfristig abgesagt, wenn Marion gerufen hätte, wobei er dem alten Freund nachtragend böse war, ihn, den eingegipsten Schwerverletzten achtlos alleine gelassen zu haben, als er das Chaos in seiner Wohnung beseitigen musste. Nein, Joe hätte er sitzen gelassen, ganz bestimmt. Gut möglich, überlegte er dann, dass Marion umsichtigere Freunde hatte, die man nicht für ein kurzfristiges Date versetzen konnte, selbst wenn die Gefühle dies verlangt hätten. Einsichtig enttäuscht spazierte Doktor Kanter ins Wohnzimmer, wo er die Salzburger Nachrichten zu lesen begann. Er hatte Kopfschmerzen wie jedes Mal, wenn das Wetter umzuschlagen drohte. Angestrengt blätterte er im Politikteil. Nach wenigen Zeilen schlief er ein, ganz tief, als wollte er so schnell wie möglich von Marion träumen, wenn sie schon nicht da war.

Am frühen Nachmittag erwachte Doktor Kanter. Verwirrt blickte er aus dem Fenster. Der erste Schnee in diesem Jahr. Anfang Dezember, erinnerte er sich, gab es in Salzburg immer Schnee. Die Stadt trug ihr schönstes Gewand. Die weißen Hauben auf den Dächern, die Feste auf dem Felsen über der Stadt hell beleuchtet, die Weihnachtsdekoration überall. Salzburg war Kitsch, und Kitsch, befand er, war manchmal schön. Die Weihnachtszeit generell war ihm verhasst. Sie erinnerte ihn an die wenigen Heiligen Abende, die er mit Familie verbracht hatte, unfreiwillig gewiss, genötigt von den Umständen, die einer Familie auftrugen, den Abend rund um Jesu Geburt als Feuerwerk familiärer Zuneigung zu verbringen. Die Erwartung wich spätestens am frühen Nachmittag jedes Mal einer Bescherung, die Zank, Debatten und verheulte Gesichter bedeutet hatte. „Für den Buben", hatte ihm seine Ex-Frau stets aufgetragen, möge er bitte aufhören. Doktor Kanter hatte meistens pariert und so den Abend gerettet. So sehr er die Weihnachtszeit seit damals verabscheute, so sehr liebte er den Schnee.

Die partielle Befreiung vom Krankenstand – ein Halbtag pro Woche – lag vor ihm auf dem Tisch. Doktor Kanter griff nach seinem Mobiltelefon. „Sekretariat Malle, guten Tag." Er scherzte gut gelaunt mit der Vorstandsassistentin, um dann seinem Chef das große Vorhaben zu erläutern.

„Ich habe die Erlaubnis erhalten, einen halben Tag pro Woche zu arbeiten", platzte es sofort aus ihm heraus. Ob er diese paar Stunden nutzen könnte, die Kommunikationsabläufe in der Firma zu analysieren? Malle verstand nicht gleich. „Was heißt Kommunikationsabläufe? Das machen Sie doch seit vielen Jahren, oder habe ich mich da getäuscht?"

„Schon, schon, ich meine aber nicht meine Abteilung. Ich meine das große Ganze. Ich würde gerne wissen, wie die Mitarbeiter in allen Abteilungen ticken. Was sie reden? Wie sie denken? Was sie den Kunden mitteilen? Den Firmenpartnern?" Doktor Kanter erklärte, er wolle die Kommunikationslandkarte der Fidelio Pharma AG neu zeichnen. Vollständig. Ohne weiße Flecken.

„Und Sie wollen jetzt von mir den Segen für Ihre Recherche?", fragte Malle unsicher.

„Ja, ich will die totale Rechercheerlaubnis. Überall." Doktor Kanters Forderung hing zwischen den zwei Telefonen in der Leitung.

„Die totale Rechercheerlaubnis?" Malle wiederholte die Forderung zweifelnd. „Bis in den letzten Winkel, bis zur geheimsten Rezeptur?"

„Genau das."

Doktor Kanter schwieg und auch Malle sagte eine Weile nichts. Beide hatten in einschlägigen Seminaren gelernt, dass immer derjenige verliert, der zuerst die Stille durchbricht. Doktor Kanter hatte die besseren Karten, da er als Pressesprecher nicht nur das Sprechen, sondern auch das Nichtsprechen gelernt hatte. Immer dann anzuwenden, wenn Menschen zu neugierig wurden und jedes weitere Wort eines zuviel gewesen wäre.

„Schön." Malle hatte verloren und setzte fort. „Ich werde Ihnen dieses Papier ausstellen. Sie können es morgen in der Früh bei mir abholen. Und Sie machen auch sicher keinen Unfug damit?"

„Herr Vorsitzender. Wie lange kennen wir uns?" Doktor Kanters Lippen zogen einen Halbkreis vom rechten Ohr bis zum linken. Er wusste, er konnte. Forschen für ein Kommunikationskonzept. Für das Kommunikationskonzept. Profis haben eine Lösung, nicht mehrere. Er schmunzelte, bedankte sich und beschloss, sogleich ans Werk zu gehen.

Doktor Kanter fuhr seinen alten Computer hoch. Facebook. Er musste wissen, was dort passiert. Dank Marions Einführung hatte er eine ungefähre Ahnung von den Möglichkeiten. Er musste in Kontakt treten mit einer Welt, die ihm bislang verschlossen geblieben war, die er in Ansätzen verachtete, die er jedenfalls verstehen lernen musste, wollte er das Kommunikationskonzept entwerfen, das ihm vorschwebte. Nach dem ersten Eingeben von Nutzername und Passwort war der Spaß auch schon vorüber: „Sie haben Facebook noch nie von diesem Computer aus benutzt. Bitte geben Sie Ihr Passwort erneut ein." Ertappt. Doktor Kanter starrte auf den Bildschirm und fühlte sich beobachtet. Verfolgt. Oberserviert. Wer konnte wissen, dass er noch nie von diesem, seinem Computer auf die Gesichtersammlung zugegriffen hatte? Die Annahme von Zuckerbergs Schergen war noch dazu richtig, er hatte tatsächlich noch nie von daheim aus versucht, in die Welt von Facebook vorzudringen. Ein Virus? Biber? Eine Falle? Doktor Kanter wandte den Blick über seine linke Schulter nach hinten. Dieser Herr Zuckerberg, dachte er, wusste wirklich alles, und mit der Anonymität im Internet war es offenbar nicht weit her. Da saß dieses schmächtige Milchbübchen irgendwo in Amerika und konnte punktgenau festhalten, dass er noch nie an diesem Computer Facebook geschaut hatte. Was die wohl sonst alles wissen? Er begann zu ahnen, dass es um seine Social-Media-Kompetenz anhaltend dürftig bestellt war. Marion. Sie würde das schon mit ihm und für ihn schaukeln.

Doktor Kanter musste hinaus. Facebook überwachte ihn, Marion hatte keine Zeit und sonst waren da nicht viele Menschen, die sich spontan mit ihm zusammensetzen würden, einfach so. Die Decke seiner Reihenhauswohnung war gefährlich nach an seinem Kopf, die Luft, der er seit Tagen atmete, wurde ihm zu dick. Hinaus. Aber wie? Alleinsein hatte er wohl gelernt, aber allein bleiben war ihm fremd. Sein Beruf hatte es mit sich gebracht, dass er praktisch jeden Tag, jeden Abend, ausreichend viele Menschen traf oder treffen konnte – die Möglichkeit war ja viel wichtiger als ihre Umsetzung, in der Möglichkeit erschöpften sich so viele Begierden. Sein soziales Berufsumfeld war ihn wegen Rekonvaleszenz verschlossen. Er konnte nicht einfach den nächstbesten Redakteur zum Abendessen einladen, nur, weil ihm gerade fad war.

Unter anderen Umständen hätte er eine Flasche Beaujolais entkorkt, zwei oder drei Gläser bei einem guten Buch geleert und wäre dann auf die Pirsch gegangen. Diese Abende liefen immer gleich ab: Zuerst gut essen irgendwo in der Altstadt, die Augen weit offen nach alleinspeisenden Damen. Sollte sich in den Gaststuben keine Gelegenheit zu Zweisamkeit ergeben, würde er weiterziehen, zuerst das linke Salzachufer entlang, dann auf die andere Seite wechseln in die Steingasse. Dort gab es als letzten Anker das „Saitensprung", ein unheimlich irreführender Name, weil mit Gitarren und gerissenen Saiten hatte das Lokal gar nichts zu tun, viel mehr mit gerissenen Beziehungen. Im Saitensprung verkehrten stets einige Herren auf Aufriss, älteren Jahrgangs zumeist, viele sogar älter als Doktor Kanter selbst. Ansonsten war es die Bar der 39-jährigen Frauen. Alle Frauen im Saitensprung, ausnahmslos, waren 39, sahen aber bei weitem älter aus. Er hatte im Saitensprung noch nie eine Frau getroffen, die auf die versteckte Frage nach dem Alter nicht mit „Neununddreißig" geantwortet hätte. Andere bauten ihre Altersangabe unaufgefordert in irgendwelche Belanglosigkeiten des Smalltalks ein. „Ich mit meinen 39 Jahren kann mir keinen Alfa mehr kaufen, wie sieht denn das aus?", sagten sie dann, und wichtiger als der unmögliche italienische Flitzer war ihnen jedenfalls, ihr eigenes Alter oder das, was sie dafür ausgaben, unterzubringen.

Doktor Kanter fand diesen Umstand gleichermaßen belustigend wie tieftraurig. Frauen über 39 sind die großen Verliererinnen auf dem Markt für einsame Herzen. Die Jüngste unter den 39-Jährigen sah aus wie 45, die Älteste schlug sich in der Region der gelifteten 60-Jährigen herum. Herzbuben auf Suche greifen nur bei unter 40 zu. Daher 39. Männer können diesbezüglich gelassener ans Werk gehen. Ob 47 oder 61, das ist den meisten Damen egal. Oberflächlichkeiten müssen männlich sein, folgerte er. Doktor Kanter fand das ungerecht, wiewohl es ihm selbst die Partnersuche leichter machte, was er nicht so schlecht fand.

An diesem Abend konnte er nicht ins Saitensprung. Auch nicht beim Essen in der Altstadt auf der Lauer liegen nach potenziellen Partnerinnen. Marion. Er hatte seinen Mittelpunkt gefunden und erlaubte sich keinerlei Ablenkung. Es würde ihm Unglück bringen, wenn er an diesem Abend die nächstbeste Frau abschleppen würde, selbst wenn er sie nur ansprechen und für eine Weile unterhalten würde. Doktor Kanter hatte nur eine Alternative: Jojo-Joe. Der hatte Zeit und war, was eine echte Ausnahme darstellte, sofort bereit für einen Abend mit dem alten Freund.

„Zirkelwirt?" Jojo-Joe liebte den Laden für seine fetten Kasnocken mit Zwiebel und Speck.

„Meinetwegen." Doktor Kanters Gaumen hätte etwas mehr Eleganz und Finesse bevorzugt. Aber wenn Jojo-Joe schon Zeit hatte, dann sollte er wenigstens in seiner favorisierten Wirtsstube, einfach und gemütlich, etwas zu alternativ, fand er, unterkommen. Sie verabredeten sich für neun Uhr abends. Doktor Kanter hatte noch zwei Stunden Zeit und beschloss, vor dem Essen noch einmal ordentlich zu schlafen.

Kapitel 18
Strategien und zwei einsame Herzen

Den Weg von Hellbrunn in die Altstadt nahm er zu Fuß in Angriff. Eine Mauer aus Schneeflocken verstellte ihm den Blick auf die wunderbar weißen Gassen und Straßen. Ein Taxi wäre an diesem Abend sowieso kaum zu bekommen gewesen, denn jene, die vom Fleck kamen, chauffierten pausenlos Fahrgäste durch die rutschigen Straßen. Die anderen steckten mit ihren Wagen vor dem Bahnhof fest, dort, wo immer doppelt so viele Autos warteten, wie die längsten Züge an Fahrgästen ausspucken hätten können. Langsam und auf wackeligen Beinen wie ein neugeborenes Kalb – um nur ja nicht unglücklich auszurutschen – tappste er zu seinem Treffen mit Jojo-Joe.

Der saß, sehr zu Doktor Kanters Erstaunen, schon vor ihm an einem kleinen Ecktisch im Zirkelwirt am Papagenoplatz. Joe war sonst immer zu spät. Er wirkte noch ein Stück dicker als das letzte Mal, sein schwarzes Hemd war von kleinen Flecken übersät, hing rechts aus seiner schwarzen Hose, das Sakko darüber verknittert. Den Bart konnte sich Jojo-Joe schon mehrere Tage nicht mehr gestutzt haben. Er sah erbärmlich aus.

„Joe, altes Haus, was ist denn mit dir los?" Doktor Kanter war besorgt. „Bis du krank?"

„Ach Kanti, schön dass du endlich da bist. Du willst wirklich wissen, wie's mir geht? Beschissen geht's mir. Einfach nur beschissen."

„Das sieht man, Joe, das sieht man."

Jojo-Joe nahm einen ausgiebigen Schluck von seinem Bier, das bereits halb leer war, und schaute den alten Freund mit geröteten Augen an. Er zündete sich eine Zigarette an, diesmal ohne Handschuh.

„Um Gottes willen, was ist denn passiert? So hab' ich dich überhaupt noch nie gesehen." Der traurige Anblick ließ ihn vergessen, dass er Joe eigentlich ein paar Vorwürfe machen wollte zum Auftakt. Von wegen unterlassener Hilfeleistung beim Wohnungsputz, das hatte Doktor Kanter nicht vergessen. Was solche Sachen anlangte, hatte er ein Gedächtnis wie eine Herde Elefanten.

„Der liebe Gott hat mir den Hansi ausgespannt." Jojo-Joe schluchzte.

„Oh nein. Ist ihm etwas passiert?" Doktor Kanter rechnete mit dem Schlimmsten.

„Ach Kanti, es fehlt dem Hansi an nix. Der liebe Gott hat seine irdischen Vertreter ausgeschickt. Und jetzt ist der Hansi weg. Futsch." Joe wirkte gereizt.

T. Holzinger, M. Sturmer, *Im Netz der Nachricht*,
DOI 10.1007/978-3-642-22489-8_18, © Springer-Verlag Berlin Heidelberg 2012

„Das heißt, sie haben ihm das Messer angesetzt?"

„Was heißt! Entweder Degradierung zum Dorfpfarrer von Bruck an der Groß-glocknerstraße im hintersten Eck des Bundeslandes, oder Schlussstrich unter die Ferkelei." Joe schaute Doktor Kanter lange an. „Ich brauch dir nicht sagen, wie sich die Memme entschieden hat."

„Feiger Sack. Das sieht ihm gar nicht ähnlich. Ich habe immer geglaubt, der Hansi ist ein Kämpfer." Doktor Kanter bemerkte mitten im Satz, dass er das nie geglaubt hatte, es aber zum gegenwärtigen Zeitpunkt für gut erfunden hielt.

„Der Hansi, ein Kämpfer? Von welchem Hansi redest du? Mein Hansi war innen drin immer ein Hascherl vor dem Herrn." Joe kämpfte mit den Tränen.

„Wann war denn das?"

„Na am gleichen Abend, wie wir dich nach Hause gebracht haben. Dem Doktor Ach-So-Arm ist das natürlich nicht aufgefallen, dass bei uns der Haussegen schon recht schief gehangen ist." Joe nahm ein verdrücktes Taschentuch aus seiner Tasche und presste es in sein Gesicht.

„Das tut mir Leid." Doktor Kanter schämte sich für alle schlechten Gedanken, die er in den letzten Tagen zu Joe gewälzt hatte. „Das tut mir wirklich schrecklich Leid", wiederholte er, und es war ihm selbst nicht klar, worauf der das bezog.

„Und dann kommt dieser Herr Bischof mit seinem ausgefressenen Bernhardiner daher. Und jeder kann sich denken, wo die Bestie übernachtet. Der hat sicher kein eigenes Körbchen im Vorzimmer." Joe hob tuntig die Arme vor die Brust. „Aber wenn der Hansi bei mir..." Joe stockte kurz. „Es ist zum Kotzen, sag' ich dir. Dabei ist diese seltsame Tierliebe mindestens so gottverlassen wie die Schwulerei." Joes Stimme war laut geworden.

„Joe, da sind auch andere Leute." Doktor Kanter blickte sorgenvoll ins Lokal. „Ich sag dir, ich hab's auch grad nicht leicht. Mich hat's voll erwischt."

„Geht's dir noch? Mir rennt mein Leben davon und du scheißt dich an, weil du – was? – verliebt bist. Schön, Kanti, ich freu' mich, hab's sehr gut Kanti, frisch verliebt ist halb zerronnen. Genieß' die Zeit, solange du sie hast, sie ist schnell genug vorbei." Jojo-Joe war zornig, und wenn sich der Dicke einmal aus seiner Gemächlichkeit hochgezogen hatte, dann gab es kein Halten mehr. Dann wurden aus Ironie und Sarkasmus bitterer Zynismus und Bösartigkeit.

„Joe, bitte." Er versuchte zu beruhigen. „Bei mir ist das alles andere als leicht. Die ist halb so alt wie ich und meine Mitarbeiterin. Da gibt es mehr Probleme als Lösungen, glaub' mir." Doktor Kanter fühlte sich tatsächlich als Opfer der ungüns-tigen Umstände. Schon längst hätte er mit Marion reinen Tisch gemacht. Aber so? Unter Kollegen? Das war nicht leicht.

„Hosenscheißer! Du elender Hosenscheißer! Nur weil du feig bist wie fünf Ko-lonien von Karnickel, heißt das noch lange nicht, dass du ein Problem hast. Sag' der Braut halt, was Sache ist. Aber sag's ihr bald, sonst ist sie weg." Joes Stimme war noch immer sehr erregt. „Und wenn du dann ein Problem hast, dann komm' zu mir. Aber jetzt?" Joe sah so aus, als duldete er keinen Widerspruch.

Doktor Kanter musste das Thema wechseln. Im Vergleich zu Jojo-Joe war er ein Glückskind, frisch verliebt auf halber Strecke, mit den schönsten Gedanken für die

Zukunft. Und genau die hatte Joes Beziehung zu Hansi gerade hinter sich. Es gab kein Morgen, wenn der liebe Gott den Zeigefinger drohend ausfuhr.

„Ich sag' dir was, ich nehm mir wieder eine Frau." Joe hatte sich wieder etwas beruhigt. „Ich pfeif' auf die Männer. Mit denen ist das nicht auszuhalten. Die haben alle miteinander einen Sockenschuss. Den haben sie aufs letzte Y-Chromosom draufgebrannt. Da steht das irgendwo, ganz sicher: Sockenschuss, Mann."

Doktor Kanter kicherte. Er mochte das Wort „Sockenschuss'", er hatte das irgendwann einmal im deutschen Fernsehen gehört und schnurstracks nach Salzburg importiert. Und jetzt schleuderte es ihm der aufgeregte Freund entgegen.

„Im Ernst, ich pole mich neu. Frau. Schluss mit Homo."

„Da hast du so einen Knopf, da drückst du drauf, und schwupps ist der Joe wieder ein Weiberheld? Das glaubst du doch selber nicht." Doktor Kanter kannte Joe lange genug, um zu wissen, dass das mit Frauen nichts mehr werden konnte.

„Dann bleib' ich halt allein. Ach was weiß ich. Mir fehlt mein Hansi!" Aus den Augenwinkeln kullerten immer wieder kleine Tränen, die langsam im Bartgestrüpp verschwanden.

Doktor Kanter blieb lange weg mit dem guten alten Joe. Er versuchte mit allen Mitteln zu trösten, aber es gelang nicht. Einzig das Bier und der Schnaps bereiteten Jojo-Joe kurz Freude. Er trank ausgiebig, aß Kasnocken und eine Portion Berner Würstel als Draufgabe. Pünktlich zu jeder Viertelstunde schleppte sich Joe keuchend über die schmale Treppe zur Toilette. Doktor Kanter dachte dann an Marion und das große Glück, das ihm zu Teil wurde. Es musste weit nach Mitternacht gewesen sein, als er ein Taxi orderte und den desolaten Joe sicherheitshalber bis zur Wohnungstür begleitete. Er hatte Angst um den Dicken.

Die letzten zwei Kilometer stapfte Doktor Kanter durch den unberührten Schnee und dachte nach. Ob es etwas geben würde, was Jojo-Joe aufmuntern würde? Er strengte sein Gehirn an, doch es gab nichts, was auch nur im Entferntesten nach Hilfe aussah. Er überlegte kurz, ob er sich bei Hansi um ein Gespräch anstellen sollte, beschloss aber, dass Versöhnung nicht zu seinen Spezialgebieten gehörte und die Chancen für eine Wiedervereinigung denkbar schlecht standen, zumal auch der liebe Gott, an den er nicht glaubte, seine Finger im Spiel hatte. Der sonst so coole Joe wirkte zerbrechlich. Der Gedanke an die Verletzlichkeit, die Schwäche, die Hilfsbedürftigkeit, ließ ihn nicht los. Ob es eine Nachricht gäbe, die ihn aufmuntern könnte? „Hansis Rückkehr: Liebe ist stärker als Gott", dichtete Doktor Kanter in das dichte Schneetreiben, das ihn nach Hause begleitete.

Verletzlichkeit. Doktor Kanter war der Essenz des Nachrichtenwesens auf der Spur. Die menschliche Existenz handelte von der Überwindung der Zerbrechlichkeit. Im Kleinen. Im ganz Großen. Liebe? Natürlich. Es war die verdoppelte Kraft, das Vertrauen einem einzigen Menschen gegenüber, das sich – Kanter schmunzelte – in guten wie in schlechten Zeiten gegen die Zerbrechlichkeit, die Verletzlichkeit, die Schwäche des Menschen allein richten würde. Hansi war Joes Sicherheitsnetz. Menschen liebten, weil sie nicht alleine bewältigen wollten, gar nicht konnten. Nicht alleine sterben. Nicht alleine sein, wenn die Welt unter geht. Und nicht alleine bleiben, wenn der Erfolg kommt. Die Zerbrechlichkeit und die soziale Stellung. Natürlich. Was war der lauteste Freudentaumel wert, wenn ihn niemand hörte?

Doktor Kanter raste durch die Begriffswelten. Reichtum? Natürlich: Reichtum war die Annahme, sich der Verletzung durch Armut zu entziehen. Sorgenfrei quasi, wie dies Versicherer und Banken gerne anführten, sollte ein Leben sein, in dem es genug Geld gab. Macht. Die Sicherheit, genügend Stärke zu haben, um den Angriff abzuwehren. Die Verwundbarkeit sank, je höher man stand. Nicht, dass er diese Annahmen alle für richtig gehalten hätte. Doch war er überzeugt, dass Menschen so handelten, als stimmten sie. Und Nachrichten, das wusste er auch, zogen sich wie Nervensignale durch den Organismus, der „Welt" hieß. Sie mussten die Verletzlichkeit verringern. Erstmals erschien ihm sein eigener Beruf als wunderbar, geradezu erlösend. Wer würde mehr von der Überwindung der Verletzlichkeit zu erzählen haben als ein Pillenfabrikant, der den Menschen die Leiden nahm. Die Angst vor Krankheit. Die Gewissheit des Sterbens so lange hinauszögerte, bis der Tod erlösend kam. Die Pharmaindustrie handelte mit der Verringerung der Zerbrechlichkeit, ganz direkt, und er musste nur den richtigen Dreh finden, diese Geschichte auch zu erzählen.

Doktor Kanter kam gegen zwei Uhr zu Hause an. Er schloss die Tür auf und setzte sich hinter den Schreibtisch. Mit eigenartigen Skizzen malte er seine Gedanken nach. Es erschloss sich Millimeter um Millimeter eine neue Landschaft. Die Nachricht zur Verminderung von Verletzlichkeit.

Die Malariapanne war das Gegenteil dieser wichtigen Funktion, sie machte verletzliche Menschen noch verletzlicher, deswegen der Skandal. Der Pharmakonzern, der Menschen in die Krankenbetten zwang, sie dem Tod aussetzte, widersprach der eigenen Erwartung zu einhundert Prozent. Der Skandal war programmiert, geradezu nötig, und er fragte sich, ob die Mediziner, die Pharmazeuten, die Qualitätskontrolleure und all jene Menschen, die für die Sicherheit der Medizin sorgen sollten, ausreichend gewissenhaft an die Zulassung von Anopharm herangegangen waren.

Doktor Kanter war wie aufgezogen. Der lange Schlaf am Nachmittag, die kalte Schneeluft und die Bienenschwärme, die in seiner Bauchgegend seit einigen Tagen mächtig brummten, ließen ihn nicht einschlafen. Er musste weiterkommen. Die Nachricht. Als Information allein war sie wertlos. Sie musste einem Zweck dienen. Er analysierte sein privates Nachrichtenarchiv. Das hatte er über die Jahre in dicken Leitz-Ordnern angelegt. wie es ihm von seinem Publizistikprofessor einst aufgetragen worden war. Die großen Geschichten der Welt handelten allesamt von der Verletzlichkeit. Die Gefahr. Die Bedrohung. Auch die Heldengeschichten passten wie angegossen in diese Grundannahme. Wenn jemand – gegen jede Logik der menschlichen Existenz – allein und ohne Hilfe gegen die Widrigkeiten ankämpfen konnte, Großes zu Wege bringen oder die Naturgewalten aufhalten, dann war das ein Held, eine Heldin – noch besser, weil noch seltener. Gewiss. Die Arbeiter des Atomkraftwerks in Fukushima setzten sich tagelang tödlicher Strahlung aus. Eigene Verletzlichkeit für die Verletzlichkeit der Welt eintauschen. Doktor Kanter strahlte. Er hatte Recht. Einzig vor den Stars und Sternchen, vor den Berichten über Hühneraugen im Show-Biz, musste er kapitulieren. Ratlos. Ein angenehmer Zufall, dass die Superstars dieser Welt den Pharmakonzernen selten in die Quere kommen.

Doktor Kanter wusste, dass Nachrichten nur auf dem aufsetzen konnten, was bereits vorhanden, bereits da war. Die Geschichten eines Pharmakonzerns, eines kleinen noch dazu, der gerade einmal zwei Dutzend verschiedene Medikamente herzustellen vermochte, würden sonst verhungern. Ohne Ankerpunkte in der Wirklichkeit. Eine Geschichte konnte nur dann Erfolg haben, wenn sie auf der Konjunkturwelle schwamm. Ein Thema musste groß genug sein, genügend Platz lassen, damit auch der kleinste Fisch in seinem Sog mitpaddeln konnte. Wieder nahm Doktor Kanter seine Sammlung der Berichterstattung aus Japan vom vergangenen März zur Hand. Ein Beben. Ein Tsunami. Eine Atomkatastrophe. Es war eigentlich unglaublich gewesen. Jede Geschichte für sich hätte sonst ganze Sonderausgaben gefüllt, hätte die Menschheit in Angst und Wellen von Mitgefühl versetzt. Über 20.000 Tote. Wahnsinn. Ganze Städte unter der Wassermauer begraben. Platt gewalzt mit einer Wucht, die nur ahnen ließ, dass Wasserkraft eine alles vernichtende zweite Bedeutung hatte: nachhaltiger Untergang.

Die Berichte zu Japan zeigten einen interessanten Verlauf. Zunächst die Naturkatastrophe. Das sieche Atomwerk nahe Tokio war gerade eine Randnotiz. Und dann drehte der Wind. Die tausenden Leichen unter Trümmern gerieten aus dem Blickfeld. Am Tag drei nach dem Beben beherrschte der Kampf gegen die nukleare Bedrohung die Nachrichten. Der Kampf gegen die Vernichtung aus Menschenhand füllte abertausende von Zeitungsseiten mit Horrormeldungen, die sich in den grausamsten Prognosen überschlugen. Und wieder einen Tag später wurde die Katastrophe eingemeindet. Selbst in Österreich, atomkraftfrei seit immer, wurden die Kernunfall-Szenarien durchgespielt. Was wenn? Die Tschechen. Die Deutschen. Die Slowenen. Die Slowaken. Die Schweizer. Sie alle betrieben diese schlummernden Riesen, die im Ernstfall zu nah waren, um sie zu ignorieren. Von Jodvorräten und Schutzräumen, von EU-Initiativen und politischen Stellungnahmen stand da zu lesen. Die Atomkatastrophe war im Inland angekommen, 9.000 Kilometer östlich vom brennenden Meiler, der Japan in den Untergang zu reißen drohte. Seltsam genug, binnen weniger Stunden waren auch in Österreich die Vorräte an Jod-Tabletten ausverkauft. Gegen jede Logik. Nachrichten waren eine soziale Umgebung, ganz gewiss, die uns leitete wie das Wetter vor der Haustür.

Und dann? Kanter forschte weiter. Das Interesse sank. Er fand einen Zettel mit handschriftlichen Notizen: „Freitag – eine Woche nach dem Unfall. Erste Radionachrichten ohne Fukushima". Die Konjunktur war abgeflaut. Zwar brannten zu diesem Zeitpunkt noch die Reaktoren lichterloh, von einem Ende der Katastrophe keine Spur. Aber der Blick wandte sich ab. Warum? Das Interesse verschwunden? Ein Verdrängungsmechanismus, um nicht an schlechten Nachrichten zugrunde zu gehen, damit ein Volk nicht kollektiv in den Tod springen würde wegen der Gefahren in der Welt?

Doktor Kanter blätterte weiter. Natürlich. Die Katastrophen werden normal ab einer gewissen Zeit. Wie Kriege. Die sind eine Zeitlang ein Thema für sich, für ein paar Tage, ein paar Wochen vielleicht. Aber dann? Gewöhnung. Gewöhnlich. Nach ein paar erschossenen Soldaten dreht sich dann niemand mehr um. Bitteschön, es ist ja Krieg. Nur immer neue und immer größere Katastrophen, Musterbeispiele der Verletzlichkeit, der Verwundbarkeit, halten das Thema am Leben. Und am Ende: die Aussicht auf den Frieden.

Doktor Kanter zeichnete Zeitlinien auf ein Blatt und vermerkte die Steigerungsstufen, die Wendepunkte. Er erkannte, dass Geschichten einer vorhersehbaren
Entwicklung folgen. Sie gehen irgendwo auf. Bei Naturkatastrophen meistens im
Radio, im Fernsehen, neuerdings auch, aber das hatte er nicht erforscht, im Internet. Über alle möglichen Kanäle. Er erinnerte sich an das notgelandete Flugzeug
im Hudson River. Die Passagiere standen auf den Tragflächen, während der Metall-
vogel an New York vorbeitrieb. Und es waren wohl Internetfotos, abgesendet über
Handys, gewesen, die das Thema nahezu live in die ganze Welt hinaus trugen. Später
folgte das Fernsehen, dann die Zeitungen. Und irgendwann war Niki Lauda, Österreichs Experte für alles, in erster Linie aber für Flugverkehr und Formel 1, am Wort.
Wie schwierig es sei. Das Thema war daheim angekommen.

Doktor Kanter war fasziniert. Nachrichten folgten einem Lebenszyklus einer Geschichte. Er unterteilte die Welt in Katastrophen oder chronikale Adhoc-
Ereignisse, politische oder gesellschaftliche Entwicklungen, Wirtschaftsgeschich-
ten. Er entdeckte, dass alle diese Themen einer ihr eigenen Logik folgten, die
nur begrenzt an der Wirklichkeit andockte. Zeitgleich zur Japan-Katastrophe verschwand alles andere von der Bildfläche. Weg. Die Libyer versuchten die Woche
zuvor noch unter der regen Anteilnahme der Welt, ihren alternden Diktator loszuwerden, während sie kurz darauf alleine waren.

Doktor Kanter notierte die nachrichtenimmanente Bedeutung, die Bedeutung der
Themenkonjunktur (die er idealtypisch von der griechischen Tragödie ableitete)
und des Nachrichtenhintergrundrauschens. In Zeiten der absoluten Katastrophe, bemerkte er, wurde die Welt monothematisch. Zwar gab es in den Zeitungen auch
andere Geschichten, irgendwas, aber er war sich sicher, ganz sicher, dass dies
niemand zur Kenntnis nahm. Man konnte sich also zu gewissen Zeiten gänzlich
ersparen, Anderes als das eine, das große Thema zu verbreiten.

Er dachte wieder an Joe. Was würde es brauchen, um ihn von seinem, von einem
Thema abzulenken? Und er war sich sicher: Es hätte im Mindesten eine Katastrophe wie in Japan benötigt, um ihn von seinem Hansi wegzubringen. Gedanklich.
Aber konnte er den Supergau fordern, nur um den lieben Freund aufzuheitern, oder
anders gesagt, besser zu beschäftigen? Natürlich nicht. Doktor Kanter bemerkte,
wie er an der Psychologie immer wieder scheiterte. Eine Nachrichtenstrategie ohne
Nachrichtenpsychologie war wertlos, ganz gewiss.

Seine Schmierzettel füllten sich mit Skizzen und Berechnungen. Er blätterte in
den Büchern zu den Nachrichtenfaktoren. Die beschrieben, was ein Ereignis können
musste, um in die Medien zu kommen. Das Hinterland blendeten diese Werke allesamt aus. Es war ein guter Beginn, gewiss, aber nicht ausreichend für eine Welt, in
der autoritäre Regimes mit Twitter, Facebook und Mumm aus ihren teuren Palästen
gefegt wurden.

Normalerweise orientierte sich das Nachrichtenwesen seines Konzerns an der
eigenen Logik. Ein Produkt kam auf den Markt. Meldung. Ein Problem trat auf.
Viele Meldungen. Eine Fachmesse fand statt. Meldung. Es war Doktor Kanters guten Verbindungen gedankt, dass manche dieser Geschichten weiter kamen als bis zur
Redaktionssekretärin. Aber nachhaltig? Doktor Kanter überkamen Zweifel. Natürlich reichten ein paar schöne Artikel aus der großen Presse für zufriedene Gesichter

im Vorstand. Von Wert war das nicht. Er überlegte, zu welchen Ereignissen in seinem Archivordner die Fidelio Pharma AG gepasst hätte. Und er fand da und dort Anknüpfungspunkte. Entgeistert stellte er fest, dass er seine Nachrichten fast immer zur Unzeit abgelassen hatte. Dann, wenn sie niemand brauchte.

Medikamentenvorräte in der Japankrise. Dort waren dutzende Menschen verstorben, weil im Chaos die richtige Medizin nicht da war. Hätten die Kranken nur zwei Wochen ihrer rettenden Medizin auf Vorrat gehabt. Wobei, das irritierte ihn, er selbst auch nicht anders war. Er kaufte selbst Aspirin erst nach, wenn die letzte Tablette runter gespült war. Doktor Kanter dachte, dass ein lebensrettendes Medikament im Notfallschrank nicht weniger wichtig war als ein Sack Reis, den man in schlimmen Zeiten verzehren konnte, bis Hilfe kam. Er genierte sich ein wenig, denn diese Idee konnte man als Elendswucher verachten. Als Verkaufsschmäh in der Not. Doch Doktor Kanter wusste: Nicht wenige der Präparate aus seinem Unternehmen waren klassische Langzeitmedikamente. Gemacht für chronisch Kranke. Oder Alte. Die Menschen waren angewiesen auf diese Dinger. Blutdrucksenker. Hormontabletten. Schmerztherapeutika. Was wäre so falsch, die Menschen an diesen Umstand zu erinnern? Er suchte und fand und suchte und fand. Die letzten drei Jahre waren voll mit vergebenen Chancen. Die Fidelio kommunizierte stur, als existierte die Welt rund um sie nur als Kulisse. Die Wirklichkeit war genau anders rum.

Doktor Kanter schrieb groß „Nachrichtenwert" auf einen Zettel, sortierte die vollgekritzelten Blätter nach Relevanz, so, wie er sie einschätzte, und beschloss kurz vor vier Uhr, den Tag zu beenden. Er ging seine Gedanken noch einmal durch, griff den Blackberry und tippte umständlich „Alles wird gut. Ich glaube, wir haben's. DrK" in eine Nachricht. Er wollte die nächtliche Botschaft an Marion löschen, versendete sie irrtümlich, spazierte einige Minuten nervös vor dem Bett auf und ab und fixierte das Display seines Telefons. Was hatte Joe ihm geraten? Eben. Nur raus damit. Er dachte an Marion und den Schnee und kippte bald in tiefe Träume. Die SMS mit der Antwort verschlief er so unschuldig wie den Wecker kurz nach sieben Uhr früh.

Kapitel 19
Die Geister aus dem Social Web

Das Leben in der Marketingabteilung der Fidelio Pharma AG hatte seine Gesetzmäßigkeiten entwickelt. Vanessa Brandmaier und Klaus Biber krachten in regelmäßigen Abständen aneinander, sprachen nichts, näherten sich wieder dem Normalzustand, entdeckten die großen Chancen und spielten sich dann wieder zurück in den Abgrund. Der zeitliche Ablauf dieser Sinuskurve war exakt vorhersehbar.

Klaus Biber erging sich in Anzüglichkeiten, die er in homöopathischen Dosen über Vanessa ergoss. Sie hatte sich anfangs über diese Respektlosigkeiten, Bedrängnisse und sexuellen Übergriffe, denn als solches musste man sie werten, da war sie sicher, tief gekränkt, später nur noch geärgert und vor sich selbst Racheszenarien entwickelt, die sie – dann, wann auch immer das war – wie viele kleine Nadelstiche gegen den ungeliebten Vorgesetzten richten würde. Im Moment herrschte kalter Frieden. Zwei, die nicht anders konnten, als zumindest für drei Monate an einem Strick zu ziehen, mussten Kompromisse eingehen. Vanessa beschloss, die Hand auf ihrem Rücken, die verbalen Grobheiten und das ständige Betteln um außerdienstlichen Verkehr als nötigen Kollateralschaden ihres an und für sich interessanten Jobs zu sehen. Wo würde man sie so schnell und eigenmächtig an einer Social-Media-Strategie arbeiten lassen?

„Termin mit KB. Sofort." Die E-Mail der Sekretärin ließ keine Frage offen. Das Dach stand in Vollbrand, und Vanessa musste ohne Umweg zum Rapport. „Wie abgedreht bist denn du?" Klaus Biber stand offenbar im Krieg. „Da!". Er warf ihr einen ausgedruckten Zettel hin, ein E-Mail an den Kundendienst der Fidelio Pharma AG.

Sehr geehrte Damen und Herren,
ich bemerke auf meiner Homepage www.gesund-fernreisen.at *seit einigen Wochen vermehrt Zugriffe aus Ihrem Unternehmen. Im Sinne der regen Beteiligung an unseren themenbezogenen Diskussionen freut mich das.*
Auf der anderen Seite hat mein Internetprogrammierer herausgefunden, dass vier der jüngsten Neuanmeldungen auf unserer Webseite von Internetadressen in Ihrem Haus getätigt wurden. Auch das stört nicht weiter.
Bei einer genauen Analyse wurde festgestellt, dass diese vier User für zahlreiche Postings verantwortlich sind, die andere User bei Fragen zum Medikament

T. Holzinger, M. Sturmer, *Im Netz der Nachricht,*
DOI 10.1007/978-3-642-22489-8_19, © Springer-Verlag Berlin Heidelberg 2012

*Anopharm beleidigen, ausgrenzen und indirekt bedrohen. Die Liste mit den
Usernamen samt den dazugehörigen Einträgen finden Sie in der Anlage.*
*Ich gehe davon aus, dass diese Initiative nicht der Unternehmenspolitik ent-
springt, sondern dem Übereifer eines oder mehrerer Ihrer Mitarbeiter. Ich
darf Sie trotzdem ersuchen, der Sache auf den Grund zu gehen, und die un-
qualifizierten Attacken von Computern, die Ihrem Unternehmen zuzuordnen
sind, unverzüglich einzustellen. Ansonsten sähe ich mich zu meinem Bedauern
gezwungen, die Sache an die Medien weiterzugeben.*
Mit freundlichen Grüßen,
Dr. Karina Weißbett-Kragl
Tropenmedizinerin

Vanessas Puls raste. „Scheiße, Manno, wo hat die unsere Daten her?"
„Unsere Daten?" Biber zuckte nervös mit seinen Mundwinkeln. „Unsere Da-
ten?", schrie er. „Wer hat diesen unfassbaren Scheiß zu verantworten? Welche vier
Leute sind das? Und noch nie etwas von IP-Checker gehört? Da schau!" Bibers Kopf
war dunkelrot im Gesicht. Er öffnete eine Webseite, die anhand von IP-Adressen auf
die Institution dahinter schließen konnte. „Da hat die das her. Da!" Biber brüllte:
„Ich will Namen!"
    „Die vier sind alle ich", erklärte Vanessa knapp. „Aber lass' die doch reden. Die
Alte kriegt sich schon wieder ein."
    „Einkriegen? Einkriegen?" Biber schüttelte den Kopf. „Weißt du, was die Alte
kriegt? Die kriegt jetzt mal 6.000 Euro Unterstützung für ihre Homepage. Samt Ent-
schuldigungsschreiben. Wir freuen uns über ihre blöde Webseite, natürlich sind wir
entsetzt, dass angeblich ein Mitarbeiter unseres Unternehmens, blablablabla." Bibers Stimme legte noch ein paar Dezibel zu. „6.000 Euro! Für nichts. Weil irgendein
Trampel nicht in der Lage ist, mitzudenken." Biber schlug mit der Faust auf seinen
Glastisch. „Sechs-tausend-Euro", wiederholte er langsam. „Sechstausend."
    „Sag nicht, Du hast der Alten die Klappe mit ein paar Tausendern gestopft?" Va-
nessa hielt das für keine gute Idee, zumal Biber mehr als doppelt so viel Geld in
diesen gierigen Ärztinnen-Rachen stopfte, wie sie für ihre gesamte Social-Media-
Strategie zur Verfügung hatte. „Da machen wir doch lieber eine Xing-Plattform für
niedergelassene Ärzte und bringen die Debatte auf einen anderen Kanal. Und eine
Facebook-Gruppe. Dort kann sich die hysterische Dame ausplärren und beschweren." Vanessa verstand die Dramatik der Situation nicht. Im Internet war schnell
einer eingeschnappt, und diese vorlaute Frau Doktor würde schon zu schreien aufhören, wenn sie sah, dass das keinen Erfolg bringen würde. „Das ist doch wie mit
Kindern. Brauchst nur rausgehen und warten, bis sie nimmer schreien."
    „Was weißt du schon von Kindern? Hast wohl auch schon mal eines gesehen,
oder?" Biber war so aufgeregt, dass er sogar auf seine sonstigen Anmachblödheiten
vergaß. „Schieb' dir deine neuen Ideen sonst wo hin. Glaubst du, ein Arzt ist mit
einer Facebook-Fanpage zu begeistern? Die wollen Cash. Echte Scheine." Biber
streckte Vanessa die offene Hand vor das Gesicht.
    „Na wenn du glaubst, dass du's besser weißt, dann schmeiß' ihr doch deine Kohle
nach." Wenn Biber schreien konnte, stand ihm Vanessa mit Sicherheit um nichts
nach.

„Weißt du, was ein durchschnittlicher Tropenfacharzt von uns pro Jahr kassiert? Weißt du das?"

„Woher soll denn ich das wissen? Bin ich Arzt?"

„Na dann denk' einmal nach." Biber schmiss ihr die Abrechnung vom letzten „Kongress" für die gesammelte Doktorenschar hin.

„217.819,14 Euro? Spinnt ihr denn? Ihr zahlt mehr als zweihunderttausend Euro für so einen Schwachsinn?"

„So Kleine, jetzt spitz mal die Ohren, aber nachher vergiss das bitte gleich wieder, bevor es auf Facebook nachzulesen ist: Ärzte sind die gierigsten Menschen auf der Welt. Und wenn der Rubel aus der Pharmaindustrie nicht rollt, verschreiben sie einfach keine Medikamente mehr. Aus, Schluss, fertig. Medizin? Brauchen wir nicht! Und damit sie's doch tun, laden wir sie groß ein. Ein Kongress in Barbados. Eine Fachtagung auf den Malediven. Ein paar Tausender für ein angebliches Forschungsprojekt. Ein paar Gutscheine für Spitzenrestaurants. Unsere besten Ärzte schnupfen gut 10.000 Euro pro Jahr. Wenn da ein Vertreter aufkreuzt, ist Bakschisch angesagt."

„Backfisch?" Vanessa lachte aus Verlegenheit.

„Nein, Bakschisch. Schmiergeld. Bestechung. Die halten dir die Hände entgegen wie die Biafra-Kinder. Nur dass die nicht in Reiskörnern rechnen, sondern in Eurotausendern. Kapiert?" Bibers Stimme überschlug sich immer wieder.

„Das ist ja kriminell."

„Kriminell, kriminell. Du bist kriminell. Ich erwarte mir, dass du das in Ordnung bringst. Sonst haben wir ein Problem, verstanden?"

„So wird das mit der Social-Media-Präsenz nie aufgehen, aber bitte. Gut." Vanessa war beleidigt und drehte sich weg. Biber rief sie noch einmal zurück.

„Eine Frage noch: Was sollen die Kochrezepte auf unserer Fanpage?"

Vanessa grinste: „Super, oder?"

„Super was? Wir verkaufen weder Mehl, noch Eier, noch Zucker, noch Salz, noch Tomaten." Biber schnaubte.

„Schon mal nachgesehen, was da alles drin ist?"

„Ja, lauter Fressalien." Biber schüttelte den Kopf.

„Ja. Und was noch?" Vanessa grinste überlegen.

„Ja keine Ahnung was noch?"

„Jede Menge Salz. Mehr als doppelt so viel wie im Rezeptbuch, aus dem das stammt?"

„Wir erzeugen aber kein Salz, selbst wenn du zwanzigmal so viel Salz in deine Knödel streust, bringt uns das gar nichts."

„Nein? Da bist du aber ganz schlecht informiert", triumphierte Vanessa. „Nichts steigert den Blutdruck besser als Natriumchlorid. Auch bekannt als Kochsalz. Und was ist das zweitwichtigste Produkt der Fidelio? Na, klingelt's jetzt bei dir?"

Biber ging zu seinem Sessel. „Ich pack' das nicht. Du machst versalzene Kochrezepte, um Bluthochdruckpatienten zu erzeugen, die dann unsere Pillen fressen? Ja? Ist das dein Plan? Du bist ja völlig irre. Erstens wirkt Kochsalz nicht nach einer Mahlzeit. Zweitens ist das eine ziemlich wackelige Theorie. Und drittens sind wir zwar ein Pharmakonzern, aber nicht die Camorra."

„Die Camaro was?", stammelte Vanessa.

„Die Mafia. Das sind italienische Vereine, die ihren Unterhalt mit Wirtschaftskriminalität, Mord und Drogenhandel bestreiten. Vielleicht hast du davon schon mal gehört?" Biber wirkte aufgelöst.

„Du schiebst ein paar Ärzten tausenderweise Geld rein, damit die Euer Zeugs sinnlos verklopfen. Und mir wirfst du vor, dass ich Euch neue Kunden verschaffe?" Vanessa verstand die Welt nicht mehr.

„Hör mal, das ist vorsätzliche Körperverletzung. Nimm den Blödsinn raus. Oder mach wenigstens eine erträgliche Menge Salz draus. Das kann doch sowieso niemand fressen mit so viel Salz." Bibers Stimme hatte sich etwas beruhigt.

„Okay. Ich kann ja die Eier im Gegenzug forcieren. Die sorgen auch für Bluthochdruck."

„Aus! Nichts dazu. Kein Ei. Gar nichts! Die Seite bleibt, wie sie ist. Nur nimm einfach das blöde Salz weg!" Biber ließ sich in seinen Stuhl fallen.

„Ay Ay, Sir!" Vanessa salutierte und klapperte zurück in ihr Büro. Keine Ahnung vom Internet, dachte sie, und begann, ihre digitalen Spuren so gut wie auf die Schnelle möglich zu verwischen. Und wenn sie noch einmal eingreifen müsste, könnte sie das ja von zu Hause tun.

Kapitel 20
Reportage mit Folgen

Der Schneefall hatte nachgelassen. Aus dem Bett blickte Doktor Kanter auf die verschneite Umgebung. Es war kurz nach neun. Sein Blackberry blinkte aufgeregt. „Das Beste ist uns gerade gut genug. Heute um sechs? Lieber Gruß. Marion." Die Antwort auf seine kryptische Nachricht um vier Uhr früh war weit freundlicher ausgefallen, als er dies erwartet hatte.

„Wunderbar. Afro?" tippte Doktor Kanter in sein Gerät.

„Muss dir was zeigen. Bei dir oder im Büro?", kam die Antwort zurück.

Doktor Kanter staunte über die Geschwindigkeit, mit der die Antworten retour kamen. Er selbst benötigte einige Sekunden pro Buchstabe, was er für übertrieben lange hielt. Er wählte Marions Nummer, um den Rest persönlich zu klären. 18 Uhr, bei ihm zu Hause, lautete das Ergebnis der kurzen Beratungen. Marion wollte ihm ein paar Dinge auf dem PC zeigen. Das Büro, befand Doktor Kanter, wäre dazu ein denkbar ungeeigneter Platz, denn für verschworene Überlegungen zur Fidelio Pharma AG waren die Wände zu dünn und die Kollegen zu neugierig.

Doktor Kanter wandte sich seinem Computer zu. Er fasste die Ergebnisse der Nacht vorher in klaren Sätzen zusammen, einzig die Grafiken übertrug er händisch und in schönerer Form auf neue Blätter, da ihm nicht geläufig war, wie man dem PC ein paar schön gemalte Striche, Kreise und Pyramiden entlocken konnte. Er hielt das für Expertenwissen. Am Ende klickte er sich durch einige Nachrichtenseiten und auf der Seite des Österreichischen Rundfunks auf die Bundeslandsendung vom Tag zuvor. Sein Zugang zu digitalen Medien hatte sich im Krankenstand massiv verändert, er hielt das sogar für eine Revolution. Dass er sich Informationssendungen nicht länger live vor dem Bildschirm ansehen musste, empfand er als unglaubliche Erleichterung, zumal er zu den Sendezeiten am liebsten sein Abendessen einnahm. Und essend fernsehen hielt er für unterschichtig. Das mochten die tun, die weder Stil noch Lebensinhalt hatten, er aber nicht. Nie.

„Reportage: Die langsame Rückkehr des Malariaopfers". Doktor Kanters blick fiel sofort auf den dritten Beitrag der Sendung. Der ORF hatte sich also in die Reihe jener gestellt, die nun quälend lange über Spätfolgen für die Anopharm-Opfer berichteten. Das Kamerateam hatte einen „Herbert Wolfsbauer" aus der Plainstraße ausfindig gemacht. Der Herr war Mitte 50, ein bisschen älter als Doktor Kanter vielleicht. Seine Augen waren geschwollen, leicht gelblich gefärbt, wie es bei

Leberentzündungen vorkommt. Nach einer kurzen Einleitung – Horrorurlaub statt Safariglück – wurden die Aufnahmen aus dem Kenyatta National Hospital gebracht. Der Herr Wolfsbauer lag halb tot im Bett, während Ärzte mit dunklen Gesichtern eilig um das Bett strömten. Nicht schon wieder. Doktor Kanter hatte diese Art der Berichte gründlich satt.

Nächste Aufnahme: Im Wohnzimmer in Salzburg. „Herr Wolfbauer, wie geht es Ihnen?" Der Reporter hatte einen Happen Katastrophe in der Stimme, die irgendwo zwischen Mitgefühl und Coolness hin- und herschwappte.

„Naja, es is mia scho besser gonga. Wonn i des gwusst hätt mit der bleden Medizin." Herr Wolfsbauer sprach ein bisschen undeutlich, seine Stimme war rau, mit jenem Rasseln aus den Tiefen des Halses, das auf ein – Kanter nannte es „intensives" – Leben schließen ließ. Irgendwie kam ihm dieser Herr bekannt vor. Er wusste bloß nicht, woher. Er musste diesem Herrn irgendwo über den Weg gelaufen sein.

In einem Zwischenschnitt fuhr die Kamera über die Wand im Stüberl des Herrn Wolfsbauer. Dort stapelten sich Schneekugeln aus Venedig, auch das gab es, Ansichtskarten aus aller Welt und ein paar Steinkrüge. Doktor Kanter stoppte plötzlich den Film. Sein Blick war auf ein besticktes Wandbild fixiert. Es trug eine Inschrift, in blauem Zwirn auf weißem Stoff, und war im Internet kaum zu entziffern. Er ließ den Film einige Bildfolgen vorlaufen, stoppte dann wieder und erkannte die Umrisse:

Müde bin ich, geh zur Ruh
Decke meinen Bierbauch zu
Herrgott lass den Kater mein
Morgen nicht so schrecklich sein
Gib mit bitte wieder Durscht
Alles andere ist mir wurscht.

Er schüttelte den Kopf. Der Herr hatte offenbar einen sehr entspannten Zugang zu Alkohol. Er ließ den Film weiterlaufen. Klaus Biber, der in Pressesachen den abwesenden Doktor Kanter vertrat, wurde mit den Bildern des Leberkranken konfrontiert, bedauerte den Zustand des Patienten vor der Kamera, versicherte, dass diese Nebenwirkungen eigentlich absolut selten vorkämen und dass man nun bemüht sei, eine Lösung mit den Betroffenen zu finden. Kalmierendes Geschwafel, dachte Doktor Kanter.

Bei der letzten Frage war die Stimme des Redakteurs schon nah an den Tränen, so mitleidsvoll klang sie: „Und was vermissen sie am meisten aus ihrem früheren Leben, Herr Wolfsbauer?" Die Antwort kam so schnell wie keine andere: „Najo, mei Bierli."

Doktor Kanter schossen die Gedanken durch den Kopf. Ach herrje. Herbert Wolfsbauer kannte er vom Bahnwirt, dem Gasthaus gegenüber von der Itzlinger Lokalbahnstation. Er ging dort gelegentlich Mittag essen, immer dann, wenn er eine Ruhe haben wollte von den anderen Kollegen. Das Gasthaus hatte gutes Essen, galt aber jenen, die meinten, es geschafft zu haben, als zu gewöhnlich.

Herbert Wolfsbauer war einer der Stammgäste. Die saßen immer um den gleichen Tisch, und sie waren, wie in fast allen Gasthäusern, ausnahmslos Männer zwischen

45 und 60. Frühpensioniert oder anders versorgt, konnten sie trinken statt arbeiten. Die Bier floss ab Vormittag in Strömen, unter drei oder vier Halbliterkrügen ging keiner heim, und es bestand kein Zweifel, dass vor- und nachher auch keine nennenswerte Ernährungsumstellung anstand. „Drei Bier und irgendwas Hartes dazu" galt als tägliches Standardmenü für die illustre Runde. Die Herren soffen, was das Zeug hielt, aber immer so, dass sie handlungsfähig blieben. Den Weg zum Klo und zurück schafften sie jedenfalls selbstständigen Fußes. Dabei fixierten sie einen Gegenstand am Ende der Gaststube mit den Augen, als würden sie sich an diesem Punkt festkrallen, und zogen die Füße hinten nach. Ihr Bemühen, nicht zu Wanken, ließ sie steif und starr werden beim Gehen. Der Gleichgewichtssinn wurde durch Konzentration und Muskelkraft ersetzt. Dabei wankte der Oberkörper ganz leicht, wie man es von Baukränen kennt, die im Sturm taumeln. Ganz langsam, ein paar Zentimeter nach rechts, dann ganz langsam in die Gegenrichtung. Ein würdeloses Schauspiel, fand Doktor Kanter. Er ließ den Film noch einmal durchlaufen.

Ein Alkoholiker, der sich wundert, dass seine kaputte Leber irgendwann streikt. Und dann soll seine Firma schuld sein? Doktor Kanter nahm seinen Blackberry zur Hand.

„ORF Salzburg, Sekretariat des Landesintendanten. Meine Name ist Greta Kohlberger, guten Morgen, was kann ich für sie tun?" Doktor Kanter wunderte sich über die vermutlich längste Begrüßung der Welt.

„Doktor Kanter, Fidelio Pharma AG, ich würde gerne den Herrn Intendanten sprechen."

Nach einigen Abwehrversuchen gab die Sekretärin auf und stellte ihn durch.

„Mendelsberg?" Die Stimme war unfreundlich.

„Doktor Kanter hier. Lieber Winfried. Wie geht's dir denn?"

„Du, ich hab's jetzt recht knapp. Dringend?" Der Intendant tat geschäftig.

„Ich will dich nicht lang stören. Ich hab für morgen einen Tisch im Hangar 7 reserviert."

„Hangar 7?" Mendelsbergs Stimme hellte sich auf.

„Ja, im Hangar 7. Ich würd' gerne auf einen Sprung bei dir vorbeikommen und dann mit dir essen gehen. Nimm' dir ein bisschen Zeit. Wär' schade, das Menü runterzuschlingen." Doktor Kanter wusste, dass der Hangar 7 die sicherste Bestechung war. Kein Salzburger Journalist, nicht einmal der ORF-Intendant, würde diese Einladung ausschlagen. Er hatte zwar gar keinen Tisch reserviert, und es galt als normal, tage- wenn nicht wochenlang lang darauf zu warten, aber als Pharmakonzern hatte die Fidelio besondere Privilegien, da sie Ärzte und Apotheker scharenweise in dem Nobelschuppen am Flughafen abfütterte. Da ließ sich für besondere Notfälle ein kleines Tischchen für den Doktor Kanter freizaubern.

„Okay, morgen elf Uhr dreißig bei mir." Mendelsberg hatte seinen Grant wiedergefunden. Er fragte nicht einmal nach dem Grund für das Essen, denn Hangar 7 war Grund genug, da würde er, war Kanter überzeugt, wenn es sein müsste, auch über Damenmode oder Hornhauthobel debattieren.

„Bin da. Servus und bis Morgen." Doktor Kanter ballte die Faust. Jawohl! Dieser Punkt gehörte ihm, da war er sicher. Er organisierte den Tisch für 13 Uhr und wandte sich seinen Konzepten zu.

Bis zum späten Nachmittag hatte er seine Sammlung an Ideen um einige Punkte erweitert. Ein schöner Stoß Papier lag vor ihm, der die Problematik des Nachrichtenwesens einigermaßen schonungslos auf den Punkt zu bringen vermochte. Den Kühlschrank füllte er so an, dass er Marion zur Not ein improvisiertes Abendessen, Antipasti oder solche Sachen, kredenzen konnte. Er ging zu seinem Kleiderkasten, um sich, wie er meinte, ein bisschen jugendlicher anzuziehen, als es sonst seine Art gewesen war. Er fand alte Jeans, die ihm gut standen, die Taschen außen aufgenäht, auch vorne, verblichenes Denim, alles in allem aber in Ordnung. Unten ging die Hose weit auseinander. Das Herkunftsjahrzehnt sah man der Hose zweifellos an. 70er-Jahre. Dazu suchte er nach einem Oberteil, das weniger langweilig als seine Bürohemden war. Er fand ein T-Shirt, das ihm Jojo-Joe zum 50er geschenkt hatte. Es war in Wiesengrün gehalten, darauf stand in Grellgelb „Forever young". Die Buchstaben waren in psychedlische Formen gezogen, mit ein paar Ornamenten drumherum, genau so, wie mittelmäßig begabte Hippies „Peace" auf ihren alten VW-Bus malten. Man konnte die Nachricht daher kaum entziffern. Er fand sich teilpeinlich, aber herzeigbar, jedenfalls jugendlicher als zuvor.

Kurz nach sechs läutete die Glocke. Marion stand in Mantel, Schal, Haube und Fäustlinge gewickelt vor der Tür. „Komm nur rein."

Doktor Kanter reichte ihr zunächst die Hand, küsste sie dann aber schnell rechts und links auf die Wange, so wie er das zu seinen Studienzeiten getan hatte. Marion zuckte kurz zurück. „Zur Feier der Genesung!" Sie reichte ihm eine Flasche Brunello, eingerollt in dünnes gelbes Papier.

„Oh vielen Dank. Du bist ja verrückt, Brunello, was ganz Spezielles."

„Das war auch dein letzter Unfall, okay?" Marion sah ihn treuherzig an.

„Worauf du wetten kannst. Blöd ist nur, wer den gleichen Fehler zwei Mal macht." Doktor Kanter stellte die Flasche in der Küche ab und setzte sich zu seinem Computertischungetüm. „Komm' mal her, ich muss dir etwas zeigen."

Er öffnete den unsäglichen Beitrag aus dem ORF, spielte ihn vor und hielt an den richtigen Stellen an. Dann nahm er seinen Fotoapparat, knippste den Bildschirm ab und ließ die Sendung weiterlaufen. Ein paar Mal hielt er die Sendung an, um weitere Aufnahmen zu machen. Er berichtete Marion von den ihm bekannten Hintergründen und seinem Plan. Sie dürfe aber „ja nichts" in der Fidelio herumerzählen.

Marion versprach, sich nicht weiter zu dem Thema auszulassen. Sie zog eine Mappe mit zahlreichen Zetteln aus ihrer Tasche, legte sie vor Doktor Kanter und bat ihn, kurz in den Unterlagen zu blättern. Ob alles klar sei.

Doktor Kanter überflog die Facebook-Ausdrucke von der Fidelio Pharma AG und ließ seinen Kopf fortwährend von rechts nach links und wieder zurück wandern. Er war entsetzt. Die Informationen aus dem Social-Media-Bereich waren samt und sonders widersprüchlich zu jenen Unterlagen, die sonst aus dem Unternehmen gingen. „Hat da jemand drübergeschaut?"

„Ich weiß nicht. Im Prinzip ist das eine Sache zwischen ihr und dem Biber." Marion zog ratlos die Schultern hoch.

„Das kann doch nur voll in die Hose gehen. Die machen mit drei oder vier Postings alles kaputt, was wir über Jahre aufgebaut haben." Doktor Kanter bat

Marion, ihm noch einmal die Welt von Facebook zu zeigen. Er wollte auch mitspielen in dem neuen Feld.

„Gib mal!" Marion zeigte auf die kleine Digitalkamera und begann, ihren Chef von allen Seiten abzulichten. „Lächeln!" „Kopf nach unten!". „Nicht so weit!" Sie zog die Bilder auf den Bildschirm, öffnete die Facebook-Seite und gab eines der gelungeneren Bilder zu seinem Profil dazu. „Ist doch schon viel besser."

Doktor Kanter war nicht sicher, ob ihm das grüne Shirt wirklich gut stand, es wirkte zumindest so, dass man sich auf Facebook nicht genieren musste, hatte ihm Marion versichert.

„Sag, kennst du wirklich keine Menschen außer mir?" Marions Augen standen weit offen.

„Doch, schon ein paar."

Marion fügte Ausbildungsstätten, frühere Berufe, Wohnort und Vorlieben hinzu, wobei Doktor Kanter artig diktierte, was Marion unglaublich schnell auf den Bildschirm zaubert. „Suchst du Männer, Frauen oder beides?"

Doktor Kanter schaute verlegen zur Seite. „Hmm. Ich habe alles gefunden, glaube ich."

„Na dann lass ich das mal weg." Als sie fertig waren, hatte Doktor Kanter ein Profil, das seinen Namen verdiente. Stolz klickte er sich durch die eigenen Seiten. Die Rolling Stones wollte er wieder raushaben, stattdessen Bob Dylan, dessen „Forever Young" er immerhin auf dem T-Shirt trug.

„So, die Freunde. Mal sehen, was Facebook Dir vorschlägt." Marion aktivierte den Freundesucher. Binnen kurzer Zeit erschienen Menschen auf dem Bildschirm, die allesamt irgendeine Gemeinsamkeit mit Doktor Kanter hatten. „Ha, der Bertram, meine Güte." Doktor Kanter bestaunte einen Studienkollegen.

„Als Freund hinzufügen?"

„Aber ja, ist doch egal."

Mitten drin erschien sein Sohn. „Oho, der Andreas." Doktor Kanter fand, dass der Bub auf dem Bild sehr gut aussah.

„Mit den eigenen Kindern befreunden, ist ein bisschen peinlich." Marion lächelte verlegen. „Ich hab meine Mutter jedenfalls wieder rausgeschmissen."

„Klar. Wär' mir auch unangenehm gewesen." Doktor Kanter suchte den Bildschirm nach weiteren Bekannten ab. Sogar Jojo-Joe war da. „Sucht Männer", stand in seinem Profil. Nach einer halben Stunde waren fast dreißig Anfragen auf Freundschaft verschickt. „Du wirst sehen, die werden binnen kürzester Zeit mehr."

Die Kettenreaktionslogik faszinierte ihn. Man konnte hier, das hatte er nicht geahnt, binnen kürzester Zeit sein bisheriges Leben nachbauen. Und all jene Menschen finden, die längst verloren geglaubt waren. Marion zeigte ihm, wie man Menschen und Fanpages ausfindig macht, wie das Posten genau funktionierte und buchte ihn am Ende bei der Seite der Fidelio ein.

Doktor Kanter schob sich näher zum Bildschirm. Die Konversationen fand er peinlich, die Aussagen über weite Strecken unverantwortlich. „Schau mal, da!" Er starrte auf das Posting.

„Gerhard Winberg: Hat jemand von Euch noch Klinovapan 250 mg zu Hause? Habe wieder Bronchitis und nicht mehr genug von dem Zeugs daheim?"

„Sarah West: Nein, nur Inovozilin 500 mg. Ich glaub, das ist fast das gleiche. Hab's nicht genommen."

Doktor Kanter schaute entsetzt: „Wir machen eine Tauschbörse für angebrochene Medikamente?"

„Was verstehst denn du von Social Media?" Marion hob ihre Stimme an und imitierte Vanessa Brandmaiers Tonfall. Sie lachten.

„Risotto al Funghi. Seit wann stellen wir Reisgerichte her?" Doktor Kanter überflog das Rezept. „Das ist ja unglaublich. Macht man das so auf Facebook?"

„Kann man nicht sagen. Vielleicht machen das manche. Ich würde das eher nicht so sehen." Marions Stimme klang wieder überlegt und fest.

„Komm, wir kochen das Pilzrisotto aus den Giftküchen der Fidelio", schlug Doktor Kanter vor.

Sie bereiteten die Speise gewissenhaft nach Brandmaiers Bauplan zu. „Besonders guten Geschmack erzielen Sie, wenn Sie zwei bis drei rohe Eier unter den heißen Reis mischen." Kanter schaute verwundert auf den Ausdruck. „Eier im Risotto? Das ist mir neu. Aber bitte."

„Hast Du noch einmal gesalzen?" Marion schaute Doktor Kanter vorwurfsvoll an.

„Nein, nicht ein Kristall von meiner Seite." Er fand das Pilzrisotto abscheulich.

„Das schmeckt mehr nach versalzenem Omelette als nach Risotto". Marion stocherte angewidert in ihrem Reisbrei.

Sie gingen das Rezept noch einmal von oben bis unten durch, fanden aber keinen Fehler in der Zubereitung. „Ich geb dir das im Tupper mit. Du kannst es ja der Brandmaier zum Verkosten anbieten." Doktor Kanter schob die Teller zur Seite. „Gehen wir in die Stadt."

Er schlug abermals den Zirkelwirt vor, wo er zu gerne mit einer Frau gesehen werden wollte, da Joe ihn durch seine lautstarken Ausfälle verdächtig nah zur Homosexualität geschoben hatte, glaubte Doktor Kanter. In einer überschaubaren Stadt wie Salzburg würde sich diese Nachricht, so falsch sie auch war, binnen weniger Tage verbreiten bis in die letzten Ritzen. Marion und er im Zirkelwirt war die einzig glaubwürdige Entkräftung. Er half ihr in die vielen Schichten an Gewand, die sie winterbedingt mitgebracht hatte, und legte draußen seine Hand um ihre Hüften. „Zu Fuß durch den Schnee?" Zum Zirkelwirt waren es keine 20 Minuten.

Sie saßen auf dem gleichen Ecktisch wie zuletzt, als Joe zu heulen begonnen hatte. Doktor Kanter sah Marion an und nahm erst jetzt davon Notiz, dass sie geschminkt war. Ganz wenig. Sie trug eine dicke Strumpfhose, darüber einen kurzen Rock, der weder zu groß noch zu klein war, und oben einen dünnen Pullover, der eng an ihrem Körper anlag. Er empfand sie an diesem Abend als besonders schön. An vielen Stellen setzte er an, Teile aus seinem Gefühlsleben zu erörtern, fing sich aber im letzten Moment wieder ein und verschob die Angelegenheit auf später. Was sollte er auch groß fragen? Marion saß da, lächelte mal, schaute verlegen zu Boden oder ließ ihn ohne Protest aus ihrem Teller essen. Und wenn seine Hand die ihre wie zufällig berührte, dann wirkte das für Doktor Kanter nicht so, als ob sie es als störend empfunden hätte.

Marion berichtete ihm von ihren Erkenntnissen über Streueffekte. Dass Facebook eine gute Plattform zur Interaktion, zu Reaktion, aber nicht zur Information sei. Man könne dort, sagte sie, sehr gut feststellen, wie die Menschen ticken. Es wäre aber falsch, den Menschen auf Facebook auf die Nerven zu gehen. Selbst Werbung wäre schwierig. Doktor Kanter nickte abwesend. „Hast du das eh in deinem Papier?"

„Klar. Liegt auf deinem Computer." Marion schaute ihn keck an.

Überhaupt, berichtete sie, sei es wichtig, dass die Kanäle alle die gleichen Fakten verwendeten. Wie es auch bedeutend war, die Inhalte anderer in die eigene Tätigkeit einzubeziehen. „Warum denn einen Film über Malaria drehen, wenn schon tausende auf YouTube sind? Die kannst du alle verwenden." Sie hatte das alles in ihrem Konzept zusammengefasst.

Doktor Kanter starrte aufgeregt in ihre Richtung, dachte für einen Halbsatz oder zwei mit, fiel dann aber wieder zurück in sein begeistertes Erstaunen und in die Phantasie.

„Hörst du mir eigentlich zu?" Marion klang nun etwas unwirsch. Doktor Kanter hatte auf ihre letzten beiden Rückfragen nicht reagiert.

„Ja, klar, verzeih', mir ist nur kurz etwas eingefallen. Bin schon wieder ganz bei dir", log er. In Wirklichkeit war er viel näher bei ihr gewesen als jemals zuvor. Nur anders. Das hatte nichts mit Facebook oder YouTube zu tun. Er musterte ihre makellosen Beine, die geschwungenen Hüften, und wenn Marion kurz wegschaute, fiel sein Blick auf ihren Oberkörper, wofür er sich etwas genierte.

„Ich muss mal kurz raus." Marion nahm ihr Mobiltelefon vom Tisch, steckte es hinten in die aufgenähte Rocktasche und verschwand auf der Toilette. Doktor Kanter sah ihr konzentriert nach, als sie über die schmale Treppe nach unten sprang und vergaß dabei, dass er seit geraumer Zeit das Weinglas vor seinen Mund gehalten hatte, ohne auch nur daran zu nippen.

Als Marion nach einigen Minuten zurückkehrte, hatte Doktor Kanter seine Wallungen einigermaßen im Griff. Er sah den Kellnerinnen beim Servieren zu, dachte an sein bevorstehendes Treffen mit Winfried Mendelsberg, dem Intendanten, und an Jojo-Joe, den er bestimmt angerufen hätte, wenn ihm nicht Wichtigeres dazwischengekommen wäre.

„Ich möchte wissen, was Euch Frauen so lange auf der Toilette hält." Doktor Kanters gewollter Witz blieb auf halbem Weg zu Marion stecken.

„Wir gehen auf die kleine oder große Seite", erklärte Marion ohne den geringsten Anflug von Ironie. „Und wenn Ihr nicht vor eurer Wand stehen könnten, wer weiß, würdet Ihr noch länger brauchen."

Marions Stimmung hatte, dachte Doktor Kanter, einen Dämpfer erfahren. Er ärgerte sich über den halblustigen Witz, er, der Charmeur aus alten Tagen, hätte wissen können, dass Klowitze nichts für Damen sind. Sie würden alle Chancen eher verringern als erhöhen. Er suchte nach einem neuen Thema.

„Ich schau mir in den kommenden Tagen noch alle Abteilungen der Fidelio an." Doktor Kanter suchte Anschluss an die inhaltliche Debatte von vorher. „Wenn ein paar hundert Leute arbeiten, und diese paar hundert können alle reden, und glaub mir, das tun sie auch, was ist dann das Naheliegendste?" Er schaute Marion an, die abwesend in ihrer Manteltasche kramte.

„Wie?"

„Ach nichts. Ich schau mir an, was denn die anderen Abteilungen der Fidelio an Kommunikation betreiben. Das ist wichtig für unser Konzept." Doktor Kanter spürte, dass er den Abend irgendwie verjankert hatte. „Aber du wirst sehen, am Ende tragen wir das alles zusammen und haben die Strategie schlechthin. Ohne Auswege."

„Klar haben wir die. Klar." Marions Augen tasteten das gesamte Lokal ab, jeden Winkel, wechselten kurz zu Doktor Kanter und gingen dann erneut im Kreis. Zwischendurch gähnte sie.

„Wollen wir Schluss machen für heute? Es war ein langer Tag." Er wollte den so erfolgreichen Abend, die gewonnene Nähe und die vielen Gesprächsfetzen, das Lachen, nicht gewaltsam ausdehnen.

„Gibt es eigentlich etwas in deinem Leben, was dir wirklich Leid tut? So wirklich wirklich?" Marion blickte Doktor Kanter dabei frontal ins Gesicht.

„Warum fragst du das?"

„Weil ich's gerne wissen will. Ich denke viel über solche Sachen nach."

„Hm." Doktor Kanter legte die Stirn in Falten und rieb sich mit der linken Hand fest über die Augen, als wollte er sie aus seinem Gesicht vertreiben. Er öffnete immer wieder den Mund, schloss ihn wieder, blickte zu Boden und bezweifelte, ob Marion das Verstehen würde. „Ich denke noch."

Im Lokal zogen dicke Rauchschwaden in Richtung Lüftungsschacht. Er hatte nur einen Gedanken in diesem Moment, er brauchte eine Zigarette, ganz dringend, weil diese Frage, nein, diese Frage war nicht vorgesehen in seinem Drehbuch für einen gelungenen Abend. Er stopfte schnell einen Ersatzkaugummi in den Mund. „Ich sag's dir, wenn ich's weiß." Doktor Kanter richtete seine Augen auf einen entfernten Kerzenleuchter, um Marion dabei nicht ansehen zu müssen.

„Wenn du's weißt oder wenn du dich traust?" Marion war im Entzündungsherd der Wunde, keinen Millimeter daneben.

„Was ist der Unterschied?" Doktor Kanter fühlte sich unwohl, er hätte am liebsten seine Wolljacke, das grüne T-Shirt und die Hose ausgezogen, sich heiß abgeduscht und dann unter einer Decke verkrochen.

„Den Unterschied nennt man Vertrauen." Marion ließ nicht locker.

„Ich sag dir was, du bist müde, ich werde müde, wir machen uns auf den Weg, und ich denke über die Antwort nach."

„Gut." Marion schien zufrieden mit dem temporären Aufschub. Vertrauen, das wusste Doktor Kanter, war der Kitt jeder Beziehung, jeder Freundschaft. Hätte er genug davon für Marion? Er griff nach ihrem Mantel und strich ihn vorsichtig auf dem Rücken glatt, nachdem sie hineingeschlüpft war. Dann griff er seine eigene Winterjacke, band den Schal um den Hals und ging hinaus.

„Taxi?"

„Danke, ich hab's nicht weit." Marion wirkte wieder gelöster. „Ich brauch jetzt ein paar Meter mit mir selbst, verstehst du."

Doktor Kanter verstand natürlich. Er hätte jetzt einige Wochen nur mit sich selbst gebraucht, gefühltermaßen. Er nahm Marion mit beiden Händen an den Oberarmen, küsste sie abermals rechts und links auf die Wange und sah sie einige Sekunden traurig an. „Mein Sohn", sagte er, drehte sich ohne weitere Worte um und ging den ganzen Weg nach Hause, ohne ein einziges Mal aufzublicken.

Kapitel 21
Blätter, die sich wenden

Der scharrende Lärm der Schneearbeiter vor der Tür riss Doktor Kanter um kurz nach sieben aus seinen tiefen Träumen. Er war stundenlang wach gelegen, vielleicht waren es auch nur einige Minuten gewesen, die ihm als Ewigkeit erschienen waren, und hatte über den Abend mit Marion nachgedacht, und irgendwann war er einfach eingenickt. Im Warten auf das Einschlafen vergingen Minuten und Stunden gleich schnell, nicht immer, aber meistens, es gab keine Einheit, die gültig war, befand Doktor Kanter nach kurzem Überlegen. Die Geschwindigkeit des Gehirns diktierte die Dauer, wenn rundherum alles schwarz und still war. Doktor Kanter liebte solche Gedankenspiele. Sätze, die ein „Wenn" enthielten, spornten ihn an. Sein Gehirn überflog die letzten Stunden vor dem Einschlafen, immer wieder, dachte andere Wendungen durch, leuchtete alle Ecken der Erinnerung aus und flog nochmals über den Gedankendschungel, als suchte es nach einem Vermissten, der irgendwo da unten, in den Tiefen seiner Seele, sitzen musste und auf die Bergung wartete. Er konnte sich keinen Reim auf das Geschehene machen. „Don't worry" hatte ihm Marion auf seinen Blackberry gefunkt, ein Zeichen ihres Verstehens, ihrer Wesensnähe. Es war ihm das einzige Labsal auf dem Weg in den Schlaf gewesen.

Doktor Kanter fühlte sich elend an diesem Morgen. Er hatte das Gefühl, von all seinen Fehlern verfolgt zu sein. Wo er hintrat, nur Fehler. Fehlerhaft war er, und fehlerhaft würde er bleiben, dachte er bibelgleich vor sich hin, ohne daraus eine nennenswerte Konsequenz zu ziehen. Die Einsicht, das wusste er, war so gut wie immer Voraussetzung für die Lösung, aber nicht auf jede Einsicht folgte auch eine Lösung. Diesmal verzichtete er auf die Lösung nach der Einsicht. Er entschloss sich, sein Dilemma offen liegen zu lassen und den Tag so zu begehen, als wäre alles so normal, wie es wäre, wenn nichts gewesen wäre.

Doktor Kanter verbrachte den frühen Vormittag vor seinen Büchern. Er schmökerte in alten Nachrichtenwerken, so, wie man sie geschrieben hatte, als die Menschen glaubten, man müsse nur etwas Bestimmtes in den Raum stellen, medial verbreitet, schon würde etwas ebenso Bestimmbares passieren. Er schmunzelte, da die Frage der Medien und der Nachrichten zwar so alt war wie die Menschheit selbst, ihre Lösung aber weiter weg denn je. Ob er sie je finden würde? Wieder vergaß er die Zeit, nur dass sie ihm diesmal unendlich schnell erschien und er beinahe auf seinen Termin mit Winfried Mendelsberg vergessen hätte.

Kurz nach elf durchkämmte er seinen Kleiderschrank nach dem elegantesten
Zwirn, den er finden konnte. Er musste groß wirken, überzeugend und sicher. Das
erste Mal seit seinem Unfall. Außerdem sollte man im Hangar 7 nicht abschätzig
auf seine Bekleidung herabblicken, schließlich würde ein verschlissen bekleideter
Gast vielleicht Privilegien verlieren. Indem er kurzfristig keinen Tisch mehr bekam
oder keine Chance hatte, über einen fingierten Anruf sein schnelles Verschwinden
zu organisieren, wenn das Gegenüber gar zu anstrengend oder langweilig war.

Das ORF Landesstudio lag keine zehn Gehminuten von seinem Reihenhaus. Er
war ein paar Minuten zu früh, was nicht weiter störte, da Winfried Mendelsberg
offenbar in Vorbereitung auf eine formidable Mahlzeit alle zeitnahen Termine stor-
niert hatte. Doktor Kanter wurde von allen Vorzimmerposten durchgewunken, direkt
in das Büro des Intendanten.

„Mein lieber Doktor Kanter, wie geht's dir denn?“ Winfried Mendelsberg hatte
den harten Ton vom Vortag abgelegt. „Mit dem Unfall alles geregelt?“ Der Intendant
wartete nicht auf eine Antwort: „Was kann ich für dich tun?“

„Ach Winfried, nichts Großes. Ich bin wieder gesund und wollte mich bei dir,
dem Chef des wichtigsten Mediums im Land, als erstes zurückmelden.“ Doktor
Kanters Grinsen verriet andere Absichten.

„Doktor Kanter. Der Hanger 7 ist das schwerste Geschütz von euch Presseleuten.
Und von dir überhaupt. Ich kenn dich doch. Du vergisst Geburtstage, Weihnachten
und Ostern, wahrscheinlich sogar dein eigenes Begräbnis. Aber wenn du was willst,
bist du beharrlich wie ein Kampfpanzer. Also, spar' dir die Umwege!“

„Also Winfried, wenn du mich so fragst. Hast du einen Computer?“

„Klar.“

Doktor Kanter schob den Intendanten ein wenig zur Seite, tippte und klickte sich
zum Anopharm Beitrag und ließ ihn ablaufen. „Kannst du mir das erklären?“

Mendelsberg verfolgte die bedauernswerte Abhandlung zum Krankheitsverlauf
von Herbert Wolfsbauer, lachte zwischendurch auf, wenn der Redakteur zu sehr auf
die Tränendrüse drückte. „Ich brauch' dir doch nicht erklären, wieso der Beitrag so
aussieht. Journalistisch ist der absolut sauber, da kann ich nichts machen, selbst,
wenn ich wollte.“ Mendelsbergs Tonfall hatte sich blitzartig verändert. Die jo-
viale Begrüßungssprache war dem professionellen, etwas kaltschneuzigarroganten
Nachrichtendeutsch gewichen.

„Gut. Komm, wir fahren zum Essen. Ich muss dir am Weg noch etwas zeigen.
Geheimtipp.“ Doktor Kanter legte seinen dunklen Mantel an, schnappte seine Ta-
sche und ging mit dem Intendanten im Schlepptau zu einem der Taxis vor der
Tür.

„Itzlinger Lokalbahnhof bitte, bei der Plainstraße dort.“ Doktor Kanter legte den
Sicherheitsgurt an und starrte zufrieden durch die Windschutzscheibe.

„Der Hangar 7 ist aber woanders.“ Mendelsberg war verunsichert.

„Nur ein kleiner Ausflug. Wird dir gefallen, wirst sehen.“ Doktor Kanter gab sich
wortkarg, während Mendelsberg den Weg aufmerksam verfolgte und immer wieder
Kommentare zu Geschäften, Wirtshäusern oder ihm bekannten Menschen abgab,
die er am Straßenrand zu erkennen meinte.

„Können sie warten? Wir sind in zehn Minuten da. Ich lasse ihnen 50 Euro als Sicherheit." Doktor Kanter ließ den Fünfziger auf den Beifahrersitz fallen und steuerte geradewegs in Richtung Bahnwirt.

„Was willst du denn da?" Mendelsberg wurde ungeduldig.

„Jetzt komm' schon, Geheimtipp." Doktor Kanters lächeln hatte etwas Diabolisches.

Die längliche Gaststube war verraucht wie immer. Doktor Kanter setzte sich an den Tisch neben der Stammrunde. Unsicher schaute er in den Kreis der trinkenden Männer, ehe er erleichtert durchatmete.

„Komm', setz dich kurz, dauert nicht lange." Doktor Kanter wies dem Freund den Platz mit der besten Aussicht auf die Stammtischrunde zu. Er bestellte zwei kleine Bier und zwei Mal Kaspressknödelsuppe.

„Willst du mich vergiften?" Mendelsberg wirkte alles andere als amüsiert.

„Die Kaspressknödelsuppe ist eine Sensation. Wahrscheinlich die beste rund um den Itzlinger Bahnhof." Er lachte auf. „Schau mal da, Nummer drei von rechts hinten."

Mendelsberg starrte auf die Runde. „Was ist mit dem?"

Doktor Kanter zog zwei Blätter aus seiner Tasche, jene Fotos, die er vom Beitrag über Anopharm angefertigt hatte. „Herbert Wolfsbauer."

„Ach du liebe Scheiße." Mendelsbergs Augen folgten dem vermeintlichen Anopharm-Opfer, wie es in Richtung Klo torkelte. „Der ist blau wie ein Fieberthermometer."

„Okay, du verstehst mich?" Doktor Kanter triumphierte innerlich.

Die Kellnerin brachte Bier und Suppe an den Tisch. „Mit Maggie, die Herren?"

„Nein danke, mit Löffel wäre fein." Doktor Kanter hatte nicht beabsichtigt, auch nur von der Suppe zu kosten.

Herbert Wolfsbauer schlingerte zu seinem Platz zurück. „No a Bierli für den armen Specht, des geht ihm so ab", lallte ein Stammtischkumpan zur Kellnerin, und die gesamte Runde lachte laut auf. Sie hatten offenbar alle den ORF-Beitrag gesehen.

Der Intendant sog mächtig an seinem Bierglas und hatte es mit einem Schluck fast geleert. „Scheiße."

„Komm, lass das Zeug stehen. Du wirst dir doch den Magen nicht mit Kaspressknödeln und Bier abdichten?" Er wandte sich zur Kellnerin: „Zahlen bitte!"

„Hat's nicht geschmeckt die Herren?" Die etwas überschminkte Dame blickte traurig auf die zwei vollen Suppenteller.

„Doch, vorzüglich war's, nur ein bissl viel." Doktor Kanter nahm Winfried Mendelsberg am Arm und zog ihn aus dem Lokal. Der Intendant starrte auf den munter trinkenden Herbert Wolfsbauer, bis die Tür hinter ihm ins Schloss fiel. „Einsteigen, komm." Das Taxi fuhr in schnellem Tempo in Richtung Hangar 7 davon.

„Du verstehst jetzt, lieber Winfried, warum ich die Schnauze voll habe von diesen Berichten. Das liebe Opfer, das mir wirklich Leid tut, hat ein Leberproblem, ja. Das arme Organ wurde über Jahrzehnte krank gesoffen. Und dann, wenn dieser Herr unser Zeugs einnimmt, kollabiert das Ding. Ist wie ein voller Wasserkübel. Da reicht ein Tropfen mehr, und alles schwappt über. Leberschaden."

„Aber warum kriegen die dann das Medikament?" Mendelsberg klang bemüht sauer.

„Da musst du seinen Arzt fragen. Das Zeug ist verschreibungspflichtig. Und in allen Informationen steht: Nicht bei Vorschädigung der Leber einnehmen. Dass die Leber vom Wolfsbauer überhaupt noch funktioniert, ist ein biologisches Wunder."

„Und auf dem Beipackzettel?" Mendelsberg schien wie verzweifelt nach einem Fehler zu suchen, den er der Fidelio Pharma AG in die Schuhe schieben könnte.

„Da steht, dass bei angeschlagener Leber kein Anopharm zu nehmen ist. Und von Alkoholgenuss wird jedenfalls abgeraten."

„Aber ausdrücklich verboten ist er nicht." Mendelsberg zog oberlehrerhaft die Augenbrauen nach oben.

„Ein Beipackzettel ist ja kein Gesetzestext. Soll ich die Leute anzeigen, wenn sie sich nicht an die Regeln halten?" Doktor Kanter empfand das Gespräch als zunehmend unerfreulich.

„Und was soll ich jetzt machen? Ich kann ja nicht den Opfern nachspionieren und dann verkünden, dass das alles Säufer sind. Wenn's wenigstens die Landeshauptfrau wär'. Aber irgendeinem Otto Normalversäufer?" Mendelsberg suchte nach einem Ausweg aus seinem Dilemma. „Euer Krisenmanagement war halt auch total beschissen."

„Beschissen hin oder her. Wir haben ein paar hundert Arbeitsplätze. Die sind weg, wenn wir weiterhin als gewissenlose Gesellen beschrieben werden. Uns gehen täglich mehrere zehntausend Euro flöten. Ich brauch' dir nicht sagen, was das im Falle einer gerichtlichen Klärung heißt." Doktor Kanter trug absichtlich etwas dicker auf.

„Ihr wollt uns verklagen?" Mendelsberg wurde etwas fahler im Gesicht.

„So viel Geld habt ihr gar nicht. Deswegen gehen wir ja essen."

„Und was schwebt dir vor?" Mendelsbergs Stimme klang fahrig.

„Ich habe keine Ahnung. Schick' ein paar Redakteure im Vollrausch zum Arzt und lass sie vor versteckter Kamera nach Anopharm fragen. Ich bin mir sicher, die bekommen das alle verschrieben. Deck' einen Ärzteskandal, einen Säuferskandal, einen Anophelesmückenskandal oder was weiß ich auf. Aber nimm' endlich die Fidelio aus der Schusslinie. Das geht nämlich bald nach hinten los."

„Aber wir sind doch nur ein Teil. Das meiste Sperrfeuer kommt aus dem Blätterwald. Wir ziehen da nur klein mit." Mendelsberg deutete mit dem Handrücken auf eine Schlagzeile in den Salzburger Nachrichten.

„Winfried!" Doktor Kanter wandte sich aufgeregt zum Intendanten. „Wir sind es gewöhnt, Gefälligkeiten auszutauschen. Normalerweise. Du gibst mir etwas, ich gebe dir etwas. Und dann umgekehrt. Gefallen und Gegengefallen, du weißt, wie das Geschäft rennt."

„Ja, aber alles geht nicht, in diesem Fall sind mir ein bisschen die Hände gebunden, das ist ja ein echter Skandal", wendete Mendelsberg ein. „Den kann ich nicht so einfach abdrehen."

„Winfried!" Er wurde immer ungeduldiger. „Ich verlange heute keine Gefälligkeit von dir, und das weißt du. Ich sag' dir das, bevor du einen Schriftsatz von unseren Anwälten am Tisch hast. Ich glaube, ich könnte die Lawine noch aufhalten."

Doktor Kanter sah den Intendanten mit finsterer Miene an. Natürlich gab es keine Anwälte, er hatte ja noch niemanden von seiner Entdeckung informiert. Allein die Möglichkeit, dass es so sein konnte, verlieh seinen Worten ausreichend Nachdruck. „Komm' wir essen einmal ordentlich." Der Wagen hielt vor dem Hangar 7 an.

„Doktor Kanter, Notfallstisch für zwei?" Der Empfangschef des Ikarus im Hangar 7 war offenbar zu Scherzen aufgelegt.

„So genau wollte das mein Gast gar nicht wissen. Aber Tisch für zwei stimmt." Doktor Kanter war die Begrüßung peinlich. Mendelsberg musste nicht wissen, dass er quasi nur eingeschoben war. Es sollte nach großem Orchester aussehen, nicht nach improvisiertem Geleier.

„Rammelvoll die Bude, seit die Pfannenbumser das über den grünen Klee gelobt haben." Mendelsberg litt, wie viele seiner Kollegen in der Branche, unter brachialerotischer Ausdrucksschwäche, befand Kanter.

„Pfannen- was?"

„Herdplattenknutscher", setzte der Intendant nach, kaum eleganter in der Wortwahl.

„Ah, du meinst diese Gourmetheinis."

„Ja, die. Hat doch eine der besten Bewertungen in ganz Österreich."

„Die beste überhaupt. Das ist selbst für Salzburg eine Sensation", ergänzte Doktor Kanter zufrieden. Er wunderte sich, dass Leute in Mendelsbergs Position offenbar jene Kraftmeiereien in der Sprache benötigten, die ihnen im sonstigen Leben abgingen. Die Feigheit im Beruf, in der Beziehung, im täglichen Dasein wurde abgetauscht gegen eine Sprache, die selbst der Gosse nicht sonderlich würdig war. „Fäkalerotischen Sprachdurchfall", hatte er diese durchwegs eigenartige Ausdrucksweise genannt, die bei Politikern, Vorstandsvorsitzenden, Chefredakteuren und anderen, vermeintlich wichtigen Leuten zu finden war.

Die beiden Herren schmökerten schweigsam in der Speisekarte. Im Laufe der Jahre hatten sie gelernt, die ausufernden Bezeichnungen der Spitzengastronomen in jene recht banalen Speisen zu übersetzen, die hinter den sündteuren Gerichten standen. Gourmet-Besonderheiten, das wusste Doktor Kanter, benötigten einen Namen, den Normalsterbliche nicht mit Essen in Verbindung brachten, sonst wären auch Menschen wie er nicht bereit, 50, 70 oder 100 Euro für ein Menü zu bezahlen.

„Wie recherchiert ihr eigentlich Eure Geschichten?", fragte Doktor Kanter mit neugieriger Stimme, als er die Karte zuschlug.

„Na wie schon? Wie jeder andere auch." Mendelsberg klang unwirsch.

„Aber der Redakteur muss doch auch bemerkt haben, dass sein Gegenüber gerade durch den Vollrausch segelt."

„Ach, der. Der ist nicht unser stärkster. Der war mal in der politischen Berichterstattung, eigentlich recht fähig. Und dann hat er sich nicht umschulen lassen. Umschulungsresistent, der Trottel. Du verstehst." Mendelsberg sah Doktor Kanter treuherzig an.

Umschulung bedeutete, das wusste Doktor Kanter, die Bereitschaft, Veränderungen der politischen Großwetterlage persönlich nachzuvollziehen. Das Landesstudio des ORF war stets erweitertes Aufmarschgebiet der gerade herrschenden politischen Partei im Bundesland gewesen. Und egal, welche Linie einer persönlich vertrat, wenn der Wind drehte, wurde die Wende auch den Redakteuren abverlangt. „Ah, eines von den konservativen Widerstandsnestern", notierte Doktor Kanter wissend.

„Ja, ein ganz ein blödes Exemplar. Der hat sich bei Pressekonferenzen Schreiduelle mit den Landesräten gegeben. Da kannst du dann nicht anders. Aufstieg in die Chronik-Ecke, wenn du weißt, was ich meine." Mendelsberg nippte an seinem Weinglas.

„Und ich kann mich dann mit diesen engagierten Leuten herumärgern." Doktor Kanter mimte das aufgeregte Opfer.

„Ich weiß, Doktor Kanter, ich weiß. Glaub' mir, ich würde solche Leute lieber heute als morgen loswerden. Aber du kennst das ja: Einmal ORF, immer ORF. Du wirst solche Leute nur los, wenn sie dir vor laufender Kamera die Pistole an den Kopf halten."

„Pragmatisierte Widerstandsnester." Doktor Kanter hielt die Gabel auf halber Höhe über dem Teller. „Aber ich darf mir sicher sein, dass du das ausbügelst. Ich muss noch heute die Anwälte stoppen. Das kann ich nur mit gewichtigen Argumenten. Du machst das, ja?"

„Worauf du Gift nehmen kannst."

„Du, ich habe gerade drei Wochen Krankenhaus nach einem Unfall hinter mir, ich muss jetzt nicht nahtlos fortsetzen mit einer Vergiftung. Freut mich, dass wir uns verstehen." Doktor Kanter nahm einen Bissen von der Entenbrust am Mandarinen-Ingwer-Spiegel. „Wirklich ausgezeichnet hier."

Das restliche Essen verlief schweigsam. Die beiden Herren kämpften mit den Errungenschaften der weltbesten Köche und tauschten Belanglosigkeiten aus. Doktor Kanter kaute mit Genugtuung an Entenfiletspitzen, Krabben und sautierter Jacobsmuschel mit Fenchel-Pürree, während Mendelsberg Seeteufel mit Süßkartoffeln verschlang, zwei Mal gleich, weil es ihm dieses Gericht dermaßen angetan hatte, dass ein Teller allein die kulinarischen Bedürfnisse nicht zu stillen vermocht hätte. Der Intendant wirkte nachdenklich, und wenn er nicht kauend schwieg, betonte er, wie sehr es ihm schmeckte, erkundigte sich auffällend oft nach dem genauen Hergang von Doktor Kanters Unfall, fragte nach seiner Genesung und den Plänen für die Weihnachtsfeiertage.

Das Törtchen von der Passionsfrucht am Erdbeerminz-Sorbet ließen beide Herren zur Hälfte am Teller zurück. Mendelsberg schaute auf seine Uhr. „Du, ich muss dann wieder. Klasse Schuppen hier. Und die ganze Scheiße werden wir schon bügeln."

Doktor Kanter schaute den Intendanten noch einmal mit finsterem Augenpaar an. „Und vergiss mir nicht: Keine Gefälligkeiten. Die Wahrheit bitte."

Winfried Mendelsberg presste die Lippen fest zusammen. „Ich bin auch nicht ganz blöd. Servus, du hörst von mir." Er drehte sich um und ging mit bedächtigen Schritten aus dem Lokal. Doktor Kanter bestellte ein weiteres Glas Weißwein und kostete den Erfolg dieses Mittags so lange aus, wie es nur irgendwie ging.

Kapitel 22
Die Social-Media-Küche

Vanessa Brandmaier kam ausnahmsweise vor neun Uhr in die Fidelio Pharma AG. Sie hatte sich vorgenommen, die weiteren Schritte für ihre Strategie in einem Konzept zu vereinen. Der Flur war voll mit den „alten Männern", wie Klaus Biber die Kollegen aus dem Vorstand stets genannt hatte, die sich nach einem kurzen Aufenthalt in ihren Büros um kurz vor neun wie zufällig, aber jeden Tag zur gleichen Zeit, auf einen kurzen Plausch vor den Toiletten trafen.

Vanessa grüßte freundlich, reichte Wolfgang Malle, den sie als einzigen für wichtig hielt, sogar die Hand und huschte dann weiter. Ein neues Gesicht war in der Runde zu sehen. Ein großgewachsener, etwa 50-jähriger Mann, der die restlichen Herren blendend zu unterhalten schien. Doktor Kanter? Sie wusste, dass der gestrauchelte Kommunikationschef langsam ins Unternehmen zurückkehrte, sie selbst hatte ihn noch nicht gesehen, nur seine Assistentin, die mit wachsender Präpotenz auftrat und sich ihren Belehrungen immer häufiger durch schnippisches Schweigen, müdes Lächeln oder offenen Widerspruch entzogen hatte.

Vanessa füllte ihre Thermoskanne mit „Hol-Dich-Runter-Tee", einer Billigkopie jener kostspieligen Kräutermischungen aus der Willi-Dungl-Serie, die im Diskonter gerade angeboten wurde. Der heutige Tag sollte die fehlenden Ecken ihrer Strategie ergänzen. Schwere Schritte näherten sich von draußen der Bürotür. Biber, der stets tänzelnd über den Gang nagelte, konnte das nicht sein. Doch wie Biber schob sich die Person ohne Klopfen durch die Tür. „Guten Morgen Frau Brandmaier. Wie geht's unseren neuesten Medien?" Wolfgang Malle, der Vorstandsvorsitzende, hatte einen seiner wenigen Rundgänge gestartet.

„Blendend geht's den allerneuesten Medien." Vanessa strahlte den obersten Chef an. „Haben Sie schon auf Facebook vorbeigeschaut?" Natürlich wusste sie, dass weder Malle noch seine älteren Kollegen je in der Lage gewesen wären, bis zur Social-Media-Präsenz vorzudringen. Die meisten schafften es nicht einmal bis zum Einschaltknopf des Computers, der jahrelang völlig unbenutzt auf dem Schreibtisch verrottete, ehe er, jungfräulich gealtert, gegen das neueste Modelle ausgetauscht wurde.

„Was halten Sie von der Patentfreigabe von Anopharm für ausgesuchte Hersteller in der Dritten Welt? Ist das etwas für ihr Facebuch?"

„Facebook", korrigierte Vanessa, die keine Ahnung hatte, was so eine Patentfreigabe bedeutete. „Wie meinen Sie das?"

T. Holzinger, M. Sturmer, *Im Netz der Nachricht*,
DOI 10.1007/978-3-642-22489-8_22, © Springer-Verlag Berlin Heidelberg 2012

„Dass die in der Dritten Welt unser Malariamittel auch herstellen können, ohne dafür zu zahlen. Es wirkt ja nicht nur vorbeugend, sondern auch bei akuter Malaria." Malle starrte auf die vielen kleinen Icons der geöffneten Facebook-Seite.

„Leberschäden gratis für alle", scherzte Vanessa Brandmaier.

„Ihren Humor möchte ich haben." Der Vorstandsvorsitzende wechselte auf seinen förmlichen Tonfall. „Wir haben in der Wiederholung einiger Zulassungstestreihen festgestellt, dass Anopharm nicht schlimmer ist als jedes andere Malariamittel."

„Super! Also okay, okay, ja, sorry, ich meine..." Vanessas Smalltalk hatte die Bodenhaftung verloren.

„Sie haben's, ja?", insistierte Malle.

„Klar, alles hab ich. Eine hervorragende Idee ist das mit dem Patentrezept für die Dritte Welt."

„Patentfreigabe. Die Begrifflichkeiten sind da ganz wichtig."

„Patentfreigabe, natürlich. Ich stell' das dann gleich raus." Vanessa tippte schnell ein paar Zeichen in ihren Computer. „Ab wann planen sie das? Ich meine, da müssen wir schon eine besondere Aktion machen."

„Ab sofort. Wir suchen bis Ende des Monats geeignete Hersteller, ab dann geht das los."

„Ab sofort. Ich bin schon dran." Vanessa klapperte zu ihrem Wandschrank, holte pro Forma ein paar Ordner heraus und setzte sich mit angestrengter Visage hinter ihren Bildschirm. „Darf ich das Ihnen in den Mund legen?"

„Was wollen Sie mir in den Mund legen?" Malle wirkte skeptisch.

„Na die frohe Botschaft von der Patent – äh – freigabe."

„Wenn Sie meinen. Schicken Sie das bitte meinem Sekretariat zur Abnahme." Malle wirkte immer noch reserviert.

„Abnahme? Ähm. Was wollen Sie denn abnehmen? Das ist Facebook!", dozierte sie.

„Und wenn es die Bibel wäre, ich würde das gerne vorher sehen." Malle blieb hart.

„Ich schicke Ihnen den Link, wenn es fertig ist, Herr Doktor Malle."

„Malle reicht auch. Ist gut." Er ging eine kleine Runde durch das Büro. „Und wie gefällt's Ihnen bei uns?"

„Eine spannende Herausforderung. Mir taugt das total."

„Und mit dem Biber auch alles im Lot?" Malle blickte skeptisch auf Vanessas Hände. „Einer unserer Besten, aber mit dem kommt nicht jeder klar."

„Kann ich mir vorstellen. Bei mir alles soweit roger." Die Zeit war noch nicht reif für eine Abrechnung mit dem alten Grapscher, dachte Vanessa.

„Na dann ist gut." Malle ging zur Tür und verschwand im nächsten Büro. Vanessa nahm einen großen Schluck von ihrem „Hol-Dich-Runter-Tee", schob ihren Bürostuhl in Position und tippte ein E-Mail.

Hallo Klaus,
mache jetzt Kampagne für Malle himself. Du darfst mir gratulieren.
Greets,
V.

Keine fünf Minuten später stand Biber in der Tür. „Du machst was?"

„Ich mache eine Facebook-Geschichte für den Malle." Vanessa lächelte überlegen.

„Was in Gottes Namen machst du denn für den? Vorstandsrezepte?"

„Klaus, Klaus, Klaus. Du hältst wohl nicht aus, dass andere Menschen meine Arbeit schätzen. Ich mach' was zu Anopharm und dieser Rezeptfreigabe."

„Zur Rezeptfreigabe? Davon habe ich noch nichts gehört. Ich werde da sicherheitshalber nachfragen. Ich kann mir ganz schwer vorstellen, dass man das ohne Rezept hergeben darf. Bist du sicher?"

„Ja, für die Armen." Vanessa bemerkte, dass sie irgendetwas nicht ganz richtig wiedergegeben hatte.

„Anopharm – für Sozialhilfeempfänger jetzt ohne Rezept?", fragte Biber zynisch nach.

„Ähm, nein, ohne Patent. Du weißt schon, damit die in Afrika das billiger verkaufen können."

„Patentfreigabe heißt das. Vielleicht schreibst du dir das auf." Biber schien beruhigt zu sein. „Ich würde das gerne sehen, bevor das online geht."

„Nicht nötig, ist Chefsache, das macht sich der Malle direkt mit mir aus." Vanessa triumphierte.

„Ich will das vorher sehen. Hast du verstanden. Vor-her."

„Zu blöd, du bist aber schon nach-her." Vanessa wollte den direkten Draht nach oben nicht kampflos preisgeben. Aus diesem Grund erschien ihr die kleine Notlüge über die noch nicht verrichtete Arbeit vor Gott und dem Biber akzeptabel.

„Na wenn er meint", lenkte Biber ein, drehte auf dem Absatz um und verschwand zur Tür. „Ach übrigens, der Kanter ist wieder da. Nur zu deiner Info. Also bitte aufpassen. Der gibt sich nicht so leicht geschlagen. Halt bitte einfach deinen Mund, wenn der aufkreuzt. Verstanden? Mund. Halten." Biber hielt wie ein Schimpanse beide Hände vor seinen Mund. „So. Genau so. Mund. Halten."

„Ich bin ja auch nicht von vorgestern. Aber danke." Vanessa wollte sich das Öl zum Anfachen des Feuers noch ein bisschen aufsparen. Für die Zeit nach der großen Vorstandssitzung. Sie zog eine Grimasse und winkte Biber nach, als dieser ihr den Rücken zugewandt hatte. „So ein Plattarsch." Sie tippte wieder auf Facebook.

„Anopharm: Jetzt gratis in Afrika". Vanessa hatte ein eigenes Profil für den Vorsitzenden eingerichtet und die erste Message gleich dazu. Dann schrieb sie ein Mail an Malles Sekretärin, dass die Geschichte nun zur Kontrolle bereit läge.

Keine fünf Sekunden später stand abermals Biber in der Tür. „Vor-her", diktierte er langsam. „Vor-her sollst du das herzeigen, nicht nach-her. Du kannst das jetzt ganz schnell wieder rauslöschen, oder ich bin beim Malle im Büro, und zwar so-fo-hort."

Vanessa lief rot an. Sie deaktivierte das gerade erst erstellte Malle-Konto. „Was mischst du dich da ein?"

„Weil dein Fehler auch mein Fehler ist. Schon mal was von Abteilungsverantwortung gehört?"

Vanessa suchte nach einer passenden Replik, musste sich aber mit einem „Ist ja gut" begnügen, das ihr als einziges einfiel.

„Du wirst uns diese Initiative nicht versauen. Also bitte: Ich bekomme die Information, gebe sie frei, und dann geht das zum Malle. Meinetwegen von deinem Schreibtisch. Und dann, wenn alle zugestimmt haben, kannst du das rausstellen. Ist das klar? Oder möchtest du das lieber schriftlich?"

„Ja, ja, ja. Alles klar." Vanessa erkannte, dass es noch nicht Zeit war für den finalen Schlag gegen Biber.

„Und bitte kein Profil fälschen. Ich kenne den Malle ganz gut. Die Vorstellung, dass irgendeine Marketing-Tussi unter seinem Namen auf Facebook herumgeistert, gefällt dem sicher nicht."

„Okay. Oh-Kay." Vanessa zwang sich, so einsichtig wie möglich zu klingen. „Und wie möchtest du das haben?"

„Fidelio schenkt Entwicklungsländern die Lizenz für Anopharm. So in der Art. Das bringst du hin, oder?" Auch Biber hatte sich eingebremst.

Vanessa Brandmaier fasste die geplante Aktion, so, wie sie das ganze verstanden hatte, in ein paar kurze Sätze, informierte Biber und wartete artig auf die Freigabe. Ihr Vorgesetzter gab die Sache mit „Na geht doch, KB" per Mail frei, ehe sie die gesammelten Werke an Malles Sekretariat verschickte. Sie war froh, einen Tag ohne ausufernde Streitereien mit Biber verbracht zu haben, auch ohne die unerwünschten Zärtlichkeiten, die sonst immer passierten, wenn der Krieg unterbrochen war.

Nach der Mittagspause stand abermals Wolfgang Malle in der Tür. „Liebe Frau Brandmaier. Danke für Ihre Texte. Ich habe mir das kurz durchgesehen. Ist nicht schlecht, aber nicht ganz vollständig. Schauen Sie, ich habe Ihnen die Frau Weihrater mitgebracht. Sie kennen sich? Ja? Na ausgezeichnet. Die Idee mit der Patentbefreiung kommt aus der Kommunikationsabteilung. Die Frau Weihrater kennt alle Details. Vielleicht können sie das kurz gemeinsam durchgehen?"

„Natürlich." Vanessa starrte entgeistert auf die Kollegin aus der Holzhütte. „Die Frau Weihrater macht das mit mir", murmelte sie. Das Mauerblümchen. Die graue Maus vom anderen Ende des Gangs. Dieses blöde Ding. Malle ging aus dem Büro. Sie kochte.

„Machen wir also wieder einmal ein Facebook kaputt." Vanessa machte aus ihrer Laune kein allzu großes Geheimnis.

„Retten wir zunächst einmal die Firma." Marion Weihrater war freundlich wie immer und ließ die Provokation an sich abperlen, was Vanessa noch mehr in Rage versetzte.

„Und das willst ausgerechnet du in die Wege leiten?" Vanessa spitzte kokett die Lippen.

„Wir wollen das in die Wege leiten. Wollen, du verstehst" Schon wieder freundlich, wenn auch um einen Tick weniger lieblich als gerade eben noch.

Wort um Wort kämpften sich die beiden Frauen durch ein paar Zeilen Text samt Hintergrundinformation. Vanessa bebte vor Wut. Warum war diese Initiative nicht ihr selbst eingefallen, sondern der Holzabteilung? Und wieso musste ausgerechnet diese unnötige Weihrater zur Oberkorrektorin erkoren werden? Sie war doch nicht die Tippse von dieser verzichtbaren Tante. Und am aller schlimmsten: Warum sah dieses unwesentliche Geschöpf heute so natürlich elegant aus? Marion Weihrater strahlte, während Vanessa von Silbe zu Silbe unscheinbarer zu werden drohte.

„Kannst du das bitte ausdrucken?" Marion Weihrater sah noch einmal gewissenhaft den Bildschirm durch.

„Du kannst wohl nichts lesen, was nicht aus Holz gemacht ist."

„Doch, aber ich kann's nicht abzeichnen."

„Abzeichnen. Bitte wie?" Vanessa lachte gekünstelt auf.

„Ja. Ausdrucken. Freigabe per Unterschrift. So geht das in den meisten Unternehmen."

„Ja klar. Bis zum Mittelalter war das so." Vanessa ließ das Dokument durch den Drucker laufen.

Marion Weihrater nahm einen grünen Filzstift, schaute noch einmal über das ausgedruckte Blatt und malte dann ihr „OK, MW" ans untere Ende des Papiers. „Hätten wir das. Danke vielmals. Frag einfach, wenn du noch etwas brauchst." Marion lächelte schon wieder.

„Ich glaub, das reicht bis Neujahr." Vanessa sah die Kollegin grimmig an. „Schreibst du dem Zuckerberg, dass das gleich online geht, oder macht das dein Chef?" Vanessa war auf der Suche nach einem Punkt, den sie für sich verbuchen konnte.

„Du kannst ihn gerne selbst kontaktieren, wenn dir das wichtig ist." Marion verzog keine Miene und verließ das Büro.

„Na wenigstens bist du verantwortlich, wenn das nicht hinhaut", rief Vanessa der Kollegin hinterher. Marion Weihrater hörte – sie vermutete, es war Absicht – nicht mehr hin und verschwand in ihrem Büro, aus dem Brandmaier die sonore Stimme aus dem morgendlichen Vorstandstreffen am Flur vernehmen konnte. Doktor Kanter. Sie ahnte nichts Gutes.

Kapitel 23
Ein Pharmakonzern als Redaktionsstube

Doktor Kanter war früh in der Firma, wie jedes Mal. Die Taktik des frühen Erscheinens war ihm sympathisch geworden. Sein übliches Aussehen hatte er gegen ein etwas jüngeres getauscht. Nach dem aus seiner Sicht ausnehmend erfolgreichen Mittagessen mit Winfried Mendelsberg war er am Vortag in der Stadt verschwunden, um sein Outfit dem veränderten Lebensgefühl anzupassen. Ein paar Jahre weniger, hatte er beschlossen, würden seine Hosen und Anzüge schon vertragen. So trug er an jenem Morgen Jeans, solche neuerer Bauart, ein elegantes Hemd mit etwas engerem Schnitt, darüber eine Jacke, die sich noch nicht entschieden hatte, ob sie eher den Sakkos oder den Freizeitsachen zuzurechnen war.

Gut gelaunt sprang Doktor Kanter die Stiegen zur Zentrale hinauf. Seine Strategie, jedenfalls vor Klaus Biber, dem unsäglichen Herrn mit dem MAS hinter dem Namen, im Büro zu sein, hatte sich als goldrichtig erwiesen. So konnte er seine Rückkehr durch gekonnten Smalltalk mit allen Kollegen aus der Vorstandsecke so angenehm wie möglich vorbereiten, ohne dass ihm dabei ernster Widerstand entgegengebracht worden wäre. Wenn Biber – viel zu spät und viel zu übernachtig im Vergleich zu seinen Kollegen – in der Fidelio eintrudelte, war Doktor Kanter längst über alle Berge oder so hinter den dicken Bürotüren versteckt, dass eine Konfrontation praktisch unmöglich, zumindest sehr unwahrscheinlich gewesen wäre.

Doktor Kanter erzählte dem einen launige Spitalsgeschichten, dem anderen von der Sicherheit moderner Autos und der Blödheit, den Sicherheitsgurt zu vergessen, wieder andere unterhielt er mit den neuesten Geschichten aus der Branche, und wenn es sich nur um allgemein zugängliche Gerüchte aus der Salzburger Presseszene handelte. Zwischendrin baute er gefinkelte Brücken zu seinem neuen Lieblingsthema, der Nachrichtenstrategie, die, davon war er fest überzeugt, die einzig sinnvolle war in einem Unternehmen, dessen Wert sich vor allem nach der Nützlichkeit für jene Menschen errechnete, die durch die Produkte der Fidelio gesund werden wollten.

Für den heutigen Tag hatte sich Doktor Kanter den Marsch durch die unbekannten Institutionen vorgenommen. Gespräche, das wusste er, die nicht leicht werden würden. Die Abteilung für Forschung und Entwicklung, ein Hort der schweigsamen Kellerasseln, die allesamt nichts mehr fürchteten als ein Gespräch. Den Customer

T. Holzinger, M. Sturmer, *Im Netz der Nachricht*,
DOI 10.1007/978-3-642-22489-8_23, © Springer-Verlag Berlin Heidelberg 2012

Care, also die Telefontantenabteilung, wo alle Beschwerden zusammenkamen, die, darin waren sich alle einig, nur deshalb aufkamen, weil die Kommunikationsabteilung etwas verbockt hatte. Doktor Kanter würde für diesen Tag allen Charme dieser Welt benötigen, um zu erfahren, was er die ganzen Jahre bewusst übersehen hatte. Wissen war Anstrengung, immer schon, denn wer wusste, der musste. Musste alles Mögliche. Zu rauchen aufhören, sein Leben ändern, den Planeten ändern oder Protest einlegen. Jedenfalls etwas tun. Irgendetwas. Den Dummen, das wusste er, war das Leben um einiges leichter als ihm, dem denkenden Humanisten, der alle Welt stets unter einem neuen Hut vereinen musste, denn mit jedem Tag, den er überlebte, stieg die Zahl der Informationen, die er berücksichtigen musste. Informationsverweigerung, dachte er, war daher eine Form von Lebensqualität, die man nicht unterschätzen durfte. Doch damit musste Schluss sein.

Der Weg in die „Forschung und Entwicklung", kurz F&E genannt, war von zahlreichen Sicherheitsschleusen gepflastert. Die ersten beiden galten der Abwehr von betriebsfremden Personen, die hinteren beiden der Vermeidung von Verunreinigung. Das galt in beide Richtungen. Doktor Kanter hatte sich direkt in den Labors verabredet. Mag. Dr. Isidor Hertens hatte dort sein kleines Imperium aus Bakterien, Gegenbakterien, Sporen, Pilzen, Virenstämmen und anderen Grauslichkeiten errichtet, gegen die er mit immer neuen Waffen vorzugehen gedachte.

„Herr Doktor Kanter, dass sie sich einmal zu uns verirren." Hertens war ein kleines bisschen stolz, dass die Presse nun endlich zu ihm kam, nicht umgekehrt.

„Guten Morgen, mein lieber Herr Doktor Hertens. Lang hat's gedauert, aber da bin ich." Doktor Kanter drückte die Hand fest zu, als er die mit freundlicher Miene und tiefer Stimme in die fremde Welt der Medikamentenentwicklung vordrang.

„Kaffee?"

„Gerne. Ohne Zucker, viel Milch bitte." Doktor Kanter fischte einen Nikotinkaugummi aus seiner Tasche, um den gelungenen Auftakt nicht durch schlechte Laune oder Gereiztheit zu gefährden.

„Was führt sie in unsere geheimen Hallen? Lange her, oder?"

„Sehen sie, das ist eine komplizierte Geschichte. Wir kommunizieren im Regelfall über E-Mails, über Papiere, Studien und deren Zusammenfassung. Aber was ich nicht weiß: Wie ist das eigentlich? Mit der Zulassung? Mit der Erfindung? Mit dem Abtesten? Ich meine, in der Praxis. Mit all dem, was sie hier eigentlich tun? Ich gebe zu, nach bald drei Jahrzehnten in diesem Unternehmen ist mir nicht ganz klar, wie Sie zu Ihren Ergebnissen kommen. Heute noch weniger als früher."

Hertens sah betroffen aus seinem weißen Kittel. „Sie glauben, wir schnarchen die ganze Zeit vor uns hin? Bis irgendeiner die Eingebung hat?"

„Aber nein, ganz und gar nicht. Ich weiß nur, Sie fangen irgendwann an und sind irgendwann fertig mit einem Produkt. Alles dazwischen ist ein weißer Fleck auf meiner Landkarte. Was tun Sie genau?"

„Sehen Sie, das ist ein langer Prozess. Im Prinzip forschen wir tagaus tagein. Für eine Substanz, die wir auf den Markt bringen, erfinden wir rund 6.700 andere Substanzen, die wir nie auf den Markt bringen."

„Um Himmels willen. 6.700. Das ist ja ein ganzer Haufen. Was machen sie denn mit der ganzen Medizin? Ist das Schrott? Giftig?"

„Aber nein, mein lieber Herr Doktor Kanter. Das sind zum Teil ganz hervorragende Essenzen. Wir könnten Dinge heilen, sag ich ihnen, da würde ihnen der Mund
offen stehen." Hertens setzte ein stolzes Lächeln in sein Gesicht.

„Ja dann tun sie das doch." Doktor Kanter bemühte sich, so verdutzt wie geht
dreinzuschauen.

„Ha! Da hätten sie viel zu tun. Jede Münze hat eine Rückseite. Und jedes
Medikament seine Nebenwirkungen. Und vergessen sie nicht! Kein Organismus
gleicht einem zweiten. So. Und mit all diesen Tatsachen müssen wir umgehen.
Stellen Sie sich vor, ein Medikament hilft 900 Personen. 50 Personen bemerken
keine Wirkung. Und die restlichen 50 sterben nach der Einnahme. Na das wär ein
Skandal." Hertens Gesicht wirkte angespannt.

„Sie meinen, wir hätten täglich drei Anopharm-Skandale, wenn Sie ihre Erkenntnisse alle auf den Markt brächten?"

„So ungefähr. Nur dass sie statt irgendwelcher Krankenhausstories von Begräb-
nisdramen lesen würden. Unterschätzen sie die Pharmazie nicht. Wir werden nicht
ganz umsonst als Giftmischer verunglimpft. Der größte Teil unserer Tätigkeit besteht darin, den bestmöglichen Kompromiss zu erzielen. Kein Medikament geht auf
die maximale Wirkung." Hertens öffnete einen gepanzerten Schrank, voll mit Ord-
nern. „Sehen sie, das sind die Sachen, die alle nie auf den Markt gekommen sind.
Wir heben das auf, weil wir es vielleicht irgendwann brauchen können."

„Das heißt, Sie ziehen Ihren Präparaten so lange die Zähne, bis sie praktisch jeder
verträgt."

„Ach mein lieber Doktor Kanter. Was haben Sie studiert? Jus?"

„Publizistik und ein paar Orchideenfächer."

„Publizistik, soso, da kann ich nicht mitreden. Aber eines sage ich Ihnen: Es gibt
kein Medikament, das praktisch jeder verträgt. Kein einziges."

„Sie meinen, wir sitzen auf vielen kleinen Bomben, die jederzeit hochgehen
können." Doktor Kanter legte die Stirn in tiefe Falten.

„Im Prinzip ja. Stellen Sie sich vor, Sie haben ein Medikament in einem
Feldversuch drei Jahre lang getestet. Die Versuche geben nicht den geringsten An-
haltspunkt, dass etwas schief läuft. Aber ab dem fünften Jahr spinnt plötzlich der
Körper. Und das haben Sie nie getestet. Nie. Sie können gar nicht draufkommen."

„Na Sie machen mir jetzt eine Freude. Sie meinen, Anopharm ist ein Mailüfterl
verglichen mit dem, was noch kommen kann." Doktor Kanter war nun ernstlich
besorgt. Im Prinzip saß er auf einem Pulverfass, und alle rundherum spielten ständig
mit ihren Streichhölzern. Und weh dem, der zu nahe kam. Die ganze Sache konnte
jederzeit hochgehen.

„Glauben Sie mir, selbst wenn man nie den geringsten Zweifel zulässt, so lange
experimentiert und neu mischt und verändert, bis alles in Ordnung ist, wirklich alles,
so können sie trotzdem nicht verhindern, dass etwas passiert. Das ist denkunmög-
lich. Wir arbeiten mit dem einen Organismus an einem anderen Organismus. Die
Anzahl der Variationen in beiden Welten ist so hoch, dass sie die Zahl gar nicht auf
ein Blatt Papier schreiben könnten, so viele Stellen hätte sie. Im Prinzip fischen wir
dauernd im Dunkeln und Hoffen auf den großen Treffer." Hertens wanderte einen
Thermoschrank entlang, in dem Bakterienkulturen gezüchtet werden.

„Sie spielen das große Pillenlotto." Doktor Kanter begann, die wahren Ausmaße, die Dimension der Gefahren auch, langsam zu begreifen.

„Wenn Sie so wollen. Wir wissen natürlich schon viel. Über alles Mögliche. Aber selbst wenn Sie 99,9 Prozent aller Variationen ausscheiden können, bleibt eine Zahl übrig, die ihr Denkvermögen übersteigt."

„Na das ist nicht schwer. Ich bin ab Hundert extrem schwach." Doktor Kanter fasste dem forschenden Kollegen jovial auf die Schulter. „Sie haben es mit einem ganz armseligen Exemplar des Homo sapiens sapiens zu tun. In Zahlenfragen."

„Nehmen Sie doch einfach einen Löffel Sand und zählen die Körner. Dann kommen Sie unserem Tun einen Schritt näher." Hertens schaute Doktor Kanter hoffnungsvoll an wie einen Schuljungen. Nicht schon wieder eine Vaterfigur, dachte der, und sah sich die verschiedenen Darstellungen im Labor an.

„Und wie kommen Sie dann zu einem Medikament? Ich meine, irgendwann müssen Sie ja fertig sein."

„Das dauert zwischen acht und zwölf Jahre. Vom ersten Gedanken bis zur fertigen Pille. Den Anfang machen Laborversuche. Etliche Dinge scheitern schon da. Und wenn das erfolgversprechend verläuft, dann gibt es wieder hunderte und aberhunderte Laborversuche. Die Kombinationen werden verändert, die Außenumstände, und so weiter. Irgendwann stellen Sie dann fest, okay, das könnte ein Medikment werden." Hertens Gesicht wurde freundlicher.

„Und dann wird es den Menschen verabreicht."

„Na da hätten sie eine schöne Freude mit mir. An jedem zweiten Tag eine Leiche in der Forschungsabteilung. Nein, wir forschen dann mit künstlichen Geweben, mit nachgezüchteten, mit Tieren, und so weiter."

„Mit Tieren, noch immer so wie früher?" Doktor Kanter wusste, dass die Tierschützer nicht schliefen. Künstliches Gewebe wäre ihm sympathischer gewesen.

„Natürlich mit Tieren, wie früher, was glauben denn Sie? Und ganz ehrlich: Was wäre Ihnen lieber. Wenn ich ein neues Medikament an Ihrer Frau oder an Ihrem Meerschwein ausprobiere?"

„Meerschweinchen habe ich keines. Und meine Frau und ich sind seit mehr als 20 Jahren glücklich geschieden." Doktor Kanter fand den Vergleich gar nicht komisch.

„Sie könnten meine Substanzen natürlich auch selbst probieren, wenn Sie Frau und Meerschwein verschonen wollen."

„Lieber nicht. Wer löffelt dann die Skandale aus, die sie alle paar Tage anrichten." Die beiden Herren lachten.

„Und bei Anopharm? Was ist da schief gelaufen?" Doktor Kanter wechselte abrupt zur Causa Prima.

„Im Prinzip nichts." Hertens blickte zur Seite und stützte seine Hände auf einen der Labortische.

„Nichts? Gar nichts?" Doktor Kanter war nicht zufrieden.

„Nicht mehr als sonst", wich Hertens aus.

„Jetzt kommen Sie schon. Was heißt das?" Doktor Kanter wurde ungeduldig.

„Von mir haben Sie das nicht. Okay? Also unter uns: Ein Medikament braucht von der ersten Idee bis zur Marktreife mit allen Tests ungefähr zehn Jahre. Und der Patentschutz auf so ein Medikament beginnt zu laufen, wenn Sie das erste Mal eine

Substanz als erfolgversprechend ansehen. In der Regel ist das im ersten oder im zweiten Jahr."

„Und der Patentschutz läuft nach 20 Jahren aus. Ab dann kann das jeder nachbasteln." Doktor Kanter verstand. Ein Medikament musste so schnell wie möglich auf den Markt, um die Patentzeit so lange wie möglich auskosten zu können. Mehr als zehn Jahre waren da kaum drin.

„Genau. Wenn wir zu lange testen, rechnet sich das nie. Wir müssen darauf achten, dass wir schnell sind." Hertens sprach leise.

„Das heißt, Sie bringen die Sache raus, wenn sie zugelassen werden kann, nicht, wenn Sie überzeugt sind, dass alles beachtet wurde." Doktor Kanters Stimme klang vorwurfsvoll.

„Haben Sie mir nicht zugehört? Wenn Sie solange forschen, bis es keinen Zweifel mehr gibt, werden Sie nie fertig. Da hätten wir noch nicht einmal Aspirin erfunden. Den Punkt gibt es nicht. Also gibt es ein Gesetz. Und dieses Gesetz sagt ihnen, ab wann Sie genug geforscht haben. Und dann muss es raus, so schnell wie möglich. Egal, was Sie sonst noch glauben und zu glauben wissen."

„Und was haben Sie gewusst?" Doktor Kanter ließ nicht locker.

„Wir haben gewusst, dass Anopharm für eine gesunde Leber ein halbes Jahr lang kein Problem ist. Zugelassen ist es für maximal sechs Wochen." Hertens blieb undeutlich.

„Und wenn es nur nach Ihnen gegangen wäre. Hätten Sie's rausgebracht?"

„Aber natürlich, sogar schon viel früher."

Doktor Kanter verstand nicht. „Was heißt viel früher?" Diese Wissenschaftler, dachte er, schreckten nicht davor zurück, einfach alles an der lebenden Materie auszuprobieren. Zur Not würden die auch ihn vergiften, da war er sicher, und gleichzeitig heilfroh, dass Gesetze des Staates Österreich ihn vor Menschen wie Hertens in Schutz nahmen. Wer weiß, er wäre längst an einer Überdosis Aspirin zugrunde gegangen, weil man das Gift in der Pille vergessen hatte. Im Prinzip waren die Pharmazeuten um nichts besser als Atomkraftbetreiber. Nur dass ihr Vernichtungsgebiet der menschliche Körper war. Der Pillen-Supergau. Medikamentenvergiftung als Nebenwirkung einer Welt, in der es für alles etwas gab, das Abhilfe versprach.

„Wir haben seit drei Jahren nichts mehr an der Substanz verändert. Die ist gut. Und die ist sicher. Anopharm ist Spitze. Sie hilft so effektiv wie kein anderes Medikament, die Malaria nicht zu bekommen. Und die Mücke kann sich an dieses Medikament nicht anpassen. Übrigens eines der größten Probleme bei Malariamitteln. Ein nur halbwegs gesunder Mensch kann Anopharm jederzeit einnehmen."

„Und wo ist dann das Problem?" Doktor Kanter wollte die ganze Lösung.

„Wir haben gewusst, dass bestehende Leberschäden mit Anopharm zur Leberkatastrophe werden können. Und wir haben auch gewusst, dass rund zehn Prozent der Fernreisenden ein Alkoholproblem haben, dass diese Menschen zur Risikogruppe werden lässt." Hertens Stimme wurde immer leiser. „Wir haben gewusst, dass Alkoholiker russisches Roulette spielen, wenn sie Anopharm nehmen. Nur dass in der Trommel Platz ist für 1.000 Patronen, und die eine scharfe Patrone in der Regel nicht tödlich ist. Es gibt halt viele Reisende in Malariagebieten. Und nicht wenige trinken zu viel. Insofern ist die Opferzahl eigentlich recht niedrig." Hertens fing sich wieder.

„Dann hätten Sie die Ärzte und die Konsumenten schärfer warnen müssen."

„Haha. Wie denn? Ich kann ja nicht ‚Vorsicht gifitig' draufschreiben. Dann wird die Angst vor der Medizin gefährlicher als die Krankheit, vor der sie schützen sollte." Hertens wirkte verärgert. „So einfach ist das nicht. Herr Doktor, was trinken Sie an Alkohol, so im Schnitt, bleibt natürlich unter uns?"

Doktor Kanter fühlte sich ertappt. Er war, wie Marion festgestellt hatte, ein Alkoholgebraucher, einer, der ganz gerne trank, einer der ganz gut wusste, wann Schluss war, und einer, der nicht zu zittern begann, wenn ein Abend ohne Rotwein angesagt war. Aber, das bemerkte er gleich, die Wahrheit war auf halbem Weg zum Alkoholismus, kein Zweifel. Und er hatte über die Jahre bemerkt, wie Wissenschaftler die Grenzwerte immer tiefer ansetzten, bis auch er unter die Alkoholiker fiel.

„Wahrscheinlich zwei bis drei Gläser Wein oder Bier", erklärte Doktor Kanter ehrlich.

„Pro Woche?"

„Ähm, nein, pro Tag. Ist das zu viel?", fragte Doktor Kanter scheinheilig. War er mehr als ein Weingenießer? Vielleicht ein Suchthaufen, der nichts von seinem Problem bemerkte, viel ärger, es gar nicht bemerken wollte und daher alles vermied, was ihn an seine Sucht erinnern könnte.

„Zuviel? Das kann Ihnen nur Ihr Körper sagen. Aber aus Sicht der Suchtforschung haben Sie damit ein latentes Alkoholproblem. Ja, Sie trinken eigentlich zu viel." Hertens sah ihn strafend an. „Aber wissen Sie was: Damit Ihnen Anopharm gefährlich werden kann, müssen Sie mindestens das Drei- bis Vierfache trinken – über einen Zeitraum von mehr als sieben Jahren. So, und jetzt sagen Sie mir: Soll ich das Medikament rausbringen oder nicht?" Hertens sah Doktor Kanter mit offenem Mund an.

„Ich denke doch. Man müsste nur die Alkoholiker davon fernhalten."

„Völlig richtig. Oder man müsste die Alkoholiker generell von Fernreisen fernhalten."

„Oder man müsste deutlicher sagen, wer das sicherlich nie nehmen darf." Doktor Kanter fand, dass die Lösung gar nicht so schwierig gewesen wäre.

„Völlig richtig. Das Problem war bekannt und hätte durch strengere Richtlinien für verschreibende Ärzte sicher behoben werden können."

Doktor Kanter war aufgeregt. Was hieß „strengere Richtlinien"? Natürlich. Der erste, der hier aufschreien würde, wäre Klaus Biber. Mit jeder weiteren Warnung würden die Verkaufszahlen sinken. Und mit den gesunkenen Verkaufszahlen wäre die Entwicklung nicht zu finanzieren. Doktor Kanter rechnete im Kopf durch, was das für ein Medikament wie Anopharm bedeuten würde.

„Und wissen Sie was: Ein und dieselbe Warnung wirkt bei jedem Arzt anders, bei jedem Konsumenten sowieso."

Kanter schüttelte ungläubig den Kopf.

„Aber denken Sie nur! Wir haben noch nicht über all die anderen Faktoren gesprochen. Ärztliche Fehldiagnosen. Jeder fünfte Erstbefund beim Hausarzt ist falsch. Geschätzt. Sie haben also Typhus, und Ihr Arzt glaubt an Malaria. Da müssen Sie auch sicher sein, dass das Medikament nicht gleich zum Tod führt."

„Jede fünfte Diagnose ist falsch?" Doktor Kanter wollte das nicht glauben und war sichtlich froh, dass seine Spitalsärzte den Unfall offenbar richtig erkannt und behandelt hatten.

„Aber natürlich. Und das Beste ist: In der Regel merken Sie das gar nicht. Sagen wir, Sie haben eine bakterielle Infektion. Die ist unangenehm, aber Ihr Körper wird irgendwie damit fertig. Und Ihr Hausarzt ist felsenfest von einer Virusinfektion überzeugt. Er behandelt Sie so, wie er glaubt. Sie essen irgendwelche Medikamente – und werden, langsam, aber doch gesund. Dann haben Sie die eigenen Abwehrkräfte, den Placeboeffekt und weiß Gott wieviele andere Variablen, die Sie gesund werden lassen. Wie wollen Sie denn draufkommen, dass das eine Fehldiagnose war?"

Doktor Kanter erschien die Erklärung einleuchtend. Der menschliche Körper war so sensibel, eigensinnig und beharrlich im Wunsch nach seinem eigenen Überleben, dass die ärztliche Fehlleistung unbemerkt bleiben konnten.en

Hertens wollte nicht mehr aufhören. „Andere Ärzte merken sich die Nebenwirkungen nicht. Die wissen nicht einmal, dass man einem Bluter kein Aspirin empfiehlt. Und erst die Patienten, die sich die Dosis selbst bestimmen. Bis zum Vierfachen des Empfohlenen die einen, und ein Viertel die anderen. Auch das muss der Organismus aushalten. Und zwar jeder Organismus. Wissen Sie: Die Information hat Ihre Grenzen."

Doktor Kanter begriff. Man konnte das Problem nicht an einem Medikament festbinden, nicht auf einem Beipackzettel. Die Lösung gab es nur im Multipack. Das Unternehmen musste niedrigere Verkaufszahlen kalkulieren, um ehrlicher kommunizieren zu können. Die Ärzte mussten mehr Wissen ansammeln, um korrekter zu verschreiben. Die Konsumenten mussten exaktere Informationen erhalten, um Medizin verantwortungsvoller einzuschätzen. Und grundsätzlich war ein Umdenken von Nöten. Die Idee, dass es für jedes Problem das geeignete Pulver gab – und so gesehen war Alkohol auch nur ein Pulver, ein sehr wirksames sogar, gegen den Alltag und seine Niederlagen – musste irgendwann in die Überdosis führen. In irgendeine Überdosis. Aber wie konnte er das den Menschen beibringen. Wie würde Herbert Wolfsbauer ein Gefühl für seinen Körper bekommen? Würde er sich selbst überhaupt als Alkoholiker einstufen? Oder hatte er sich bereits blöd gesoffen? Kanter fand für jede Antwort vier neue Fragen.

„Wissen Sie, wie viel Medizin ein menschlicher Körper aushalten muss?" Hertens war in Fahrt gekommen. „Schauen Sie mal in die USA. Dort finden Sie für manche Erreger keine Antibiotika mehr, weil sich die Leute krank gefressen haben an diesen Pillen. Sie sterben, weil sie aus lauter Angst vor Infektionen dauernd Infektionskiller schlucken, solange, bis nichts mehr wirkt, und sie erst recht sterben. Und was machen Sie dann? Dann schreiben Sie einen Beipackzettel, auf dem steht, ‚Bitte Vorsicht, nicht zu viel davon, danke vielmals, sonst werden die Bakterien immun'. So läuft das nicht." Hertens hielt seine Nase mit beiden flachen Händen zusammengedrückt. „So Herr Doktor, jetzt haben Sie ein bisschen Denksport für die nächsten Tage. Tut mir Leid, dass ich nicht eine, die eine Antwort geben konnte."

Doktor Kanter bedankte sich herzlich. Am liebsten hätte er den schrulligen Wissenschaftler umarmt für so viel Ehrlichkeit. Ein Pharmakonzern, der seine Verantwortung auf Beipackzetteln konzentrierte, musste früher oder später in den Skandal taumeln. Selbst wenn – das beruhigte ihn im konkreten Fall – gar kein Fehler passiert war. Die Lösung musste die Sammlung, Bereitstellung und Neu-bewertung von Informationen sein, die weit über das eigene Produkt, das eigene Unternehmen, hinausreichten. Und einer wie Hertens müsste auf jeden Feder-strich achten, den Klaus Biber oder auch er selbst setzen wollten. Nur so, war er überzeugt, wäre die Sache für künftige Ereignisse einigermaßen in den Griff zu be-kommen. „Ach: Eine Frage noch, Herr Doktor Hertens. Wie oft haben die Leute vom Customer-Care-Telefon bei Ihnen vorbei geschaut?"

Hertens gluckste: „Die Telefonleute? Na was denken Sie? Noch nie natürlich. Die haben den Katalog aus Ihrer Abteilung, und aus dem veranstalten sie Vorlesungen für x-beliebige Anrufer."

„Danke. Wirklich vielmals danke. Ich komme auf Sie zurück."

Doktor Kanter nahm sein Notizbuch und schrieb ein paar Details hinein. Dann spazierte er nachdenklich zur Telefonabteilung. Er hörte bei den Gesprächen zu. Und wieder klangen die Erklärungen ganz anders als jene aus der Forschung. „Kein Problem, nehmen Sie nur, fragen Sie zur Not den Arzt, da können wir Ihnen nicht helfen." Er ging von Telefontisch zu Telefontisch, grüßte knapp und legte seine Stirn in tiefe Furchen. Er hatte drei Stunden in dieser Firma zugebracht an diesem Tag, und an jeder Ecke hatte man ihm anderes erzählt. Das wäre nicht schlimm, wäre der Gegenstand dieser Erzählungen nicht immer der gleiche geblieben: die Medizin, die sie herstellten, ihre einzige Daseinsberechtigung.

Doktor Kanter wusste, dass die Abteilungen näher zusammenrücken mussten. Es konnte nicht sein, dass jeder seine Sicht der Wahrheit hatte, unausgesprochen anders als jene in der Abteilung daneben. Er musste darauf achten, dass die Li-nien enger wurden, zusammen führten. Es fehlte an der einfachsten Verknüpfung. Dann, war Doktor Kanter überzeugt, würde Vanessa Brandmaier auch keine ver-salzenen Rezepte erfinden. Sie würde Patientenbetreuung auf einem neuen Kanal betreiben. Die Fidelio würde die Fragen und Sorgen der Menschen katalogisieren, die über Facebook, am Telefon, und am besten sogar beim Arzt oder Apotheker ein-trudelten. Das Unternehmen würde seinen Standort bestimmen lernen, seine Fehler erkennen, die Gefahren rechtzeitig abwehren. Seine Abteilung würde das tun, was die Pharmaindustrie in ihrer Kommunikation als einziges aufrichten würde: die bei-den wesentlichsten Felder glaubwürdig vereinen – Wirksamkeit und Verträglichkeit gleichermaßen. Nichts war wichtiger, als die Frage nach der Wirkung. Warum die bittere Pille schlucken, wenn die Nützlichkeit im Unklaren bleibt? Und natürlich. Kein Mensch wollte den Husten vertreiben und dafür an Bluthochdruck zu Grunde gehen. Verträglichkeit und Wirksamkeit waren die Essenzen jenes seltenen Guts, auf das kein Unternehmen, kein Mensch, nichts und niemand verzichten konn-te: Vertrauen. Kein Mensch hätte ihm dieses Faktum besser aufzeigen können als Hertens.

Kapitel 24
Wenn Ärzte zittern

Die Zeit vor Weihnachten wurde dicht wie jedes Jahr. Doktor Kanter betrachtete das hektische Treiben aus sicherer Entfernung, zumindest so, dass er selbst nicht aufgesogen wurde von den geschäftig getriebenen Massen, die, wie er meinte, jede Menge unnötigen Tand anhäuften, den sie dann unter brennenden Kerzen gegen anderen, nicht minder unnötigen Tand tauschten. Und weil der Tand, den man weggab, weniger wog, als der Tand, den man bekam, musste Weihnachten ein schlechtes Geschäft für die Seele sein. Wer würde sich denn schon darüber ärgern, ein sinnloses Geschenk hergegeben zu haben? Keiner, na eben. Würde man hingegen eine besondere Unnötigkeit bekommen, wäre die Enttäuschung groß. Doktor Kanter genoss den Schnee und amüsierte sich über die Ameisenidylle in der Mozartstadt.

Die bevorstehende Vorstandssitzung trieb auch ihm die Geschäftigkeit zwischen die Weihnachtsbetrachtungen. Er musste das Gesehene verarbeiten, strukturieren und mit Marions Erkenntnissen zu einem Ganzen zusammenfügen. Überhaupt Marion. Die junge Kollegin kostete ihn gut drei Stunden täglich, in denen sein Kopf, sein Herz, sein alles zu nichts fähig war, außer diesem: Nachdenken, Schwelgen, Phantasieren und Träumen. Alles, was Doktor Kanters Gehirn in diesen Stunden verließ, hatte eine einzige Hauptdarstellerin. Marion. Und wenn er auf seinen Recherchegängen durch die Fidelio Pharma AG unterwegs war, warf er stets den Blick in Marions Büro, und wenn sie nicht da war, wiederholte er die Prozedur einfach zehn Minuten später, und dann noch einmal, und dann wieder, wenn sie nicht da war, bis er sie antraf. Doktor Kanter hatte Bewegungen, Augenblicke, Gesten und Eindrücke wie in einem Archiv gespeichert. Er konnte die Sequenzen beliebig abrufen, seine Reaktion überlegen und den Ausgang einer Geste völlig neu durchdenken. Er konnte sich nicht erinnern, lange nicht, dass er diesen Zugang zu einer Frau gehabt hätte. Gut möglich, dass ihn das eine oder andere Mal die Lust mitgenommen hatte auf eine kurze Reise. Und dann noch einmal. Aber lange gehalten hatte das nie. „Jede Reise geht zu Ende. Wer ankommt, ist unwiderruflich da", hatte er dann zu sich selbst gesagt und das Weite gesucht. Diesmal, da war er sicher, war nicht die Lust auf der Kommandobrücke gestanden, sondern die Liebe. Falls es sie gab. Daran zweifelte er, wenn er nachdachte, ganz rational, wie er das am besten konnte, immer noch. Denn in Wirklichkeit gab es keinen schöneren Selbstbetrug als die Liebe. An Menschen zu hängen, befand er, sei selten schön, aber immer nützlich. Und wer die

T. Holzinger, M. Sturmer, *Im Netz der Nachricht*,
DOI 10.1007/978-3-642-22489-8_24, © Springer-Verlag Berlin Heidelberg 2012

Gnade und die Gabe hatte, sich all den Widrigkeiten des menschlichen Zusammen-
seins mit dem Gefühl der Liebe, mit dem Selbstbeschiss der Liebe, zu entziehen,
der konnte recht gute Karten vorweisen für die S-Bahn zum Glück.

Heute hatte er das Gefühl, dass es Zeit war. Er wollte alle Einsichten der vergangenen Wochen zu Papier machen, zu dem Papier, das ihn nicht nur zurück in
sein Büro brächte, sondern zurück zu seinen alten Tugenden, zu seinem Ansehen.
Die Fidelio Pharma AG als Ganzes musste das Gefühl haben, dass ohne ihn, Doktor
Kanter, eigentlich gar nichts ging in der Kommunikation. Er war der Meinung, dass
sein Weg ein guter, ja ein ausgezeichneter war. Und mit Marion im Doppelpack,
würde sich der Aufwand nicht nur beruflich lohnen, sondern auch privat neue Sphä-
ren eröffnen, solche, die er sich über die Jahre verboten hatte, aus gutem Grund, wie
er stets anzufügen gepflegt hatte, ehe er die Meinung kraft des faktischen Gegenteils
umzukehren gezwungen worden war.

Liebe Marion,
anbei die letzten Schnipsel einer langen Reise durch unseren Konzern. Bittere
Pillen nebst süßen Einsichten. Kannst Du zusammenbringen, was vermutlich
auch zusammengehört? Deinen Teil mit meinem? Das müsste toll werden.
Damit wir weitermachen.
Herzlichen Dank und liebe Grüße
Dein DrK
PS. Ich bin mir sicher, nach dem 17.12. werde ich nach diesem Papier gefragt.
Geht das?

Doktor Kanter war stolz auf die vielen Nachrichten zwischen den Zeilen. Er gab
sich jede Mühe, klare Arbeitsanweisungen durch kryptische Anlehnungen zu ergänzen, gerade so, dass man sie anders lesen konnte, aber nicht musste. Für den
Fall, dass ein E-Mail auf verschlungenen Wegen nach draußen, also zu irgendjemandem, vielleicht gar zu Biber, gelangen würde, sollte man ihm daraus keinen allzu
dicken Strick drehen können. Marion als Empfängerin würde schon wissen, dass
die wichtigsten Zeilen jene waren, die unsichtbar zwischen den schwarzen Buchstaben standen. Oftmals hatte er sich ertappt, wie er den „Lieben Gruß" kurzerhand
auf den „Lieben Kuss" oder den „Liebsten Gruß" ausgebessert hatte, dann eine gute Viertelstunde auf sein Bildschirm gestarrt hatte um die allzu intime Grußformel
durch die allgemein verwendbare zu ersetzen.

Lieber Dirk,
Du hast das am Tag der Sitzung. Schaffen wir!
Lieber Gruß
M
PS: Ich schicke Dir ein paar Links anbei. Social Media Newsrooms. Vereinen
Nachrichten und Zuckerberg. Und funktionieren in beide Richtungen. Ich
werde das einbauen, wenn es Dir Recht ist.

Marion hatte irgendwann doch angefangen, das DrK auf den Namen Dirk zu
erweitern. Sie fände das persönlicher, hatte sie ihm eröffnet, und irgendwie empfand er es als gnadenvoll, seinen ewigen Doktor aus dem Privatleben verbannen zu

können, selbst um den Preis, dann „Dirk" genannt zu werden, was er nach einigem Hin und Her doch besser fand als „Erich". Zumindest war es neu und es kam von Marion. „Schaffen wir" war ihm Ansporn und Bestätigung gleichermaßen. Er griff sich noch einmal sein Mobiltelefon, um Winfried Mendelsberg anzurufen.

„Es ist dringend." Die Abwehrversuche des Sekretariats durchdrang er heute mit dem nötigen Alarmismus im Tonfall. Wo denn die versprochene Reportage geblieben sei, wollte Doktor Kanter vom Intendanten wissen. Die „kommt schon", hatte der ihm versichert, wobei er dem Fernsehmann noch einmal einbläute, dass die Sache vor Weihnachten auf Sendung sein musste, denn mehr Zeit habe er bei den Anwälten nicht herausschinden können. Sollte bis dahin nichts passieren, dann müsste er, Doktor Kanter, hilflos zusehen, wie die Juristen der Fidelio Pharma AG dem armen ORF-Landeschef das Leben zur Hölle machen würden. Und das gälte es zu vermeiden.

„Wir sind auf einem guten Weg, Doktor Kanter, du kannst beruhigt sein." Mendelsberg wirkte entspannter, als es seine Situation eigentlich erlaubte. Der Kommunikationschef musste offenbar ein bisschen nachlegen, um den Herrn Intendanten nicht in falscher Sicherheit zu wiegen.

„Na das hoffe ich, Winfried, das hoffe ich sehr. Die reißen mir den Kopf ab, wenn das nicht hinhaut. Aber eines sag' ich dir auch: Wenn sie mit mir fertig sind, ist deine Rübe dran. Die Anwälte sind ganz heiß auf das Thema." Seine eindringliche Warnung dürfte den nicht gerade für seinen Heldenmut bekannten Winfried Mendelsberg etwas aufgerüttelt haben. Doktor Kanter nannte noch einige mögliche Interviewpartner aus der Vorstandsetage, nur für den Fall, dass der Intendant für seinen Korrekturbeitrag noch qualifizierte Meinungen aus dem Unternehmen benötigte. Er sollte aber „bald damit beginnen", denn rund um das Weihnachtsfest wären auch Vorstandsmitglieder eher unabkömmlich, besonders in der Fidelio Pharma AG, die etwas ruhiger gelenkt wurde als die meisten anderen Unternehmen dieser Größenordnung.

Das Gespräch endete mit der verbindlichen Einigung auf den 17.12. als Ausstrahlungstermin, spätestens den 18., und die unverbindliche Festlegung, im kommenden Jahr, nach dem Weihnachtsstress und einer körperlichen Fettabbaupause, die wohl bis Mitte Jänner dauern sollte, wieder das Ikarus im Hangar 7 zu besuchen, auf Doktor Kanters Einladung selbstverständlich, denn ein Landesintendant war zwar eine lokale Berühmtheit, aber nicht reich.

„Dirk." Die Gedanken wanderten umgehend zurück zu Marion. Er betrachtete das kurze E-Mail mehrere Male und begann sich mit dem Gedanken anzufreunden, künftig als Dirk zu firmieren, besser als Doktor Kanter und viel besser als Erich sowieso, dachte er. Erst in einem der letzten Durchläufe blieb er im Postskriptum noch einmal hängen. „Social Media Newsroom." Was war denn das? Er empfand die ständige Nachlernverpflichtung als lästig, unangenehm, einer wie er, der sich dem humanistischen Welt- und Bildungskonzept stets verpflichtet gefühlt hatte, der gelernt hatte, so viel zu wissen, wie sein Gehirn eben zu speichern im Stande gewesen war, stand plötzlich vor einer Wand namens Social Media. Jeder Tag brachte neue Begriffe. Und jetzt eben diese. Die Soziale Nachrichtenredaktion. Er war bereits dabei, Marions Linksammlung elegant zu überfliegen, mehr zu übersehen eigentlich, entschloss sich dann aber, ein Stück tiefer in die Materie einzudringen. Die Sammlung von Nachrichten, Blogs, Videos und Facebook-Nachrichten begann ihm zu gefallen. Ein Ort, an dem alle Kommunikation versammelt war. Vielleicht das Werkzeug, das ihm gefehlt hatte. Er dachte sich die Sache in immer neueren Varianten durch, sie taugte ihm mit jedem neuen Puzzlestein ein bisschen mehr. „Newsroom, Newsrooom." Doktor Kanter hatte ein neues Steckenpferd und Marion würde ihm das Hintergrundfutter dazu liefern.

Doktor Kanter tänzelte durch sein Wohnzimmer und beschloss, den 17. Dezember 2011 jedenfalls zum Freudentag zu erklären. Er konnte gar nicht anders, als diesen mit Marion zu beschließen, was er ihr – in Form einer kurzen Nachricht auf dem Blackberry – auch sofort mitteilte. „17.12., 20:00 Uhr. Alles freihalten!" Widerspruch ließ diese Aufforderung kaum zu, und erwartungsgemäß kam er auch nicht. „Alles klar", kabelte Marion zurück, und Doktor Kanter wandte sich der weiteren Vorbereitung seines großen Auftritts zu, den er vor den anderen Vorstandsmitgliedern als „kleine Comeback-Feier" klein geredet hatte. Er wollte nicht den Anschein erwecken, er plante Großes, denn dadurch hätten die Bibers und Brandmaiers in der Fidelio Lunte gerochen und eventuell Störfeuer eröffnet, die er noch nicht parieren konnte.

Doktor Kanter beschloss, seine Rückkehr auch gesundheitlich zu verkünden. Er musste den Oberarzt im Krankenhaus davon überzeugen, dass seine vollkommene Genesung eingetreten war und es nun an der Zeit war, Krankenkassen und Firmenvorräte nicht länger mit ihm selbst zu belasten.

Wie immer marschierte Doktor Kanter geradewegs und ohne Termin ins Landeskrankenhaus. Seine Taktik war der charmante Überfall. Er wusste, dass die wenigsten Menschen dem etwas entgegenzusetzen hatten, schon gar nicht Ärzte, deren Wehrhaftigkeit in sozialen Dingen sowieso eingeschränkt war, was in erster Linie daran lag, dass Patienten selten widersprachen. Ärzte hatten grundsätzlich Recht, dachten die Menschen, wie Kanter glaubte, und daher gab es selten Widerspruch. Wenn doch, fehlte ihnen jegliches Werkzeug dagegen. Einer wie er war die Ausnahme im Ärztealltag.

„Mein allerliebster Lieblingspatient. Was wollen Sie denn jetzt schon wieder?"

„Sie müssten eigentlich nur unterschreiben, dass ich völlig fit bin." Doktor Kanter faselte nicht lange um den heißen Brei herum.

„Völlig gesund? Das hätten Sie wohl gerne. Aber da hab' ich schon noch ein Wörtchen mitzureden." Der Oberarzt saß auf seinem mächtigen Ross und blickte milde auf Doktor Kanter herab.

„Aber Herr Primarius, deshalb komme ich doch zu Ihnen. Ich wollte Ihnen die faire Chance geben, mir zuzustimmen." Er sprach den Oberarzt absichtlich mit dem nächsthöheren Rang an, wissend, dass er kein Primarius war, um die Stimmung zu seinen Gunsten zu wenden.

„Oberarzt, leider nur Oberarzt", sagte der Oberarzt.

„Wirklich wahr? Na das kann nur eine Frage des Wann sein, nicht des Ob", erwiderte Doktor Kanter und log neuerlich.

„Ich werde mich auf Sie berufen." Der Mediziner lachte. „Aber Ihre Gesundschreibung kriegen Sie trotzdem nur, wenn Sie gesund sind. Ganz gesund."

„Natürlich. Wenn Sie das sagen. Nur dann." Doktor Kanter zog ein bisschen zurück.

„Wie geht's denn den Armen, den Beinen, den Rippen und dem Kopf?"

„Blendend, ich bin fit wie eine Birkenstock-Sandale." Doktor Kanter wusste, dass die halbe Ärzteschaft des Landeskrankenhauses auf diesen Latschen durch die Gänge schlurfte.

„Wissen Sie, was komisch ist? Die eine Hälfte der Patienten kann gar nicht lange genug im Krankenstand bleiben, und die andere würde am liebsten aus der Intensivstation direkt zurück an den Arbeitsplatz." Er schaute Doktor Kanter von oben bis unten an. „Und was mach' ich jetzt mit Ihnen? Sehr krank schauen Sie mir ja wirklich nicht aus." Der Oberarzt war genau dort, wo Doktor Kanter ihn haben wollte.

„Ich bin kerngesund. Sie haben Großes an mir geleistet." Doktor Kanter griff tief in den Topf und schmierte dem Oberarzt triefenden Honig um dessen Maul.

„Keine Schmerzen?"

„Nicht die geringsten", log Kanter. Natürlich taten ihm die Schrauben in den Knien und manche Narben weh, vor allem bei Föhn. Aber das musste er jetzt für sich behalten, sonst würde er niemals über die Halbtagsfreigabe springen, die er jetzt hatte.

„Nicht die geringsten. Schön, schön. Sie schummeln. Natürlich schummeln Sie. Wissen Sie, da geht es um Ihre Gesundheit, nicht um eine kosmetische Frage. Wenn Sie zu früh unter Belastung geraten, verzeihen Sie sich das nie." Der Oberarzt zog eine finstere Miene auf. „Und mir sind Sie auch ein Leben lang böse."

„Aber das weiß ich doch. Ich komme doch aus demselben Bereich wie Sie. Glauben Sie mir: Wenn ich etwas einschätzen kann, dann ist das Gesundheit." Doktor Kanter bemühte sich, so gut wie möglich als fachlich ebenbürtig dazustehen.

„Also dann. Ab in die Maschinen. Ohne Röntgen und genaue Untersuchung gibt es gar nichts."

Doktor Kanter verschwand zu den Apparaten und wurde einmal mehr von Kopf bis Fuß durchleuchtet. Die Frakturen waren einigermaßen verheilt, aber aus rein medizinischer Sicht, das wusste er, gab es mehr Einwände gegen die verordnete Gesundung, als ihm recht war. Er würde also, war er sich sicher, nur dann die Befreiung vom Zwangsurlaub erreichen, wenn er die beste Laune der Welt an den Tag legte. Er tänzelte, so gut es ging, zwischen Apparaten herum, verbarg die Schmerzen hinter einer angestrengten Leichtigkeit und versuchte redlich, die Krankenhausbelegschaft mit einigermaßen erträglichen Scherzen auf Touren zu halten.

„Bedingt gesund." Der Oberarzt verzog sein Gesicht.

„Und wer in meinem Alter ist unbedingt gesund?"

„Das ist eine gute Frage."

„Na dann, absolut gesund, vergleichsweise." Doktor Kanter ließ nicht locker. „Wenn Sie mir jetzt nicht die Freiheit schenken, bin ich am Ende meinen Job los. Was das mit 51 bedeutet, brauche ich Ihnen nicht erklären. Wie alt sind Sie?"

Getroffen. Der Oberarzt fuchtelte mit seinem Kugelschreiber über mehreren Röntgenbildern, zog Linien nach, stützte den Kopf auf seine linke Faust und wandte sich dann zu Doktor Kanter: „Sie sind nicht gesund. Und ich weiß, dass Sie das wissen." Der Oberarzt verzog das Gesicht und blickte starr auf den Boden. „Wissen Sie, da ist etwas im Busch. Seit einigen Tagen ziehen Redakteure vom ORF von Arzt zu Arzt. Ich weiß noch nicht ganz, was das soll."

„Der ORF? Ich bitte Sie. Der ORF macht doch immer wieder Ärzteserien. Dafür ist er doch da." Doktor Kanter schwante Böses. Winfried Mendelsbergs Entlastungsoffensive für die Fidelio Pharma AG würde womöglich sein Comeback verbauen. „Kommen Sie schon. Sogar das Rauchen habe ich aufgegeben. Sie haben doch wirklich nichts zu befürchten."

Der Oberarzt sah so aus, als sei er hin- und hergerissen. „Wissen Sie was?"

„Sie schreiben mich jetzt gesund." Doktor Kanter strahlte optimistisch mit jenem Blick in den Augen, den kleine Kinder vollautomatisch aufsetzen, wenn sie wie selbstverständlich die Herausgabe aller Schokoladenvorräte verlangen.

„Ich schreibe Sie bedingt arbeitsfähig." Der Oberarzt schaute stolz aus seinem weißen Kittel. Sein salomonischer Bescheid schien ihm zu gefallen. Er nahm erneut ein Blatt Papier und schrieb eine unendlich scheinende Serie von Wörtern, ließ das Konvolut von einem jungen Assistenzarzt ins Büro bringen und schaute Doktor Kanter gütig an. „Sie haben unbeschränkten Ausgang bei streng limitiertem Spielraum."

„Das heißt was?"

„Sie können von mir aus ins Büro gehen, aber dort dürfen Sie nichts machen, was Ihnen schaden könnte." Der Oberarzt strahlte. „Und Sie halten sich an meine Vorschriften, ja? Sie dürfen nicht mehr als 500 Meter gehen, Sie dürfen nichts tragen, sich nicht anstrengen, nicht länger als 20 Minuten stehen und nicht mehr als eine Stunde am Stück sitzen. Es ist Ihnen verboten, mehr als 45 Minuten auf einen Bildschirm zu glotzen und Auto fahren, Rad fahren oder Motorrad fahren dürfen Sie auch nicht. Und Ihr Büro braucht einen Platz, an dem Sie sich zur Not niederlegen können. Sie dürfen eigentlich nichts, aber das überall."

Doktor Kanter grinste. „Ich liege, so oft es geht, an meinem Schreibtisch herum."

„Versprochen?"

„Versprochen. Sie haben mein Leben jetzt schon zwei Mal gerettet. Das ist eigentlich genug. Sie haben mein Wort." Doktor Kanter lächelte über das ganze Gesicht, reichte dem Oberarzt die Hand, wünschte frohe Weihnachten, was er sonst nie tat, verneigte sich viel zu oft und hoppelte wie ein junger Hase hakenschlagend aus dem Spital.

Kapitel 25
Gute Nachrichten für den Vorstand

Der Morgen vor der großen Vorstandssitzung dauerte deutlich länger als geplant. Er sprang um fünf Uhr aus dem Bett, als hätte er heillos verschlafen und begann lange vor dem Sonnenaufgang mit hektischen Aktivitäten. Er suchte peinlichst genau nach jenem Gewand, das dem Vorstand den neuen Doktor Kanter, Version 2.0 quasi, glaubwürdig präsentieren würde, ohne dass die nötige Seriosität aus vergangenen Versionen verloren ginge. Er entschied sich für einen Mittelweg, der hart an der Grenze zur Geschmacklosigkeit schrammte. Die neuen Jeans, natürlich, mussten genauso sein wie die knöchelhohen Sportschuhe, die er zunächst offen ließ, dann aber – eher aus Vernunftgründen, die Gefahr zu stolpern stand drohend im Raum, aber auch aus optischen Erwägungen – doch fest zuband. Unter dem Sakko trug er ein Hemd aus der jüngsten Winterkollektion, nicht eines jener zeitlosen Stoffstücke, die nie modern gewesen waren und daher auch nie aus der Mode kommen konnten. Den roten Seidenschal band er sicherheitshalber um den Hals, nicht, weil er ihn als passend empfand, sondern weil er Markenzeichen geworden war, und eine Marke, das wusste er, durfte man nicht so einfach den Bach hinunter laufen lassen.

Er packte die gesammelten Konzepte aus dem Ordner „Marion" in eine Ledermappe, ergänzte das Konvolut durch einen Packen Facebook-Ausdrucke, die er teilweise in zehnfacher Ausführung angefertigt hatte und dachte seine kleine Rückkehransprache noch einmal von vorne bis hinten durch. Nichts, nicht einen kleinen Nebensatz, wollte er an diesem Tag dem Zufall überlassen, wobei es ihm am schwierigsten erschien, diesen Umstand so gut zu überspielen, dass die Kollegen im Vorstand die ihm eigene Gelassenheit stärker spüren würden als die kalkulierte Sensation. Doktor Kanter ging zwischen den Räumen auf und ab, überprüfte mehrfach, ob er die Lichtschalter abgedreht hatte, eine Unart, die ihm aus der Kindheit geblieben war, damals, als Stromsparen kein Akt des ökologischen Bewusstseins war, sondern eine wirtschaftliche Notwendigkeit. Geld war knapp, und Geld für Energie noch knapper gewesen. Zwischendurch versuchte er immer wieder, sein Aussehen im Spiegel, in den Fensterscheiben und dann noch einmal im Spiegel zu überprüfen. Er achtete auf fließende Bewegungen beim Gehen, beim Sprechen, beim Gestikulieren. Niemand sollte auf die Idee kommen, dass er ein teilinvalider Aufschneider wäre, dem der Arzt gnadenhalber zugestanden hatte, seine Rekonvaleszenz auf der Couch im Arbeitszimmer zu verbringen.

T. Holzinger, M. Sturmer, *Im Netz der Nachricht*,
DOI 10.1007/978-3-642-22489-8_25, © Springer-Verlag Berlin Heidelberg 2012

Kurz nach halbacht ließ sich Doktor Kanter im Taxi zur Schwarzenbergkaserne in der Nähe des Salzburger Flughafens bringen. Das Gebäude hatte über die Jahre gelitten, es war filetiert worden in viele kleinere Einheiten, von denen einige an Unternehmen abgegeben worden waren. Dort, wo einst die Panzer kreisten, fand man nun Gewerbeparks. Die größte Behausung des österreichischen Bundesheeres, und das war sie trotz der vielen Verkleinerungen geblieben, wirkte ein wenig armselig, vom Zahn der vielen Jahren mindestens so angegriffen wie von Budget- kürzungen und so bemitleidenswert, wie man eine Armee nur finden kann. Das österreichische Bundesheer hatte Doktor Kanter schon immer als Persiflage auf eine Armee, die sich selbstmitleidig hinter der Neutralität, dem österreichischen Grundgesetz, das keine bewaffneten Konflikte erlaubte, versteckte, empfunden. In der aktuellen Verfassung war sie nicht einmal das. Jede Bananenrepublik der Erde lachte über die österreichische Soldateska, die über vergleichsweise geringe Be- stände an Flugzeugen, Panzern und anderen einschlägigen Geräten verfügte, und selbst von diesen jeweils nur einen kleinen Teil einzusetzen vermochte. Der Rest war entweder beschädigt, in Reparatur oder vorübergehend eingemottet, weil die Mittel für die bewaffneten Truppen jedes Jahr um ein weiteres Stück zusammen gestrichen wurden. Es musste, Doktor Kanter konnte es sich nicht anders vorstel- len, irgendwann der Tag eintreten, an dem die Einheiten sich einfach auflösten, weil nirgends mehr Geld zu finden wäre, um Personal, Gebäude oder gar Geräte zu finanzieren. Für diesen Tag kam es ihm gelegen, dass der finale Untergang erst bevorstand.

Das Offizierskasino, jener Platz, wo die hohen Ränge selten zu speisen und viel öfter zu trinken pflegten, war äußerlich ein Hort der unberührten Glückseligkeit und nach innen der ideale Fluchthelfer in Alkoholismus und Fettleibigkeit, denn außer zu essen und zu trinken gab es im österreichischen Bundesheer wenig zu tun. Ein Freund aus Studientagen zelebrierte dort seine gut bezahlte Bedeutungslosigkeit als Brigadier. Doktor Kanter hatte ihn kontaktiert, um einige Rezepte mit der Präzi- sion, die er nur einem Soldaten, nicht aber einem gewöhnlichen Koch zutraute, für insgesamt zehn Personen zubereiten zu lassen. Als Brigadier hatte er die entspre- chenden Möglichkeiten. Die Militärküche für Offiziersränge war der perfekte Platz, denn erstens war sie schon am Morgen einsatzfähig und zweitens würde niemand daran zweifeln, dass ein Soldat nur das ausführen würde, was auf dem Dienstbefehl – diesfalls in Form eines Facebook-Rezeptes der Fidelio Pharma AG vorliegend – zu lesen war. Die Kosten übernahm Doktor Kanter mit offizieller Rechnung, 89 Eu- ro wohlfeil, die ausgestellt wurde. Denn nichts wäre ihm unangenehmer gewesen, als einen Freund, selbst wenn der aus alten Tagen stammte und schon lange nicht mehr der Bezeichnung gerecht wurde, in eine unangenehme Situation zu bringen, die im Wesentlichen aus einer privaten Gefälligkeit ihm gegenüber bestand. Dok- tor Kanter erhielt die thermisch abgeschirmten Gefäße, die bestimmt schon mehrere Feldeinsätze überstanden hatten, so sahen sie jedenfalls aus, in zwei großen, grünen Stofftasche und ließ sich dann vergnügt in sein Büro bringen.

Die Vorstandssektretärin warf ihm einen strengen Blick zu, als er mit den grünen Waffentaschen die Schleuse zum großen Sitzungszimmer passierte. Doktor Kan- ter empfand sich selbst wie der Selbstmordattentäter, der klammheimlich seinen

Sprengstoff, und das waren seine militärischen Kochtöpfe gewiss, in die große Runde trug. Er war bemüht, die Soldatenverpflegung so gut wie möglich zu verstecken, aber wie er es auch anstellte, er wirkte bestenfalls wie ein viel zu alter Rekrut auf Mittagspause, eingepfercht zwischen die Taschen mit den duftenden Behältern. Betont gut gelaunt nahm er seine sonstigen Unterlagen, legte sie mit der bedruckten Seite nach unten vor sich auf den Tisch und wartete, bis die Runde vollzählig war.

Klaus Biber kam mit Vanessa Brandmaier im Schlepptau ganz zum Schluss. Das schnelle Schlagen der hakigen Schritte war wie der Trommelwirbel vor dem großen Zirkusauftritt lange vorher zu hören gewesen. Das Social-Media-Duo trat gehetzt auf. Doktor Kanter begrüßte den gering geschätzten Kollegen geradezu überschwänglich, wandte sich scheinbar interessiert seiner Social-Media-Expertin zu und begann wie vom Band zu sprechen. „Sie sind also unsere Eintrittskarte in die Zukunft?" Er lächelte Vanessa Brandmaier an, wobei ihm das schwer fiel, was auch an der eckigen Brille und den schwarzen Rändern lag, die er als bemühte Intellektualität, leider ergebnislos, bei den meisten Menschen abscheulich und vermessen fand.

„Und Sie sind Quax, der Bruchpilot." Vanessa war stolz, dass ihr der unsägliche Film über abstürzende Flugzeugpioniere rechtzeitig eingefallen war und zeigte ihrerseits bemüht freundlich das Gebiss. „Schön, dass ich Sie auch einmal selbst treffe."

„Meine Assistentin hat mir viel von Ihnen erzählt." Doktor Kanter grinste.

„Ah die." Vanessa verlor ihre Souveränität. „Das ist wohl nicht zu meinem Vorteil."

„Ich denke, wir müssen jetzt. Die Herren warten ja schon." Doktor Kanter ließ sich auf seinem gewohnten Platz nieder. Vanessa Brandmaier wurde gebeten, draußen zu warten, schließlich musste der Vorstand zunächst beschließen, dass sie überhaupt an dieser Runde teilnehmen durfte. Mit einem gezischten „na typisch", das außer ihr niemand vernehmen konnte, verließ sie den Kreis der vielen Männer, wobei ihr Gesichtsausdruck keinen Zweifel über das Gesagte beziehungsweise das Gedachte ließ.

„Wir sitzen hier vor Weihnachten zu einer der wichtigsten Sitzungen in diesem Jahr zusammen. Unsere Umsätze sind seit dem letzten Mal weiter eingebrochen. Ich sage das ganz ungern: Aber zum ersten Mal seit Jahren stehen wir mit dem Rücken zur Wand. Noch ein Quartal, und wir müssen Ernst machen." Wolfgang Malle eröffnete die Sitzung ohne jeden Umweg mit der Causa Prima. Anopharm, erklärte er weiter, drohe zum Sargnagel zu werden, der alles andere mitreiße. „Ich glaube, wir haben jeden Grund zur Sorge."

„Ich glaube, wir haben jeden Grund zur Hoffnung." Klaus Biber blickte verbindlich zu seinen Kollegen. „Wir haben an der Social-Media-Front einige wirklich schöne Erfolge zu verbuchen. Vielleicht nicht so schnell, wie sich das manche von uns gewünscht hätten, aber schnell genug, um die Situation langsam zu beherrschen. Ich möchte daher den Antrag stellen, Frau Vanessa Brandmaier für die ersten beiden Tagesordnungspunkte als Auskunftsperson in der Sitzung zuzulassen." Biber blickte um den Tisch und erkannte in den Gesichtern der neun Anderen stumme Zustimmung. „Darf ich davon ausgehen, dass der Antrag angenommen ist?"

„Ja", murmelte Malle, der in seine Unterlagen vertieft war. Vanessa klapperte bei der Tür herein, stellte fest, dass kein Sessel um den Tisch frei war. „Sessel bitte!", rief sie der Sekretärin zu. Klaus Biber wandte seinen Blick zu den Fußsohlen und machte ein wenig Platz an seiner Seite.

Vanessa starrte in die Runde. „Guten Morgen, die Herren." Ob einer außer Biber ihre Errungenschaften im Social-Media-Ghetto gesehen hatte? Sie betrachtete Doktor Kanter an seinem Platz besonders lange, der da saß, als wäre er milde lächelnd plötzlich entschlafen. Sie fand den Chef der Holzhütte sogar einigermaßen ansprechend, jedenfalls attraktiver als ihren eigenen Chef, denn Kanter vermittelte im Gegensatz zu Biber nicht jene unterschwellig aggressive Prägung, die von einer Sekunde zur anderen zwischen Grapschen und Brüllen hin- und her zu schalten vermochte.

„Meine lieben Kollegen. Wir haben vor knapp mehr als einem Monat begonnen, unsere größte Front zu begradigen: die so genannten Social-Media-Kanäle. Die meisten von Ihnen sind mittlerweile mit Videostatements auf unserer Homepage, auf YouTube und auf Facebook präsent. Direkte und indirekte Mitarbeiter von uns halten die Diskussionen auf anderen Plattformen so weit unter Kontrolle, wie das geht. Und immerhin erreichen wir mit unseren neuen Kanälen mehr Menschen als die bisherige Kommunikationsabteilung." Er blickte zu Doktor Kanter. „Wir haben bald 20.000 tägliche Kontakte. Ich möchte Sie mitten in der Genesung nicht allzu hart dran nehmen: Aber von solchen Zahlen konnten Sie nur träumen". Er hatte zu Vanessas mehr als optimistischer Hochrechnung noch einmal ein paar tausend Menschen täglich hinzugefügt. „Das Werk brummt also." Biber schaute zufrieden in die Runde. Die zehn Herren blätterten in ihren Unterlagen. Ich habe für etwaige Rückfragen die Frau Brandmaier selbst hier, wir planen in diesem Bereich weitere Investitionen, wenn das der Vorstand will. Aber dazu später.

„Ich wollte noch ergänzen, dass wir täglich für eine halbe Milliarde Menschen erreichbar sind. Einen Klick weit entfernt." Vanessa war aufgestanden, um ihren Teil des Vortrages zu halten, bemerkte aber erst im Stehen, dass es in dieser Runde offenbar nicht den Gewohnheiten entsprach, sich zum Reden zu erheben. Sie ließ sich unsicher wieder in ihren Bürostuhl fallen, den die Sekretärin von draußen hereingeschoben hatte und sprach weiter. „Sie müssen sich das so vorstellen: Eine halbe Milliarde potenzieller Kontakte, die nie weiter als einen Klick von uns entfernt sind." Die Herren nickten zufrieden, eine halbe Milliarde Menschen? An dieser Zahl würde niemand vorbeikommen, dachte Vanessa, und selbst wenn Doktor Kanter nun behaupten würde, er erreiche täglich alle Leser der Kronenzeitung und alle Seher des ORF, so wäre er nie auf mehr als sechs Millionen gekommen. Sie hingegen lag knapp beim Hundertfachen.

Doktor Kanter richtete sich aus seinem Stuhl ein wenig auf, lächelte in Richtung Vanessa. „Liebe Frau Kollegin, ich bin von Ihren Zahlen sehr beeindruckt. Aber ich habe da eine Frage: Die 500 Millionen Menschen nutzen alle unsere Angebote auf Facebook?" Doktor Kanters milder Blick verriet nichts außer Neugier.

„500 Millionen Menschen nutzen Facebook, ja." Vanessa hielt sich knapp.

„Wir sind aber nicht Facebook. Wir sind *auf* Facebook. Das ist doch ein kleiner Unterschied, oder?" Doktor Kanters Gesichtszüge wirkten nun etwas weniger entgegenkommend.

„Wenn wir auf Facebook sind und 500 Millionen Menschen auf Facebook sind, dann ist das doch eine sehr große inhaltliche Nähe." Biber versuchte Vanessas Zahlenspiele durch gewagte Argumentation zu untermauern.

Die alten Herren hätten das auch glatt übersehen, nur der Doktor Kanter wollte mehr wissen. „Nur noch einmal zum Mitschreiben: 500 Millionen Menschen nutzen unseren Auftritt auf Facebook?"

„Das weiß doch ich nicht." Vanessa Brandmaier drohte einmal mehr, ihr Gleichgewicht zu verlieren. „Ich kann doch nicht einer halben Milliarde Menschen hinterher rennen."

„Nein, aber Sie können die Statistiken lesen. Die Fans. Und dann würde ich gerne wissen, auf welche Zahl Sie kommen."

„Wir haben mittlerweile 812 Fans." Vanessa wurde leiser.

„Achthundertundzwölf?" Doktor Kanter zog die Zahl in die Länge. „Nicht achtkommazwölf Millionen? Oder Achthundertzwölftausend? Sondern achthundertzwölf?"

„So ist es."

„Und die anderen vierhundertneunundneunzigkommaneunundneunzig Millionen Menschen. Was ist mit denen?" Doktor Kanter riss die Augen neugierig auf.

„Die können uns auch nutzen." Vanessa Brandmaier hätte am liebsten den Wasserkrug auf Doktor Kanters Kopf zerschlagen. Was wusste der Holztrottel schon von Facebook?

„Die können uns nutzen, ja? Darf ich Sie etwas fragen: Wenn ich ein Telefon besitze, und das tue ich. Wie viele Menschen können mich anrufen?"

Vanessa starrte Doktor Kanter an. „Das weiß ich doch nicht. Ein paar Milliarden vielleicht?"

„Gut, nehmen wir an, fünf von sechs Milliarden Menschen kommen irgendwie zu einem Telefon und können sich einen Anruf bei mir leisten. Oder sagen wir, es sind nur vier Milliarden. Kann ich sagen, dass deshalb vier Milliarden Menschen mit mir in Kontakt stehen?" Doktor Kanters Stimme war gefasst. Er hatte seinen milden Blick wieder.

„Theoretisch ja. Natürlich." Vanessa Brandmaier hatte gelernt, auch bei Widerstand bei der eigenen Botschaft zu bleiben.

„Theoretisch ja. Wissen Sie eigentlich, was eine Theorie ist?" Er wurde nun etwas lauter.

„Na das Gegenteil von praktisch."

Doktor Kanter lachte kurz auf. „Unpraktisch also. Interessant. Theorie ist eine modellhafte Erklärung über die Funktionsweisen von einem bestimmten Gegenstand. Sie erklärt die Welt in abstrakten, wiederkehrenden, niemals falschen Grundsätzen. Sie nimmt alle Einflüsse zusammen, die in einem System herrschen, und erklärt die Wirkungen. Aber das, was Sie mir da erklären, ist nicht theoretisch, sondern einfach ein Topfen." Doktor Kanter ließ sich wieder in die Lehne seines Stuhls fallen. „Also wir sprechen von 812 Menschen."

„Von 20.000, wenn Sie zugehört hätten." Klaus Biber, MAS, reckte sein Kinn nach oben.

„Dann erklären Sie mir kurz, wie Sie auf die 25-fache Menge kommen." Doktor Kanter hatte seinen Blick fest in Marions Unterlagen gerichtet.

„Das ist der Long Tail of Information." Biber lächelte überlegen. „Aber von dem haben Sie vermutlich noch nie etwas gehört."

„Mein lieber Herr Kollege. Ich bin hoch erfreut, dass Sie sich so genau überlegen, wovon ich schon gehört habe. Ich schätze Menschen, die sich über ihre Mitmenschen den Kopf zerbrechen. Sogar, wenn es mich trifft. Ich mag im Unterschied zu Ihnen wissen, wie man ein Buch öffnet, es von vorne bis hinten liest und am Ende den Deckel zuschlägt, ohne alles zu vergessen. Aber ich bin deshalb nicht von vorgestern. Die Spur, die eine Nachricht zieht, wird in unserer digital ausgerichteten Welt immer länger. Sie springt von hier nach da und weiter und zurück. Am Ende müssen wir bloß aufpassen, dass die Information am Ende noch halbwegs stimmt. Sonst haben wir ein Problem. Sie kennen ‚Stille Post'? Ich würde gerne sicher gehen, dass wir mit korrekten Informationen verbunden werden, nicht mit irgendwelchen." Doktor Kanter holte tief Luft.

„Aber mein lieber Herr Kollege, der Long Tail of Information hat mit dem, was Sie glauben, nicht das geringste zu tun." Er kramte in seinen Unterlagen nach einer von Marions Zusammenfassungen. „Der Long Tail bezieht sich doch nur auf die verschiedenen Ausspielkanäle, seien sie noch so klein. In der Summe der vielen Plätze, auf denen wir unterwegs sind, ergibt sich die geballte Macht unserer Aussagen. Aber davon haben *Sie* vermutlich noch nie gehört." Er starrte Biber mit jenem gefrorenen Lächeln an, das Feinkostverkäuferinnen am ersten Tag ihrer Einschulung für das restliche Leben ins Gesicht gebrannt bekommen. Gegenüber Biber zeigte sich Doktor Kanter weit ruppiger als gegenüber der jungen Social-Media-Tante, der man jugendlichen Leichtsinn und überbordende Selbstüberschätzung nicht ganz so streng anrechnen durfte wie dem Vorstand in Marketingfragen.

„Wir haben also 812 nachgewiesene Kontakte?" Doktor Kanter schaute Vanessa tief in die Augen.

„So ist es." Vanessa betrachtete abermals den vollen Wasserkrug am Tisch und bedauerte in diesem Moment zutiefst, dass irgendein Schlafwandler mit seinem blöden Köter diesen Doktor Kanter rechtzeitig im Wald entdeckt hatte.

„Darf ich Sie noch etwas fragen: Wieviele dieser 812 Menschen werden von uns bezahlt."

„Das sind 23 Personen."

„Und wieviele sind Sie selbst?"

„Na das sehen Sie doch. Einmal ich." Vanessa würde ihm nicht die Freude machen und gleich alle Tricks verraten, die ihre Zahlen nach oben trieben. Denn natürlich hatte sie sich, aber das wusste nicht einmal Biber, noch einige Male vermehrt, um eine entsprechende Zahl zustande zu bringen.

„Ich frage aus einem bestimmten Grund. Kennen Sie sprachliche Forensik? Das ist eine Wissenschaft, die von Texten auf Menschen schließen lässt. Und umgekehrt. Wir verraten uns durch die Wortwahl. Durch die Grammatik. Durch die Logik, – falls wir eine haben –, die wir in unseren Sätzen verlieren. Ich frage deshalb, weil Sie so gerne ‚an und für sich' verwenden. In 76 Prozent ihrer Postings fand ich ‚an und für sich'. Und bei etlichen anderen Nutzern – übrigens seltsamerweise viele ohne Bild auf Facebook – sind es ebenfalls zwischen 65 und 83 Prozent der Postings, die ‚an und für sich' beinhalten." Doktor Kanter ließ den Mund einen Spalt offen und blickte zu Vanessa Brandmaier.

„Kann schon sein, dass der eine oder andere Testaccount von mir dabei ist."

„Und wie viele Testaccounts haben Sie?"

„Das weiß ich doch nicht. Ein paar halt." Vanessa bebte.

„Schluss, Herr Kollege, wir sind ja nicht bei CSI Holzhütte. Sparen Sie sich ihre Schnüffeleien, die ganze Suppe haben immerhin Sie uns eingebrockt. Seien Sie froh, dass andere sie auslöffeln, während sie im Spital herumliegen." Bibers Mundwinkel zuckten nervös.

„Lieber Herr Biber. Die Suppe haben uns ein paar Ärzte eingebrockt, die Anopharm an Alkoholiker verschrieben haben. Dazu komme ich später. Darüber hinaus Menschen wie Sie, die am liebsten sämtliche Warnhinweise von Medikamenten entfernen und sie an jeder Imbisshütte frei verkaufen würden. Und noch weiter darüber hinaus irgendwelche Redakteure, die keine Ahnung haben von den Dingen, über die sie berichten. Aber auch dazu später. Und ja: Ich habe die Phalanx auf Facebook verschlafen, aber Sie bereiten gerade die nächste Phalanx vor. Aber für die sind wir dann selbst verantwortlich, ganz allein." Doktor Kanters Freundlichkeiten hatten sich erschöpft. Die Schlussrunde in der Auseinandersetzung mit Biber war eröffnet. „Ich darf Sie aber bitten, Ihre Märchenstunde zu Facebook fortzusetzen."

Vanessa kürzte ihren Vortrag entscheidend ab. „Es ist wichtig, dass wir als Pharmaunternehmen nicht nur mit der Medizin auftreten. Sonst bleiben wir die Pillenheinis." Vanessa blickte aus ihrem Manuskript auf. An dieser Stelle hätte sie sich einige Lacher aus der Herrenrunde erwartet. Aber Humor, das hatte sie schon gelernt, war in diesem Unternehmen so gern gesehen wie die Krätze im Gesicht eines Hautcremevertreters. „Wir brauchen Themen, die Menschen interessieren."

„Kochrezepte zum Beispiel." Doktor Kanter hatte unhöflich dazwischen gerufen.

„Ja, zum Beispiel Kochrezepte. Warum denn nicht." Vanessa Brandmaier erklärte, dass Kochen einen wahren Boom erlebte, und man bitteschön nicht darauf vergessen dürfe, dass man durch gesunde Ernährung schon einiges tun könne, was auch einem Pharmakonzern gut anstehen würde.

Doktor Kanters Stichwort war gefallen. „Liebe Kollegen, ich möchte an dieser Stelle nur ungern unterbrechen. Aber ich habe mir gedacht, zur Feier meiner Rückkehr und als Dankeschön für Ihre Geduld während meiner Abwesenheit bringe ich ein paar Happen zum Essen mit. Das sind ausschließlich Rezepte von der Facebook-Seite der Fidelio Pharma AG. Ich habe das extra von einer Großküche grammgenau nachkochen lassen." Er bückte sich nach einer der beiden Taschen, nahm die Gefäße heraus und stellte sie auf den Tisch. Risotto, Minischnitzel, Nudelsalat und allerhand andere Kleinigkeiten standen, hübsch zubereitet und weniger hübsch in tarngrünen Thermobehältern angerichtet, auf dem Tisch. Doktor Kanter ließ Teller und Besteck bringen.

„Wer isst denn in aller Herrgottsfrüh Schnitzel?" Bibers Blick war grimmig.

„Aber nette Idee, Herr Kollege, auch mal an die anderen zu denken."

Doktor Kanter grinste. „Weihnachtswunder, Kollege Biber, Weihnachtswunder. Nehmen Sie! Es ist genug da."

Die Herren luden kleine Happen auf die Teller und begannen zu essen. Biber nahm hastig einen Happen vom Risotto und blickte kopfschüttelnd zu Vanessa Brandmeier: Versalzen, mit jeder Menge Ei.

Wolfgang Malle nahm einen Bissen vom Nudelsalat, räusperte sich und spuckte die vor Mayonnaise triefende Masse in die Serviette. „Das kann doch kein Mensch essen!"

Doktor Kanter warf einen Blick zu Vanessa Brandmaier. „Können Sie mir ganz praktisch erklären, was diese Rezepte sollen? Die sind alle versalzen, alle fett, eigentlich ungenießbar."

„Also ähm. Das tut mir sehr leid, dass das nicht schmeckt. Geschmäcker sind halt auch verschieden."

Der Vorsitzende Wolfgang Malle klopfte mit der Faust auf den Tisch. „Entschuldigen Sie. Das ist ungenießbar. So etwas frisst kein Schwein. Was soll der Blödsinn?"

Doktor Kanter wunderte sich über den harschen Tonfall des Vorsitzenden, den er für seine gewählte Ausdrucksweise stets geschätzt hatte.

„Ich fürchte, wir haben uns bei den Maßeinheiten vertan. Das sind amerikanische Rezepte, die wir auf Deutsch übertragen haben. Sie wissen schon, in Unzen und Yard gerechnet." Biber lachte gequält. „Wir werden das korrigieren, selbstverständlich."

„Und darf ich noch wissen, warum keines dieser Gerichte ohne Unmengen Fett und Ei auskommt? Das widerspricht der gesunden Ernährung einigermaßen."

„Wir werden das auf ausgewogenere Kost umstellen, nicht wahr Frau Brandmaier?" Biber zischte in Richtung der Kollegin.

Natürlich hatte sie keine der von ihm geforderten Änderungen vorgenommen. Der Zeitpunkt erschien ihr ungünstig, um dem Vorstand den wahren Hintergrund ihrer versalzenen Kochsammlung zu erläutern. „Auf Rezepte stehen die Leute halt", sagte Vanessa Brandmaier verlegen.

„Ich habe allein auf Facebook hunderte Seiten mit Rezepten gefunden. Die heißen alle ‚Rezepte irgendwas'. Warum sollte jemand bei uns nach Rezepten suchen?" Doktor Kanter sah fragend zur Social-Media-Beauftragten.

„Haben Sie eine bessere Idee? Außer ihre Presseaussendungen hier zu verbreiten?"

Doktor Kanter stand auf, sammelte die Bundesheergefäße wieder ein und öffnete die zweite Tasche. Abermals ließ er frische Teller bringen. „So, das sind essbare Dinge. So, wie man die in unseren Breiten kocht. Dazu sind sie einigermaßen ausgewogen. Sie können also einen Bissen vom Salat nehmen, ohne nachher auf Kur zu gehen." Kanter griff eine kleine Papiermappe, spazierte um den Tisch und reichte sie Vanessa Brandmaier: „Ich habe die Rezepte für Sie aufschreiben lassen. Falls es Ihnen schmeckt. Und bitte auf die Maßeinheiten achten!" Grinsend ließ er die Mappe auf den Tisch fallen. „Sie können fortsetzen."

Vanessas Kopf war dunkelrot. Was hätte sie dafür gegeben, täglich drei Mal von Biber begrapscht zu werden, um sich diesen unsäglichen Doktor Kanter zu ersparen. „Im Übrigen schauen auch Journalisten auf Facebook nach. Viel eher, als sie bei Ihnen anrufen. Das Telefon ist nämlich ziemlich out." Sie hoffte, die Lufthoheit über dem Sitzungstisch zurückzuerobern.

„Aber wissen Sie, deswegen ist es ja so wichtig, dass die Journalisten auf Facebook die gleiche Information erhalten, wie wenn sie mich anrufen."

„Nur versteht das niemand, was Sie da in Ihren Aussendungen schreiben." Vanessa las aus einer komplexen Erklärung über die Wirkungsweise eines Schmerzmittels.

„Frau Kollegin, das ist die Ärzteinformation, nicht die Presseaussendung. Sie müssen schon schauen, was oben drauf steht." Doktor Kanter wies mit der Hand auf einen Hinweis auf dem rechten oberen Rand. „Schauen Sie, können Sie mir vorlesen, das da steht."

„Nur für Ärzte", flüsterte Vanessa. Sie sah hilfesuchend zu Biber, doch der war dermaßen auffällig in seinen Krabbensalat vertieft, dass keine absehbare Reaktion zu erwarten war. Feiger Sack. „Ihre Presseaussendungen sind aber auch nicht die Wucht."

Doktor Kanter stützte seinen Kopf auf die Handballen und murmelte vor sich hin. „Liebe Frau Kollegin. Sie sind gewiss mit dem Computer in der Wiege gelegen. Sie waren schon auf Facebook, da konnte man den Herrn Zuckerberg noch persönlich anrufen und auf einen Kaffee vorbeischauen. Wahrscheinlich haben Sie auch noch die phantastischsten Seminare zu allen wichtigen Themen dieser Welt absolviert. Aber glauben Sie mir eines: Ich lass' mir ungern von kochunfähigen Analphabeten meinen Beruf erklären." Doktor Kanter warf grimmige Blicke in die Runde. „Ich darf hier einen Auszug aus unseren Facebook-Publikationen vorlegen." Doktor Kanter teilte die Blätter aus. „Sie werden das als kreative Rechtschreibung bezeichnen, Herr Kollege. Ich darf Ihnen versichern: Das ist einfach falsch."

Die Vorstandsrunde las von „Eppilepsie" und „Diarohhe", von „Pulverln, die man einnemen" sollte. Wolfgang Malle schüttelte den Kopf. „Lieber Kollege Biber, ich darf doch bitten, dass das aber sofort korrigiert wird." Biber wäre um ein Haar an einer Krabbe erstickt und nickte hastig.

„Sie können bitte weitermachen." Wolfgang Malle deutete zu Vanessa Brandmaier und warf einen skeptischen Blick in die Runde. Die Vorstände sahen einander stumm an.

„Ich wollte dann noch sagen, dass es uns gelungen ist, über Social Media die Leute zum Reden über Medizin zu bringen." Vanessa Brandmaier verwies auf die rund 300 Einträge zu dem Thema. Sie selbst habe „da oder dort" eine Debatte angeschoben, insgesamt müsse man aber sagen, dass das ein „Erfolg" sei.

Doktor Kanter kramte abermals in seinem Papierstoß. „Sie müssen verzeihen, Frau Kollegin, ich war jetzt so lange weg, dass ich mich heute besonders gerne reden höre." Er lächelte. „Ich hätte da noch eine Frage: Wer schaut sich eigentlich an, was die Leute da diskutieren?"

„Na ich, wer sonst." Vanessa grollte.

„Dann ist Ihnen bestimmt nicht entgangen, dass über unsere Seite schwunghafter Tauschhandel mit angebrochenen Tabletten betrieben wird." Doktor Kanter verteilte abermals ein paar Facebook-Ausdrucke. Oder was meinen Sie zu solchen Aussagen? „Hey, dringend, hat noch jemand von Euch Augmentin daheim? Apotheker ist leider stur. Wohne in Graz. Muss das, glaube ich, noch ein zwei Tage länger nehmen. Daaaaanke."

Der Vorstandsvorsitzende sprang aus seinem Sessel und wandte sich zu Biber. „Ich habe keine Ahnung, was Sie sich dazu denken. Ich weiß nicht einmal, ob Sie überhaupt denken. Können Sie das? Ja? Oder ist Ihnen das zu anstrengend? Ich verlange, dass diese Sachen augenblicklich verschwinden. Wenn das die Presse mitbekommt, sind wir tot. Mausetot. Das ist der verantwortungsloseste Schmarren, der je dieses Unternehmen verlassen hat. Wir unterbrechen jetzt die Sitzung für zehn Minuten und die beanstandeten Dinge werden ausnahmslos gelöscht."

„Sie müssen die junge Kollegin verstehen, die hatte eine Monsteraufgabe, da können schon Fehler passieren." Klaus Biber sprach ausgesprochen leise.

„Die junge Kollegin. Die junge Kollegin. Jetzt lassen Sie einmal die junge Kollegin in Frieden. Das ist Ihre Mitarbeiterin. Das ist Ihre Verantwortung. Die junge Kollegin hat sich angestrengt und Fehler gemacht, das kann passieren, ja. Aber Sie? Sie werden hoch bezahlt dafür, dass Sie einen ausgezeichneten Job verrichten. Nicht fürs Schaumschlagen und auch nicht für Rechtschreibfehler, die Sie übersehen." Malles Augen funkelten und er schwitzte.

„Ich entschuldige mich für die Fehler und bleibe trotzdem dabei: So angreifbar und menschlich nachvollziehbar war die Fidelio Pharma AG noch nie." Klaus Biber stand auf, schnappte Vanessa Brandmaier unsanft am Arm und eilte in Richtung Ausgang.

„Moment bitte, einen Moment noch." Doktor Kanter bat die beiden zurück in den Raum. „Wenn Sie ausbessern, da gibt es noch eine Kleinigkeit."

„Was denn?" Vanessa schnappte nach Luft.

„Ich habe da noch so eine Geschichte, die ich hinterfragen wollte. Die Sache mit dem Firmennamen. Ich darf kurz vorlesen? ‚Die Fidelio Pharma AG geht auf eine Oper von Wolfgang Amadeus Mozart zurück. Mozart ist der größte Salzburger Superstar. Die richtigen Medikamente hätten dem armen Wolferl vermutlich das Leben gerettet. Mozart stand dem Lebenswandel moderner Rockstars um wenig nach. Sex, Drugs und Rock'n Roll waren schon damals nichts Unbekanntes. Die Fidelio Pharma AG führt Mozarts Geist fort. Ein geniales Unternehmen.'" Doktor Kanter legte den Zettel vor sich ab und schaute in die Runde.

Die Herren starrten einander fassungslos an. Ulrich von Trenckheim, der Vorstand für Ethikfragen, erhob sich aus einem Stuhl. Er hatte evangelische Theologie studiert und war das einzige Mitglied der Eigentümerfamilie, das noch im Unternehmen selbst beschäftigt war. Von Trenckheim war der Urenkel des Fidelio-Gründers und ein stiller Mann. Seine hell-brünetten Haare bildeten einen Strohkranz rund um eine glänzende Glatze. Der kugelrunde Kopf kam direkt auf einem ebenso kugelrunden Oberkörper zu sitzen, der wiederum durch stramme, kurze Beine mit dem Erdboden verbunden war. Seine stets grünen Anzüge erinnerten an einen Jäger, der er gewiss nicht war, da er die Jagd zum Zwecke der Unterhaltung zutiefst verachtete. Er war Anfang sechzig, ein ruhiger, freundlicher Mann, nicht sonderlich attraktiv, gewiss, der vor allem dadurch auffiel, dass er nicht auffiel. Obwohl die von Trenckheims längst österreichische Staatsbürger waren, seit zwei Generationen schon, hatten sie ihren deutschen Einschlag in der Sprache bewahrt. Die deutsche Abstammung erlaubte ihnen zusätzlich, die in Österreich verbotene Adelsbezeichnung „von" weiterzuführen. Der deutsche Habitus hatte Ulrich von

Trenckheim zum Außenseiter gemacht. In Salzburg wehte eisiger Wind all jenen entgegen, die aus der falschen Gegend kamen. Wiener, Deutsche und als solche erkennbare andere Ausländer sonstiger Provenienz taten sich naturgemäß schwerer als der Rest. Von Trenckheim wurde von der Belegschaft „August" gerufen. Das stand eigentlich für das despektierliche „Piefke", das man sich dem Eigentümerkind nicht hinterherzurufen traute. August war der Rufname des preußischen Komponisten Johann Gottfried Piefke gewesen, der als Vorbild für die österreichische Deutschenbeschimpfung, als Inbegriff des korrekten, aber etwas aus der Rolle gefallenen Preußen, Pate gestanden hatte. Keine Frage, dass die August-Geschichte zu allererst von Doktor Kanter aufgebracht worden war, der den Dingen, auch der Herabwürdigung der Deutschen in Österreich, wissbegierig auf den Grund gegangen war und diese seine Erkenntnis in eine von bösem Sarkasmus getragene Kollegenbeschimpfung umgearbeitet hatte.

Über die Jahre hatte sich die Gründerfamilie immer weiter aus dem Geschäft zurückgezogen, bis sie das Unternehmen nur noch als verantwortungsvolles Investment betrieb. Die Familie nominierte stets einen Vertreter, der aktiv im Vorstand mitarbeitete. Für Ulrich von Trenckheims hatte man Ethik und Soziale Verantwortung als Betätigungsfeld ausgemacht. Der Inhaberspross füllte dieses Amt mit dem ihm eigenen Verantwortungsbewusstsein über Jahrzehnte aus, hielt sich aber aus tagesaktuellen Diskussionen im Vorstand weitgehend zurück.

Ulrich von Trenckheims Gesicht war purpurfarben angelaufen, das erste Mal, seit Kanter sich erinnern konnte. „Fidelio von Mozart, meine Herren, das schießt doch den Vogel ab für den heutigen Tach." Das kleine Mondgesicht zitterte rund um die Mundwinkel und die Augenlider. „Wo sind Sie denn zur Schule gegangen, wenn ich Sie das fragen darf? Wo?" Ulrich von Trenckheim holte tief Luft: „Ich werde Ihnen etwas sagen. Fidelio stammt aus der Feder von Ludwig van Beethoven. Und wenn Sie etwas genauer zugehört hätten, dann wüssten Sie, dass es die einzige Opfer von Ludwig van Beethoven ist. Die einzige." Trenckheim schnaufte. „Und wissen Sie, wo Ludwig van Beethoven herkommt? Wissen Sie das? Nicht aus Salzburg. Nein. So wie meine Familie nicht aus Salzburg kommt, wie Sie unschwer an meiner Aussprache bemerkt haben werden. Ludwig van Beethoven kommt aus der Gegend um Bonn." Der kleine Adelsmann rieb die Handflächen nervös an den Sakkotaschen.

„Ich bessere das gleich aus." Vanessa Brandmaier fand den alten Rumpelstilz mit deutschem Einschlag in der Sprache irgendwie lustig und bemitleidenswert.

„Was bessern Sie aus?" Von Trenckheims Augen glühten. „Gar nichts werden Sie ausbessern. An der Geschichte ist gar nichts dran. Nichts. Keine einzige korrekte Silbe." Ulrich von Trenckheim schilderte aufgeregt die Geschichte der Fidelio Pharma AG. Diese war kurz vor Ausbruch des Ersten Weltkrieges in der Gegend in Bonn gegründet worden. Von Trenckheims Urgroßvater hatte ein Schmerzmittel auf Basis speziell gezüchteter Pflanzen entwickelt, die es im großen Stil herzustellen galt. Doch bald nach Eröffnung der ersten, vergleichsweise kleinen Manufaktur, rückte die Front immer näher. Die Franzosen waren nicht weit entfernt in ihren Gräben und Bonn erlebte 1916 einen schlimmen Hungerwinter, der zahlreiche Einwohner, und damit auch etliche der ersten Mitarbeiter der Fidelio Pharma AG, das Leben kostete. Das Schmerzmittel aber, Dolosalut, war nachgefragt. Es wurde den

Verwundeten auf den Schlachtfeldern des Ersten Weltkriegs verabreicht, oft als letzte Mahlzeit, ehe die Soldaten verbluteten, weil es an allem sonst gefehlt hatte. „Wenigstens schmerzfrei", erklärte der Ethikvorstand, „und Sie können mir glauben, es brach uns das Herz, dass unsere Medizin einzig die Folgen der schlimmsten Verwundungen zu lindern vermochte, bevor die Menschen trotzdem starben." Der Urgroßvater beschloss, sein Leben in den Dienst der pharmazeutischen Entwicklung zu stellen. Aber in Bonn? Die Stadt am Rhein hatte weder Ressourcen, noch die nötige Sicherheit, um als Standort weitergeführt zu werden.

„Mein Urgroßvater beschloss unter dicken Tränen, sein Werk an einem anderen, an einem sicheren Ort fortzuführen." Die von Trenckheims hatten weitläufige Verwandte in der Nähe von Salzburg, einer kleinen Stadt, die weit genug von den Fronten des Ersten Weltkriegs entfernt war und aufgrund der zahlreichen Berge auch Möglichkeiten zur Forschung mit natürlichen Heilmitteln bot. „Wir haben die gesamte Firma auf Pferdewagen gepackt, die Maschinen, die Unterlagen, sogar die Angestellten haben wir mitgenommen, wenn diese das wollten, und sind über Nacht hierher gezogen. Als ‚Piefketross' wurden wir empfangen. Und wenn Sie ehrlich sind: Der Piefketross sind wir noch heute." Von Trenckheim hatte sich ein wenig beruhigt. Die anderen Vorstandskollegen hörten der Geschichte des eigenen Unternehmens totenstill zu. Zwar kannten die meisten die Eckdaten des Unternehmens, auch die Gründung in Deutschland, aber die wenigsten wussten um die genauen Umstände Bescheid.

Doktor Kanter schämte sich in Grund und Boden, er hätte sich am liebsten bei den versalzenen Speisen in der grünen Armeetasche versteckt. Gerade er, der weltoffene und gebildete Kommunikationsprofi, hatte an wesentlicher Stelle mitgearbeitet, die deutsche Herkunft immer wieder zu thematisieren und den Schenkelklopfern zum Fraß hinzuwerfen.

„Und wissen Sie was: Beethoven ging auch nach Österreich. Auch von Bonn weg. Er war die Verkörperung all unserer Ideale, einer der nie aufhörte, der noch komponierte, ja sogar dirigierte, als er kaum noch hörte. Und er hat diese eine, diese wunderbare Oper geschrieben. Die einen Namen trägt, der Treue und Vertrauenswürdigkeit enthält. Fidelio." Ulrich von Trenckheim starrte an die weiße Wand. „Ich lasse mir doch diese Geschichte nicht von einem irrlichternden Marketingtrottel versauen. Sie wissen nicht, wie das ist, wenn Sie von zu Hause weg gehen und an einem Ort bleiben, wo Sie niemand will. Niemand schätzt. Niemand vermisst, wenn Sie weg sind. Und wenn Sie mir hinter Ihrer vorgehaltener Hand August nachrufen, heute noch, jeden Tag, dann wissen Sie, was das heißt: Nie anzukommen, nachdem Sie Ihr Zuhause verlassen haben." Über die rundliche Wange kullerte eine kleine Träne.

Vanessa Brandmaiers Miene war eingefroren. Zum ersten Mal seit ihrem Eintritt in die Fidelio schämte sie sich. Sie hatte, das war ihr bewusst, einen vermutlich ausgesprochen liebenswerten Menschen, einen harmlosen jedenfalls, einen, der so aussah, als würde er lieber mit ihr sprechen und zuhören, als ihr an den Arsch zu fassen, offenbar zutiefst verletzt. Sie hasste sich selbst, noch mehr als Biber in diesem Moment, der offenbar nur Interesse an ihrer Wäsche und dem Darunter hatte, aber sich Null gekümmert hatte um jene Inhalte, die sie auch in seinem Namen verfasst hatte. Sie spürte, wie die Augen immer spürbarer brannten, feucht wurden. Das Kribbeln an der Nasenwurzel war nicht länger zu unterdrücken. Sie fasste sich an die Tränensäcke, um das Unvermeidliche aufzuhalten, bis alles aus ihr herausbrach. Sie weinte, zunächst still, dann merkbar schluchzend. „Ich würde mich gerne an dieser Stelle zurückziehen. Das tut mir leid." Sie sprang auf und rannte wortlos zur Tür, drehte sich dann noch einmal zu Ulrich von Trenckheim um. „Es tut mir wirklich sehr leid." Sie rannte unter Tränen aus dem Zimmer.

Doktor Kanter saß ratlos auf seinem Stuhl. Sollte er aufstehen? Etwas sagen? Um Verschiebung bitten? In diesem Moment hörte er Klaus Biber vom anderen Ende des Tisches: „Diese Mitarbeiterin ist leider eine sehr große Enttäuschung, ich muss mich dafür entschuldigen, das erst jetzt zu erkennen. Es gibt halt keine verlässlichen Leute mehr." Biber blickte betroffen in die Runde.

„Sie sind doch wirklich das Letzte." Doktor Kanter stand aus seinem Stuhl auf. „Sie haben diese junge Frau in diese Katastrophe gehetzt. Sie selbst. Sie haben nicht geschaut. Und dann reden Sie sich aus. Sie sollten sich schämen. Ich schäme mich sogar für Sie, so unfassbar, so hinterhältig sind Sie. Ich bitte Sie, die Sitzung für eine halbe Stunde zu unterbrechen." Doktor Kanter eilte aufgebracht aus dem Sitzungszimmer und lief, so gut er mit den Schrauben im Knie konnte, zu Vanessa Brandmaiers Büro.

„Es tut mir leid, Frau Kollegin, dass das so ausgegangen ist." Doktor Kanter stand in der Tür und hielt sich mit der Linken am Rahmen fest. „Diese Sache hat nichts mit Ihnen zu tun, sondern mit Ihrem reizenden Herrn Vorgesetzten." Doktor Kanter schaute Vanessa lange an. „Darf ich reinkommen?"

Sie richtete sich an Ihrem Schreibtisch auf. „Sie sind ja schon da." Sie hatte wieder ein wenig Festigkeit in ihrer Stimme. „Sie hätten mir das aber auch früher sagen können."

„Sie hätten etwas früher fragen können." Doktor Kanter verwies auf Marion Weihrater, die mit ihren Anmerkungen stets abgeblitzt war.

„Ich hatte doch den Auftrag, gegen Sie zu arbeiten." Sie starrte gerade beim Fenster hinaus, als sie das erklärte. „Und Ihre Mitarbeiterin ist auch nicht der Inbegriff einer Teamspielerin."

„Ach ich bitte Sie. Wie denn auch?" Doktor Kanter analysierte die Situation zwischen den beiden Frauen mit der ihm eigenen Scharfsinnigkeit. „Im Wesentlichen läuft das auf einen Krieg zwischen Marketing und Kommunikation hinaus. Und Sie haben den Stellvertreterinnenkrieg auch nicht schlecht geführt." Doktor Kanter bemühte sich um etwas Humor.

„Wie dem auch sei. Ich glaube nicht, dass wir noch besonders lange im gleichen Unternehmen sind. Das war's wohl." Vanessa rutschten neuerlich ein paar Tränen aus den Augenwinkeln.

„Sie wollen die Flinte ins Korn schmeißen? Ich bitte Sie. Wenn Ihr Glück nicht an dem Biber hängt, gibt es da sicher die eine oder andere Möglichkeit."

„An dem Biber?" Vanessa starrte ihn an. „An diesem notgeilen Affen?" Sie weinte erneut.

Doktor Kanter und Vanessa Brandmaier saßen da. Sie mochte seine Art, seinen Humor, irgendwie, fand ihn aber viel zu umständlich, indirekt und letztlich wusste sie nicht, was sie seinem Wissen entgegenzusetzen hätte. Sein reicher Schatz an Zitaten und Anspielungen, dieses Lexikon auf zwei langen, dünnen Beinen, hatte wohl kein Thema, zu dem es nichts zu sagen gab.

Er wiederum wunderte sich, wie man junge Leute völlig kopflos in Dinge scheuchte, die ihnen ein oder zwei Nummern zu groß waren. Große Worte und kleines Selbstbewusstsein. Er mochte ihre Durchsetzungskraft, auch ihre Kratzbürstigkeit fand er angenehm. Es war dies, meinte er, eine Form von Ehrlichkeit, die man in der heutigen Zeit zu Recht vermisste. Natürlich hatte sie eine vorlaute, respektlose Art, die man zurechtweisen musste, solange man etwas auf sich selbst hielt. Aber schlecht? Nein. Schlimmstenfalls schlecht erzogen. Zuletzt von Biber. „Wissen Sie was, wir lassen den heutigen Tag gut sein. Ich muss zu der Sitzung zurück. Aber Sie kommen irgendwann vor Weihnachten bei mir im Büro vorbei. Gut? In aller Ruhe. Sie finden mich ja." Doktor Kanter bemühte sich um ein Lächeln.

„Mal sehen", sagte Vanessa Brandmaier finster. Immerhin war es Holzhütten-Kanter gewesen, der ihr in die Suppe gespuckt, ja sogar in die Suppe gepisst hatte, wie sie befand. „Mal sehen." Sie drehte sich in ihrem Stuhl von Doktor Kanter weg und starrte auf die Pinnwand. Er ging langsam weg. Sie wartete, bis seine etwas unregelmäßigen Schritte am Ende des Ganges verstummt waren. „Ich bin so saublöd." Vanessa schlug mit der Faust auf den Tisch, packte ihre Sachen und ging zur Tür hinaus.

Doktor Kanter kehrte in das himmelschreiende Schweigen seiner Kollegen zurück. Die Vorstandsrunde kaute entweder lustlos an seinen mitgebrachten Leckerbissen herum, starrte auf den Tisch oder unterhielt sich so angestrengt über alltägliche Kleinigkeiten, dass es einem fühlenden Menschen dabei die Kehle zuschnüren musste. Die Luft war aufgeladen, und es schien, als wollten die Herren abwarten, bis sich dieser Zustand von selbst verflüchtigt hätte.

„Na einen Mentor wie Sie möchte ich auch einmal haben." Doktor Kanter wusste, dass er Klaus Biber, MAS, jetzt nicht loslassen durfte. Der saß in seinem Schwitzkasten, und dort durfte er nicht eher wegkommen, als er seine Agenden wieder zurückbekommen hatte. „So etwas hat kein Mensch verdient."

Wolfgang Malle beendete die Sitzungspause mit einem kaum hörbaren Appell, die Dinge nun zu einem Ende zu bringen. Er sehe keine andere Möglichkeit, als all diese Themen gesondert noch einmal zu behandeln, er wisse aber in diesem Augenblick noch nicht wie. Die anschließende Stille schmerzte in den Ohren.

Doktor Kanter durchbrach das Schweigen und bat um das Wort. „Glauben Sie mir, ich hätte mir meine Rückkehr etwas harmonischer vorgestellt. Aber ich würde die Gelegenheit gerne trotzdem nützen, Ihnen ein paar Erkenntnisse aus meinen jüngsten Recherchen vorzustellen." Doktor Kanter sah jedes Vorstandsmitglied einzeln an, auch Klaus Biber, und wartete auf Widerspruch, ehe er fortfuhr. „Ich habe mir unser Unternehmen angesehen. In allen Ecken, in allen Winkeln. Und eines sage ich Ihnen: Eigentlich können wir stolz sein. Denn überall sind Menschen am Werk, die das Beste wollen. Für sich, natürlich, aber auch für uns. In den Köpfen existieren hunderte kleine Vorstellungen, was denn die Essenz dieses Unternehmens sei." Doktor Kanter schaute Biber an. „Auch Ihnen billige ich natürlich zu, dass Sie aus Ihrer Sicht nur das Beste für uns alle wollen. Das Problem ist: Jeder Einzelne steht heute in Kontakt mit der Öffentlichkeit. Über Gespräche, aber, und das war unsere große Schwachstelle, auch über das, was wir als Social Media kennen gelernt haben. Im Prinzip nichts anderes als ein riesiger Quatsch- und Tummelplatz, an dem sich Menschen austauschen. Sie reden vielleicht über uns, aber nicht notwendigerweise mit uns."

Doktor Kanter ließ weitere Zettel im Kreis gehen, in denen er die Dialoge von Internetusern über die Fidelio Pharma AG zusammengefasst hatte. „In dieser Welt sind wir nie die Herren über die Kommunikation. Wir dürfen mitspielen, wir dürfen zurückmelden, aber wir dürfen nicht davon ausgehen, dass wir die Sache in der Hand haben. Wir können nicht wie früher darauf setzen, dass wir über ein paar Kommunikatoren, über ein paar verzweifelte Redakteure oder Chefredakteure zu den Menschen nach Hause kommen."

Doktor Kanter präsentierte der Vorstandsrunde seine Vorstellung von gelungener Kommunikation. Sie berücksichtige alle Ereignisse, die jemals stattgefunden hatten. Die Fidelio sei in einem Fluss von Nachrichten, der manchmal in eine günstige, dann in eine ungünstige Richtung schwappte. Wesentlich sei, für jede Richtung die richtige Nachricht zu haben. Und ihre Verbreitung zu kennen. Doktor Kanter blickte in die Runde.

„Und Sie meinen plötzlich, dass Sie das können?", feixte Biber.

„Von Ihnen haben wir heute, glaube ich, genug gehört. Vielleicht hören Sie sich die Ideen einmal zu Ende an", warf Wolfgang Malle ein.

„Danke. Wir sind im Prinzip verpflichtet, für jedes Ereignis die richtige Nachricht zu finden. Und: Mindestens genauso wichtig: Für jede Nachricht braucht es die richtigen Kanäle. Das sind nicht drei oder vier oder sieben, sondern hunderte. Wir können Sie in ein oder zwei Jahren vermutlich nicht einmal mehr zählen."

„Sie wollen uns damit sagen, dass wir es lieber ganz bleiben lassen sollen?" Ulrich von Trenckheim meldete sich ausnahmsweise noch einmal zu Wort.

„Ganz und gar nicht. Wir müssen nur lernen, wie diese Nachrichtensysteme funktionieren. Den Organismus begreifen, wie das unsere Forscher tun, wenn sie einen neuen Wirkstoff entwickeln. Und wir müssen die Menschen verstehen lernen, die nicht mit uns, sondern über uns sprechen. Wir müssen Teil ihrer Nachrichten werden, nicht umgekehrt." Doktor Kanter präsentierte ein paar Fakten aus dem Nutzungsverhalten der Menschen. „Und stellen Sie sich vor: Die sprechen über uns, und statt uns das genau anzusehen, bemühen wir uns nur, lauter zu schreien als die. Das kann nicht aufgehen. Wir brauchen eine Nachrichtenstrategie." Doktor Kanter wusste, dass es weder Platz noch Aufmerksamkeit gab, um dieses Thema erschöpfend abzuhandeln. Er erzählte quasi im Vorübergehen seine Geschichte mit dem ORF-Landesintendanten und dem alkoholisierten Anopharm-Opfer. Man möge, bat er die Runde, in den nächsten Tagen die „Salzburg heute"-Sendungen ansehen. Er stellte auch in Aussicht, mit einem ähnlichen Prozedere die Chefredaktionen der Printmedien zu überzeugen, man möge ihm aber dazu Zeit bis ins neue Jahr lassen, da er zuerst den Erfolg des Versuchsballons ORF abwarten wollte.

Zum Abschluss erzählte er der erstaunten Runde von der Wirkung der Umgebung auf die Nachricht, auf das Ereignis an sich. Es war vor wenigen Jahren, da einer der berühmtesten Geiger der Welt, ein Ausnahmetalent gewiss, in New York vor den Massen spielte. Drei Mal ausverkauft. Und nach den hymnischen Lobpreisungen stellte sich der Mann, er hieß Joshua Bell, unter einer Schirmkappe in die U-Bahnstation in Central New York. Er spielte die gleichen Nummern, die Zehntausende an den Tagen davor auch bejubelt hatten. Nur diesmal blieb so gut wie niemand stehen. Acht Menschen in drei Stunden ließen insgesamt keine 30 Dollar liegen. Nur einer erkannte den Virtuosen. Am Vorabend hätte man für das gleiche Geld nicht einmal den Schnippel einer Eintrittskarte erhalten. „Sie sehen: Die Wirkung eines Ereignisses liegt nicht immer im Ereignis selbst begraben. Zwei Mal Geige, zwei völlig andere Geschichten."

Die Vorstandsrunde nahm Doktor Kanters Ausführungen zur Kenntnis. Vor allem die Geigengeschichte gefiel den Herren sichtlich, auch wenn sie, wie Doktor Kanter bemerkte, vielleicht nicht recht wussten, was das mit der Fidelio Pharma AG genau zu tun hatte. Für Nachhaken oder gar Diskussionen war jedenfalls keine Energie mehr vorrätig. Die alten Herren waren erkennbar erschöpft. Doktor Kanter bat am Ende, die Agenden für Social Media übertragen zu bekommen. Er würde sich dafür auch um den „widmungsgerechten Einsatz der jungen Frau – ähm – Brandmaier" kümmern und ihr allenfalls Rechtschreibung, Recherchegrundlagen und ein paar andere Fähigkeiten beibringen. „Unter meiner Aufsicht, versteht sich."

Die ermattete Vorstandsrunde genehmigte das Vorhaben unter der Enthaltung einer Stimme, die Klaus Biber gehörte. „Wenn es die Zeit erlaubt, ersuche ich um eine Sondersitzung noch in den nächsten Tagen. Ich würde Ihnen die Nachrichtenstrategie gerne im Detail näher bringen."

Die Vorstände einigten sich auf den 20. Dezember und zerstreuten sich ohne den sonst üblichen Pallaver nach erledigter Sitzung in alle Richtungen. Doktor Kanter packte zufrieden seine Bundesheergefäße zusammen und eilte umgehend aus der Fidelio.

Kapitel 26
Die Newsroom-Strategie und ein Ende

Doktor Kanter erreichte das Offizierskasino kurz nach 13 Uhr. Er war selbst geschafft von den Ereignissen, überglücklich und todmüde. Seine Gedanken waren wieder dort angelangt, wo sie in den vergangenen Wochen die meiste Zeit verbracht hatten: bei Marion. Er tippselte einige Nachrichten vom ersten Triumph in seinen Blackberry, nahm die Glückwünsche freudig entgegen und fuhr nach Hause. Marion hatte ihm in der Zwischenzeit das fertige Konzept für die Kommunikationszukunft der Fidelio Pharma AG übermittelt. „Die Nachrichtenstrategie", lautete der Titel des Papiers. Doktor Kanter überflog die Unterlage und stellte fest, dass er selbst es um keinen Deut besser, ja ganz im Gegenteil, maximal so gut hätte machen können, wenn überhaupt. Marion hatte ihn gerettet und würde es, da war er sicher, noch einmal tun.

Zu Hause angekommen, beschloss Doktor Kanter, doch nicht zu Bett zu gehen. Zum ersten Mal seit Ewigkeiten, er hatte vergessen, seit wann, wollte er um Weihnachten ein Geschenk kaufen. Für Marion. Es wäre zu viel der Schrulligkeit, jetzt auch noch darauf zu pochen, dass diese ihm so vertraute Frau auch die nächste Marotte verstehen musste. Ein Geschenk zum Anlass, dachte er, als Dank auch für die vielen Stunden Arbeit und die unendlich vielen Stunden Freude, wäre zumindest eine Geste. Er zog seine Jacke über und eilte in Richtung Altstadt. Am Gericht vorbei, fand er erste Geschäfte, stellte aber entsetzt fest, dass man in Salzburg so gut wie alles kaufen konnte, nur nichts Brauchbares. Der Fluch der Touristenzonen, dachte er, und spazierte weiter über den Domplatz. Die Kulisse wirkte wie gemalt, zwischen kleinen Schneehäufchen zog heißer Dampf von Glühwein und Punschständen in die Höhe und vermischte sich mit der eiskalten, klaren Luft, zu einem Aroma, das Doktor Kanter wie magisch einhüllte. Er betrachtete die Handwerksläden, hinter denen in der Regel sympathische junge Leute in dicken Wollpullovern auf Kundschaft warteten. Doktor Kanter schaute in die Menge. Er erspähte einen Kopf, der ihm bekannt vorkam. Natürlich. Andreas, sein Sohn. Doktor Kanter überlegte kurz. An einem Tag wie heute würde ihm eine Versöhnung gelingen. Vielleicht würde Andreas auch mitspielen, wenn er das eine Wort über die Lippen brächte, das ihm nie ausgekommen war in Gegenwart seines Sprosses: „Entschuldige!" Doktor Kanter sagte die Phrase mehrfach leise vor sich hin, fügte einmal ein „bitte" und dann wieder „ehrlich" hinten dran. Er versuchte gerade, sich die letzten Meter zu Andreas

T. Holzinger, M. Sturmer, *Im Netz der Nachricht*,
DOI 10.1007/978-3-642-22489-8_26, © Springer-Verlag Berlin Heidelberg 2012

durch die Menschenmasse zu drängeln. Doch der war offenbar nicht allein. Er stand Arm in Arm mit einer Frau, deren Mütze zu ihm schaute. Sie war deutlich kleiner als der Bub. Er müsste die Versöhnung, erkannte er, auf ein andermal verschieben.

Doch er blieb wie schockgefroren stehen und starrte auf seinen Sohn. War das? Er schaute noch einmal. Natürlich. Marion. Sie küsste Andreas auf den Mund und hielt ihren Arm um seinen Oberkörper geschlungen. Doktor Kanter fand keine Bewegung mehr, als hätte er vergessen, wie er Beine und Arme koordiniert. Marion?

Nach einigen Sekunden hatte er die Hoheit über seinen Körper wieder. Er rannte durch die Menschenmenge auf direktem Weg nach Hause, ohne ein einziges Mal stehen zu bleiben. Das machte ihm sein Sohn zu Fleiß, war er sicher. Und Marion? Die hatte sich an ihn herangeschlichen, und letztlich den jüngeren Kanter genommen. Er, der Alte, war gut für den Job, der Junge besser im Bett. Natürlich! Er fühlte sich elend. Er konnte zusehen, wie er die schönen Momente in seinem Gedächtnis Stück für Stück gegen Hass eintauschte, bis keiner mehr übrig war.

Er stopfte einen Nikotinkaugummi in den Mund, setzte sich daheim hinter das Hochhaus von einem Computertisch und überflog noch einmal die Nachrichtenstrategie, die ihm seine Mitarbeiterin geschickt hatte. „Kann heute doch nicht. Doktor Kanter", schrieb er zwischendrin eilig in seinen Blackberry und ging auf „Senden", ehe er die Nummer aus dem Speicher des Mobiltelefons eliminierte. Er überlegte kurz, zog mit dem Mauszeiger wirre Kreise auf dem Bildschirm. Sein Herz zählte jede Sekunde mit drei Schlägen. Dann löschte er das Titelblatt und tippte in aller Langsamkeit Buchstabe für Buchstabe:

Die Newsroom-Strategie
Autor: Dr. Erich Kanter
Umsetzung: Dr. Erich Kanter, Vanessa Brandmaier
Salzburg, 18.12.2011

Marion hatte ja nun seinen Sohn.

Kapitel 27
Anhang: Die Newsroom-Strategie

Autor: Dr. Erich Kanter
Umsetzung: Dr. Erich Kanter, Vanessa Brandmaier
Salzburg, 18.12.2011

27.1 Ausgangssituation

Die seit Oktober heftig geführten öffentlichen Debatten um gefährliche Nebenwirkungen des Anti-Malaria-Mittels Anopharm haben zur einer der schwersten Krisen der Fidelio Pharma AG seit Gründung im Jahr 1914 geführt. Die prognostizierte Umsatzerwartung von 33,8 Mio. Euro wird die Fidelio Pharma AG laut den vorliegenden Vorschaurechnungen für das vierte Quartal klar verfehlen. Auch gegenüber dem Vorjahresergebnis von 32,3 Millionen Euro ist mit Einbußen von zumindest 15 Prozent zu rechnen. Mit einem prognostizierten Jahresergebnis von 27,4 Mio. Euro ergibt die Differenz zwischen dem Plansoll und dem erwarteten Ergebnis ein Minus von 6,4 Mio. Euro.

Die Diskussionen über Nebenwirkungen von Anopharm hatten ihren Ausgangspunkt in Sozialen Medien. Vor allem Nutzer der Social Networks Facebook erhoben gravierende Vorwürfe gegen das Medikament und die Fidelio Pharma AG. Social Media setzten in diesem Fall die Agenda für klassische Medien, welche die Vorwürfe aufgriffen und kritisch über das Unternehmen berichteten. Der Berichterstattung schlossen sich auch Leitmedien im deutschsprachigen Raum an. Durch die spätere Verlinkung dieser Beiträge in Social Networks kann von einem Teufelskreislauf gesprochen werden, der die Umsatzergebnisse der Fidelio Pharma AG negativ beeinträchtigt hat.

In der Zwischenzeit haben Untersuchungen ergeben, dass die aufgetretenen Nebenwirkungen eindeutig durch Falschanwendungen der Konsumenten (wie z. B. Einnahme bei bestehenden Leberschäden durch Alkoholismus, Überdosierung) verursacht wurden. Die Anopharm-Krise ist daher in erster Linie eine Kommunikationskrise, die vermieden werden hätte können.

Die in diesem Papier vorgestellte Newsroom-Strategie skizziert die dringend erforderliche Neuausrichtung der Unternehmenskommunikation der Fidelio Pharma

T. Holzinger, M. Sturmer, *Im Netz der Nachricht*,
DOI 10.1007/978-3-642-22489-8_27, © Springer-Verlag Berlin Heidelberg 2012

AG. Alle mit Kommunikationsaufgaben befassten Abteilungen werden darin in einer integrierten Redaktion – dem Newsroom – zusammengefasst. Der Newsroom
agiert als Nachrichtenagentur, die alle Kanäle und Zielgruppen mit einheitlichen
Botschaften beschickt und den Dialog mit Stakeholdern als gleichwertigen Kommunikationskanal begreift. Dadurch soll für die Fidelio Pharma AG die Themenführerschaft im Marktsegment der pharmazeutischen Industrie in Österreich erlangt
werden.

27.2 Kommunikationsstruktur der Fidelio Pharma AG

Die Kommunikationsaufgaben der Fidelio Pharma AG werden zurzeit von unterschiedlichen Abteilungen wahrgenommen. Der Bereich Presse unter der Leitung
von Vorstandsmitglied Dr. Erich Kanter ist vor allem für die klassische Medien-
betreuung, das Content Management der Website, die Herausgabe der Kundenzeit-
schrift und des Mitarbeiternewsletters sowie für die Erstellung von Geschäftsberich-
ten zuständig. In Zusammenarbeit mit der Rechtsabteilung und dem medizinischen
Personal ist der Bereich auch für die Redaktion von Studien, die Aufbereitung von
Verpackungsbeilagen und weiteren Informationsmaterialen verantwortlich.

Zu den Aufgaben der Marketing- und Vertriebsabteilung (Leitung Vorstand-
mitglied Klaus Biber, MAS) zählen unter anderem die Marktforschung und
Marktsegmentierung, allgemeine Werbemaßnahmen (Inserate in Fachzeitschriften,
Direct-Marketing-Aktionen etc.), die Gestaltung von Verpackungen, die Schulung
und Betreuung der Außendienstmitarbeiter, der Vertrieb an Ärzte und Apotheken,
die Organisation und Durchführung von Messen, Kongressen und Symposien sowie
die Koordination der Social-Media-Aktivitäten.

Zusätzlich unterstützt die medizinische Abteilung die Kommunikation mit Ärzten, Apotheken, Krankenhäusern und weiteren Fachöffentlichkeiten. Auch der
Kundenservice (Customer Care), der vor allem Auskünfte per E-Mail und Telefon
erteilt, erbringt wesentliche Kommunikationsleistungen im Customer Relationship
Management.

Durch die Anopharm-Krise wurde evident, dass die Kommunikationsstruktur der
Fidelio Pharma AG nicht mehr den heutigen Anforderungen entspricht. Unklare Zuständigkeiten, der hohe Koordinierungsaufwand und fehlende Zielvereinbarungen
zwischen den Abteilungen haben ein rasches und einheitliches Agieren verhindert
oder zumindest entscheidend verzögert.

27.3 Der mediale Wandel und seine Nebenwirkungen

Gutenbergs Alptraum. Die Kommunikationslandschaft erlebt ihren größten Umbruch seit der Erfindung des Buchdrucks. Zeitungssterben in den USA. Das Sinken
der verkauften Auflagen in Europa. Journalisten, die mit dem Stundenlohn einer
Haushaltshilfe ihr Auslangen finden müssen. Auf der anderen Seite das Internet als

Medium der Gegenwart und Zukunft: boomende Social Media wie Facebook und YouTube. iPhone und iPad als mobile Alleskönner. Und der Suchmaschinengigant Google, der sich anschickt, das TV-Geschäft zu revolutionieren.

Allen Unkenrufen zum Trotz muss aber attestiert werden, dass klassische Medien immer noch den Ton angeben. Laut aktueller Mediaanalyse lesen 73,7 Prozent der Österreicher ab 14 Jahre täglich Tageszeitung. Das sind 5,2 Mio. Personen. Die tägliche Reichweite des Radios beträgt 81,9 Prozent (5,8 Mio. Personen), jene des Fernsehens 62,7 Prozent (4,3 Mio. Personen). Zum Vergleich: Die tägliche Internetnutzung liegt bei 49,5 Prozent oder 3,5 Mio. Personen. Facebook verzeichnete im April 2011 2,4 Mio. österreichische Nutzerkonten. Die Microblogging-Anwendung Twitter hat im selben Monat 42.000 österreichische Accounts erfasst. Interessant ist in diesem Zusammenhang auch, dass 99 Prozent aller Artikel, die in Blogs verlinkt werden, auf traditionelle Nachrichtenquellen zurückgreifen (Zettel 2010).

Summa summarum kann festgehalten werden, dass klassische Medien aus der modernen Unternehmenskommunikation genauso wenig wegzudenken sind wie Onlinedienste. Gefordert ist daher eine integrierte Kommunikationsstrategie, die alle Zielgruppen präzise, öfter und auf allen Kanälen erreicht. Nachfolgend werden die Grundzüge der sich rapide verändernden Kommunikationsbedingungen kurz umrissen.

27.3.1 Atomisierung der Kontaktpunkte

Mit der Zunahme des medialen Angebots und der steigenden Popularität von Social Media wächst auch die Anzahl der sogenannten Stakeholder Touchpoints, also der möglichen Berührungspunkte mit den unternehmerischen Anspruchsgruppen. Die Aufmerksamkeit von Mediennutzern verteilt sich auf eine zunehmende Anzahl von Kanälen, die öffentliche Wahrnehmung von singulären Maßnahmen (wie z. B. Einschaltungen in bestimmten Medien) sinkt.

Gleichzeitig entsteht bei Rezipienten eine Reizüberflutung: Auf den durchschnittlichen Konsumente treffen täglich 3.000 Werbebotschaften ein (Oetting 2008). Durch diesen Information Overload sinkt die Wahrnehmung von unternehmerischen Kommunikationsaktivitäten.

Unternehmen sind gefordert, Multichannel-Strategien zu entwickeln, mit denen Botschaften crossmedial vermittelt werden können. Weitere Bedeutung gewinnt eine solche Strategie durch die zunehmende Individualisierung der Nutzung. Im Web 2.0 bestimmt nicht der Sender, wann, wo und wie Informationen konsumiert werden, sondern der Nutzer. „Pointcasting statt Broadcasting" nennt das Anton Simons (2011).

27.3.2 Multimedialisierung

Die klassischen Medien haben durch Internet und Social Media nicht nur ihr Monopol auf die Vermittlung sondern auch auf multimediale Darstellungsformen verloren. Durch die einfache Bedienbarkeit und den Preisverfall bei technischen Endgeräten (z. B. Flip Camcorders, Digitalkameras) sind aus Nutzern Produzenten geworden. Alleine in Deutschland werden pro Jahr 800.000 Camcorders verkauft; 130 Millionen Kameras, Camcorders und Handykameras stehen dort in regelmäßigem Einsatz (Werner und Werner 2010).

Diese Entwicklungen haben die Multimedialisierung der Online-Kommunikation beschleunigt: Im November 2010 haben Nutzer der weltweit größten Videoplattform YouTube pro Minute bereits 35 Stunden Videos hochgeladen. Ein halbes Jahr zuvor waren es lediglich 24 Stunden Videomaterial pro Minute (Walk 2010).

27.3.3 Medienkonvergenz und mobiles Internet

Konvergenz beschreibt die Annäherung bzw. Verschmelzung unterschiedlicher Einzelmedien. Der rasante technologische Fortschritt treibt die mediale Fusion voran: Handys sind zu Smartphones mutiert, die Telefon, Navigationsgerät, MP3-Player, Foto- und Videokamera sowie Organizer vereinen. Aus Fernsehgeräten sind multifunktionale Informations- und Unterhaltungsterminals geworden – mit dem Einstieg von Google in das TV-Geschäft wird das Internet Dauergast im Wohnzimmer.

Entscheidender Faktor bei der konvergenten Medienproduktion ist die Trennung von Inhalt und Form. „Konvergenz ist ein System, in dem die Nachricht, die Meldung, die Geschichte zunächst medienunabhängig im Raum steht. Erst durch die Veredelung für die verschiedenen Medientypen erhält sie ein bleibendes Gesicht." (Holzinger und Sturmer 2010)

Eine besondere Bedeutung gewinnt das Thema Medienkonvergenz durch die stark steigende Nutzung des mobilen Internets. Die rapide technologische Entwicklung bei Endgeräten, sinkende Preise bei Serviceprovidern und der anhaltende Ausbau mobiler Breitbandnetze bereiten den Weg in eine Zukunft, in der Information ortsunabhängig erfolgt. Smartphones und Tabloid PCs – allen voran iPhone und iPad – gelten dabei als Bahnbrecher in ein mobiles Zeitalter: Marktbeobachter in den USA rechnen damit, dass die mobile Onlinenutzung mittelfristig die stationäre übertrumpfen wird (Simons 2011).

Erfolgreiche Medienkonvergenz in der Unternehmenskommunikation erlaubt die Mehrfachverwertung von vorhandenem Inhalt über mehrere technische Plattformen. Das macht den Aufbau einer integrierten Redaktion (Newsroom) erforderlich. Im Newsroom arbeiten professionelle Universalisten, die medienübergreifend denken und produzieren können. Sie sind viel tiefer in alle Aufgabenkreise eines Unternehmens integriert als jede andere Abteilung und motivieren Mitarbeiter aus allen Bereichen, ihre kommunikativen Leistungen in einem gebündelten Konzept nach außen zu tragen.

Gelingende Medienkonvergenz benötigt darüber hinaus eine technische Plattform, die sämtliche Kanäle beschicken kann.

27.3.4 Paradigmenwechsel von Push zu Pull

Die steigende Popularität des Internet mit seiner suchbasierten Informations-logik hat ein neues Kommunikationszeitalter eingeläutet. Es findet ein lang-samer aber stetiger Wechsel von der Push- zur Pull-Kommunikation statt. Die Push-Kommunikation beruht auf dem klassischen Kommunikationsmodell Sender-Medium-Empfänger und geht vom Anbieter aus (z. B. Presseinformationen). Im Gegensatz dazu wird die Pull-Kommunikation vom Nachfrager initiiert. (Bruhn 2008)

Pull-Kommunikation funktioniert dialogorientiert. Idealerweise schafft der An-bieter einen Pool von Informations- und Interaktionsmöglichkeiten. Der Nachfrager entscheidet, ob und wie er diese Möglichkeiten in Anspruch nehmen möchte. (Bruhn 2008)

27.3.5 Bottom-Up und Crowdsourcing

Internetnutzer werden verstärkt zu Content- und Strukturlieferanten. Das Beispiel des Handelsriesen Amazon zeigt, wie Userkommentare den Verkauf beflügeln können. Gleichzeitig ermöglicht das Tagging – also die Verschlagwortung von Pro-dukten mit beliebigen Begriffen – das Durchbrechen hierarchischer Strukturen. Tags zeigen an, was Nutzer mit den angebotenen Artikeln assoziieren. Sie schaffen damit einen Mehrwert für die Usergemeinde.

In Sozialen Netzwerken hat sich Bottom-up in einer noch viel radikaleren Form durchgesetzt: Plattformbetreiber stellen lediglich die technische Infrastruktur zur Verfügung, die Inhalte stammen von Nutzern. Wikipedia, Facebook, Twitter oder YouTube sind im Grunde rein technische Lösungen, die erst die User zu dem gemacht haben, was sie heute sind.

Das Bottom-up-Prinzip ist eng mit der Nutzung der Schwarmintelligenz – dem sogenannten Crowdsourcing – verbunden. Dabei werden Unternehmensaufgaben an eine Masse von Freizeitarbeitern im Internet ausgelagert. Eine Schar kosten-loser oder gering bezahlter Amateure generiert Inhalte, löst Probleme oder ist an Forschungs- und Entwicklungsprojekten beteiligt. Bekanntestes Beispiel für Crowdsourcing ist die gemeinschaftliche Entwicklung von Open Source Software.

In der Unternehmenskommunikation kann Crowdsourcing vor allem für die Beschaffung von Informationen oder für die Marktforschung eingesetzt werden.

27.3.6 Intelligente Aggregation von Inhalten mit Mashups

Web 2.0-Anwendungen können frei verfügbare Inhalte und Services externer Anbieter zu neuen Diensten – den sogenannten „Mashups" – verbinden. Der ge-wünschte Content wird dabei zumeist kostenlos über eine offene Schnittstelle – ein sogenanntes Application Programming Interface (API) – aggregiert. (Simons 2011).

Dadurch lassen sich wertvolle neue Dienste und Anwendungen schaffen: Ein Paradebeispiel für ein solches Mashup ist der Social Media Newsroom, mit dem sich – neben eigenen Beiträgen – Inhalte aus dem Web 2.0 (Blogs, Facebook, Twitter, YouTube etc.) einfach auf einer Website zusammenstellen lassen.

27.3.7 The Long Tail und die Chance in der Nische

Die Long-Tail-Theorie („Der lange Schwanz") wurde 2004 vom US-Journalisten Chris Anderson im Wired-Magazin vorgestellt. Der Name Long Tail leitet sich von der Verkaufsgrafik ab, die in ein langes Ende mündet. Demnach kann ein Anbieter im Internet durch eine große Anzahl von Nischenprodukten Gewinn machen. Anderson stellte diesen Effekt insbesondere für die Musik- und Bücherbranche fest: So erzielt der Online-Musikdienst Rhapsody 40 Prozent seines Umsatzes mit wenig populären Musiktiteln. Ein Viertel des Buchumsatzes von Amazon basiert auf Publikationen, die nicht zu den 100.000 Meistverkauften zählen. Internetunternehmen, die ihr Sortiment ausbauen, stellen fest, dass die Nachfrage dem Angebot folgt. Nischenprodukte steigern ihren Umsatzanteil von Jahr zu Jahr und gelten bereits als die am schnellsten wachsende Verkaufssparte. (Anderson 2007)

Im Medien- und Nachrichtengeschäft wird die Theorie vor allem in die Richtung interpretiert, dass die Zukunft von Informationsanbietern in der Nische liegt (Simons 2011). Unique Content, also einzigartiger Inhalt, lautet das Credo. In einem Spiegel-Beitrag über das erfolgreiche US-Medienunternehmens Politico meint dessen Gründer John Harris: „Es geht dabei gar nicht so sehr um die Medienplattform, sondern um einen ganz klaren redaktionellen Fokus: Man muss die Zielgruppe deutlicher definieren als früher und gleichzeitig in der Lage sein, den ausgewählten Bereich zu dominieren." (Schulz 2009)

Politico setzt konsequent auf ein Ressort und konzentriert sich in seiner Berichterstattung auf die Politik in Washington, D. C. Die Inhalte werden via Internet, TV und einer Tageszeitung crossmedial verbreitet. Trotz der bescheidenen Auflage von 26.000 Stück steuert das Anzeigenvolumen der Zeitung die Hälfte des Umsatzes bei. Harris: „Es gibt eine Menge Interessengruppen, die mit Anzeigenkampagnen Einfluss auf die politische Elite Washingtons nehmen wollen." (Schulz 2009) Die Website politico.com verzeichnet laut Eigenangaben pro Monat einen Schnitt von 3,23 Mio. Besuchern und 18,77 Mio. Seitenaufrufen.

27.3.8 Virales Marketing

Virales Marketing nutzt Soziale Netzwerke und Medien, um mit einer meist ungewöhnlichen, einzigartigen oder besonders nützlichen Nachricht auf eine Marke, ein Produkt, eine Dienstleistung oder eine Kampagne aufmerksam zu machen. Viral bedeutet in diesem Zusammenhang, dass die Informationen innerhalb kürzester

Zeit, also ähnlich einem biologischen Virus, epidemisch von Mensch zu Mensch weitergetragen werden.

Virales Marketing bedient sich verschiedener Darstellungsformen, als populärster Informationsträger gilt aber Video. Ein bekanntes Beispiel ist die Viralkampagne „The Hero" des öffentlich-rechtlichen Rundfunks in Schwedens rund um die Suche nach widerwilligen Gebührenzahlern. In einer Hollywood-tauglichen Produktion konnten Internetnutzer ihre eigenen Bilder in das Video integrieren und wurden so zum Helden des Streifens. Im Kampagnenzeitraum vom 16. November 2009 bis 11. Februar 2010 wurden 6,1 Mio. personalisierte Videos erstellt. Die Zahl der neugewonnen Gebührenzahler übertraf die Erwartungen um das Fünffache. „The Hero" gilt heute als das erfolgreichste interaktive Viralvideo aller Zeiten.

Durch Web 2.0 wird das Teilen von viralen Inhalten erleichtert: Der „Gefällt mir"-Button von Facebook, „Retweets" auf Twitter und unzählige weitere Möglichkeiten erlauben die Empfehlung an den eigenen Bekanntenkreis in Echtzeit. Und da in der Regel innerhalb der eigenen Peergroup kommuniziert wird, sind die Responseraten bei gelungenen viralen Kampagnen überdurchschnittlich hoch.

27.3.9 Social Media und Krisenkommunikation

Social Media können sich für Unternehmen als gefährliche Stolpersteine entpuppen. Ein prominenter Fall jüngeren Datums war der virale Videoclip von Greenpeace, der im März 2010 den Lebensmittelkonzern Nestlé wegen der Verwendung von Palmöl in der Erzeugung des Schokoriegels Kitkat an den Pranger stellte. Die Produktion von Palmöl trägt nach Ansicht der Umweltschützer massiv zur Zerstörung des indonesischen Regenwalds bei. Dadurch würde auch den ohnehin vom Aussterben bedrohten Orang Utans die Lebensgrundlage entzogen werden.

Die erste Reaktion von Nestlé war der Versuch, das Video wegen Urheberrechtsverletzungen aus dem Netz nehmen zu lassen. Mit enormen Folgen: Das Interesse am Video explodierte förmlich, der Greenpeace-Kampagne wurde weltweit eine große Aufmerksamkeit zuteil. Weitere Kommunikationsfehler von Nestlé vergrößerten den Schaden: So wurden Diskussionsteilnehmer auf der Facebook Fanpage des Unternehmens mit unangemessener Schärfe aufgefordert, keine modifizierten Logos von Nestlé als Profilbilder zu verwenden. (Jodeleit 2010)

Die inferiore Krisenkommunikation wurde für den Schweizer Lebensmittelriesen zum Desaster: Eine Viertel Million Menschen rund um den Globus unterstützten die Greenpeace-Kampagne. Zwei Monate später gab Nestlé schließlich dem wachsenden Druck nach und verabschiedete eine Erklärung, in Zukunft auf Palmöl aus regenwaldzerstörender Produktion verzichten zu wollen.

Das Debakel hätte sich in seiner gesamten Wirkung nur vermeiden lassen, wenn der Lebensmittelkonzern von vornherein auf den Einsatz von Palmöl verzichtet hätte. Das setzt die Einhaltung ethischer Standards in der Unternehmensführung voraus

(Corporate Governance). Die Krise hätte sich allerdings deutlich entschärfen lassen, wenn Nestlé anstatt von Drohgebärden fehlereinsichtig agiert und den Dialog mit den Anspruchsgruppen gesucht hätte.

27.3.10 Informationsarchitektur für Websites

Trotz der Vielzahl an Verbreitungskanälen bleibt die Website das Herzstück der Kommunikationsaktivitäten (Jodeleit 2010). Ein moderner Internetauftritt vermittelt allen Stakeholdern ein umfassendes Gesamtbild über das Unternehmen. Dazu zählt auch die Integration von Außenposten im Web 2.0, wie z. B. die Facebook Fanpage, der Twitter Stream, Flickr-Bilder oder der YouTube-Kanal. Saubere Programmierung und professionelles Suchmaschinenmanagement sorgen für eine hohe Sichtbarkeit der angebotenen Inhalte auf Google und Co.

Gelungene Websites erfordern eine Informationsarchitektur, die das dreiteilige Konzept von Userbedürfnissen unterstützt. Demnach zeichnen sich gute Internetauftritte nicht nur durch ihre Nutzbarkeit (Usability) aus. Sie stiften auch unmittelbaren Nutzen (Utility) und bedienen die Nutzungsfreude (Joy of Use). (Arndt 2006)

Die einzelnen Elemente haben nicht immer dieselbe Wichtigkeit und Bedeutung. Für die User der Website eines Automobilherstellers spielt z. B. der Nutzen eine entscheidende Rolle. Der zukünftige Autobesitzer möchte mithilfe eines Carkonfigurators die Ausstattung seines Wunschmodells frei zusammenstellen können. Bei behördlichen Internetauftritten steht die uneingeschränkte Zugänglichkeit im Vordergrund (z. B. hohe Browserkompatibilität, Eignung für Bildschirmleseprogramme). Die Einhaltung der gesetzlich verankerten Verordnungen zur Barrierefreiheit ist dabei ein wesentlicher Gradmesser für die Usability einer Website. Der Aspekt der Nutzungsfreude überwiegt vor allem bei Unterhaltungsplattformen.

27.4 Neue Herausforderungen für Pharmaunternehmen

27.4.1 Revolution im Gesundheitsmarkt

Der Gesundheitsmarkt befindet sich Umbruch. Bis vor wenigen Jahren war die Beziehung zum Kunden streng hierarchisch geordnet. Ärzte und Apotheker bestimmten in der Regel den Einsatz eines bestimmten Medikaments. Durch die Vielzahl an Informationsmedien hat der Patient heute seine passive Rolle verlassen und übt Druck auf die Verschreibungsgewohnheiten aus (Harms und Gänshirt 2008a).

In den USA beschäftigen sich mehr als 22.000 Websites mit der medizinischen Versorgung, in Deutschland in etwa 2.400. Im gesamten WWW existieren 250.000 Gesundheitsseiten. Verschiedene Studien zeigen, dass 70 Millionen Amerikaner das WWW zur Sammlung von Gesundheitsinformationen nutzen. Das entspricht ca. 75 Prozent der erwachsenen Bevölkerung. Dabei gelangen bis zu 90 Prozent der Befragten subjektiv zu einem adäquaten Wissensgewinn. Auch im Handelsbereich ist diese Revolution sichtbar: Die Hälfte der Informationssuchenden ist bereit, Medikamente, Vitamine und Nahrungsergänzungsmittel über das Internet zu bestellen. (Harms und Gänshirt 2008b)

27.4.2 Kampf um die Themenführerschaft

Das Mediennutzungsverhalten von Ärzten und Patienten hat sich in den letzten Jahren zugunsten des Internet verändert. Relevante Inhalte führen zu hohen Zugriffen, stärken das Image eines Unternehmens und fördern die Kundenbindung.

Medizinische Wissensvermittlung hat sich als zugkräftige Onlinestrategie für verschiedene Informationsanbieter mit sehr unterschiedlichen Interessen etabliert: Krankenkassen, Selbsthilfegruppen, Apotheken, Versandhändler und werbegetriebene Internetplattformen versuchen mit medizinischen Themen Besucher zu gewinnen. (Wiedenhoff 2008) In der Bewerbung der Inhalte überwiegen klassische Webmarketingmaßnahmen wie Suchmaschinenoptimierung und Bannerplatzierungen. Auf medienübergreifende Verbreitungsstrategien, die für die Erlangung der Themenführerschaft eine immense Bedeutung haben, wird weitgehend verzichtet.

27.4.3 Verständlichkeit als Patientenrecht

Die aktuelle Fassung der Europäischen Direktive 2001/83/EC legt Richtlinien für die Verständlichkeit von Gebrauchsinformationen fest. Zum Nachweis der Erfüllung dieser Vorgaben muss die Gebrauchsinformation eines Arzneimittels mit einer entsprechenden Personengruppe getestet werden. Mit 1. Jänner 2006 wurde die EU-Richtlinie in das österreichische Arzneimittelgesetz übernommen. Ein Readability-Test ist somit verpflichtender Bestandteil eines jeden Zulassungsdossiers.

Doch nicht nur der Beipackzettel sondern jede Form der medizinischen Information benötigt eine verständliche Sprache. Besondere Brisanz gewinnt die Forderung nach Verständlichkeit durch die Leseleistungen von Österreichs Schüler bei PISA 2009. Die Ergebnisse liegen mit 470 Punkten um 23 Punkte und damit statistisch signifikant unter dem OECD-Schnitt von 493. Problematisch sind vor allem die 28 Risikoschüler, die gegen Ende der Pflichtschulzeit nur unzureichend sinnerfassend lesen können. (Schwantner und Schreiner 2010)

Einfache Sprache ermöglicht aber auch Menschen mit Migrationshintergrund und kognitiv beeinträchtigten Personen, medizinische Informationen zu verstehen.

27.4.4 Auf dem Weg zur Gesundheitsmedizin

Trotz einschlägiger Warnungen ersetzt das Internet zunehmend den Arztbesuch. Die medizinische Information basiert dabei in erster Linie auf Krankheiten und deren

Symptome. Die Abfrage im WWW ist dabei ein reaktiver Vorgang: Wer ein Problem verspürt, sucht im Internet nach Unterstützung.

Jochen Drechsel (2008) schlägt hier einen Paradigmenwechsel vor: Weg von der Krankheitsmedizin (Pathogenese), hin zur Gesundheitsmedizin (Sanogenese). Drechsel: „Kein anderes Medium eignet sich so hervorragend wie das multimediale Internet, um präventive Maßnahmen und Anleitungen zu einer gesünderen Lebensführung breiten Bevölkerungsschichten eingängig, kostengünstig und nachhaltig vermitteln zu können."

27.4.5 Direkte Patienteninformation

Die Publikumswerbung für verschreibungspflichtige Medikamente ist nach der europäischen Direktive 92/28/EEC vom 31. März 1992 verboten. EU-Mitgliedsstaaten sollen demnach die öffentliche Werbung für verschreibungspflichtige Arzneimittel unterbinden. Dabei wird explizit jegliche Form der Werbung und Information untersagt, in der der Name eines Medikamentes genannt wird. (Harms und Gänshirt 2008a)

In Österreich wird das Werbeverbot für verschreibungspflichtige Medikamente in den Vorschriften für die sogenannte „Laienwerbung" im Arzneimittelgesetz geregelt. Vor der Verschreibung des Mittels muss eine qualifizierte, medizinische Untersuchung und Beratung gewährleistet sein. Die Abgabe darf nur in Apotheken erfolgen. (Rumler und Haiden 2008)

Anders stellt sich die Situation in den USA dar: Seit der Lockerung der Gesetze hinsichtlich der Publikumswerbung für verschreibungspflichtige Medikamente durch die Food and Drug Administration (FDA) im Jahr 1997 boomt die massenmediale Kommunikation zu den Patienten. Eine Studie des National Institute for Health Care Management zeigt, dass sich die Publikumswerbeausgaben seit 1995 verzehnfacht haben. Noch mehr Geld wird allerdings in die direkte Arztansprache investiert: Von den 18 Mrd. US-Dollar, die die pharmazeutische Industrie von 2002 bis 2005 an Werbeausgaben in den US getätigt hat, entfielen 17 Prozent auf die Zielgruppe „Patient" aber 25 Prozent auf die Zielgruppe „Arzt". (Harms und Gänshirt 2008a)

Dem Werbeverbot für verschreibungspflichtige Arzneimittel in Europa gegenüber steht das wachsende öffentliche Interesse von Patienten an frei zugänglichen medizinischen Sachinformationen. Experten halten ein Umdenken für möglich. Die EU und länderspezifische Arbeitsgruppen diskutieren schon seit längerem über eine Liberalisierung. Für bestimmte Erkrankungen wie AIDS, Diabetes oder Asthma ist eine Testphase geplant. (Rumler und Haiden 2008)

Interessant in diesem Zusammenhang ist ein Urteil am Oberlandesgericht München aus dem Jahr 2004. Demnach stellen Gebrauchsinformationen zu verschreibungspflichtigen Medikamenten begrifflich keine Werbung dar. Sie würden auch dann nicht zur Werbung, wenn sie im Internet von Patienten, die das Medikament kennen bzw. einnehmen, abrufbar seien. (Drechsel 2008)

27.4.6 Öffentliche Wahrnehmung und Vertrauenskrise

Nicht erst seit Bestsellern wie „Bittere Pillen" oder „Die Pharma-Story. Der große Schwindel" stehen Pharmaunternehmen im Blickpunkt gesellschaftlicher Kritik. Vor allem Stimmen aus der Politik unterstellen der Pharmaindustrie die Priorisierung der Gewinnmaximierung. Diese sei ein Kostentreiber für die öffentlichen Gesundheitsausgaben. Ein weiterer Kritikpunkt betrifft angebliche Scheininnovationen, also die angeblichen Neuauflagen bekannter Wirkstoffe ohne therapeutischen Mehrwert. Unterstellt wird auch, dass Pharmaunternehmen mit unlauteren Methoden Ärzte beeinflussen und Produkte „in den Markt drücken". Diese Vorwürfe prägen nachhaltig die Vorbehalte der Öffentlichkeit gegenüber den Arzneimittelherstellern. (Hardenbicker 2008)

Die Branche hat in Folge der Kritik mit einem Vertrauensverlust zu kämpfen, der die Kommunikationsarbeit erschwert. Sprecher von Pharmaunternehmen müssen zumeist aus der Defensive reagieren, ihr Verhältnis zu Journalisten und anderen Multiplikatoren ist oft belastet. Wie kann Vertrauen zurückgewonnen werden? Laut Gerhard Schulze (2008) verliert das medizinisch-technische Fortschrittsparadigma an Einfluss, während kulturelle Wertvorstellungen in Bezug auf den Körper (z. B. Lebensqualität und Wellness) in den Vordergrund rücken. Vorsprung gegenüber dem Mitbewerb werden sich jene Pharmaunternehmen verschaffen, die das Publikum ernst nehmen statt es wie bisher zu manipulieren. Schulze: „Der neue Gesundheitsmarkt wird deshalb nicht nur von der Innovationskonkurrenz, sondern zusätzlich immer mehr von Vertrauenskonkurrenz geprägt sein." Auf allen Ebenen der Kommunikation käme es auf zwei Inhalte an: Wirksamkeit und Verträglichkeit. Für die Vertrauensbildung sei beides gleich wichtig. Bislang werde aber weder das eine noch das andere in überzeugender Weise transportiert. (Schulze 2008)

Vor allem die Vertrauenskrise und der Paradigmenwechsel vom klassischen Sender-Medium-Empfänger-Modell zum modernen Sender-Medium-Sender-Prinzip unterstreichen die Dringlichkeit einer kompletten Neuausrichtung der Unternehmenskommunikation.

27.5 Plädoyer für eine integrierte Kommunikationsstrategie

Die wirksame Bewältigung des medialen Wandels und der beschriebenen Herausforderungen erfordert die Implementierung einer integrierten Kommunikationsstrategie in der Fidelio Pharma AG. Die Notwendigkeit von Integrierter Kommunikation ist heute weitgehend akzeptiert. Sie sorgt durch die Abstimmung aller Botschaften und Kanäle für ein einheitliches kommunikatives Erscheinungsbild des Unternehmens in der Öffentlichkeit und unterstützt dadurch die gewünschte Wahrnehmung. Durch die Reorganisation der gesamten internen und externen Kommunikation werden die Wirkung erhöht, Strukturen gestrafft und Kosten gespart.

Integrierte Kommunikation ist ein Managementprozess, in dem die einzelnen Kommunikationsaktivitäten in inhaltlicher, formaler und zeitlicher Hinsicht

aufeinander abgestimmt werden (Bruhn 2008). Die erfolgreiche Gestaltung der
Integrierten Kommunikation ist eine Führungsaufgabe. In einem Unternehmen in
der Größenordnung der Fidelio Pharma AG empfiehlt sich die Institutionalisie-
rung eines Kommunikationsmanagers, der „fachübergreifend die Analyse, Planung,
Organisation, Durchführung und Kontrolle der integrierten Kommunikation koordiniert und realisiert." (Bruhn 2008)

27.6 Integrierte Kommunikation 2.0: Die Newsroom-Strategie

Kritik an bisherigen Modellen der Integrierten Kommunikation betrifft vor allem
die fehlenden Patentrezepte für ihre erfolgreiche Durchführung. Die hier skizzierte
Newsroom-Strategie entwickelt die Integrierte Kommunikation zu einem Ansatz
weiter, der klassische PR, Onlinekommunikation, Kundenservice, Marketing und
Vertrieb vereint. Mit der Newsroom-Strategie stellt die Fidelio Pharma AG die
Weichen für eine nachhaltig erfolgreiche Kommunikationszukunft. Die Strategie
umfasst die folgenden Säulen:

- *Redaktion:* Der inhaltliche Schwerpunkt der Newsroom-Strategie liegt auf einer journalistischen Gattung, die immun gegen jeglichen Medienwandel zu sein
  scheint: auf der Nachricht. Aus der Unternehmenskommunikation wird eine
  Nachrichtenagentur, die alle Zielgruppen dialogorientiert bedient.
- *Steuerung:* Alle Kommunikationsagenden werden in einer integrierten Redaktion
  – dem Newsroom – zentralisiert. Die Leitung des Kommunikationszentrums ob-
  liegt dem Newsroom-Manager, der als Vorstandsmitglied eigenverantwortlich im
  Rahmen der Budgetlinie agieren kann.
- *Verbreitung:* Die Newsroom-Strategie findet im Social Media Newsroom eine
  zentrale Kommunikationsplattform. Die digitalen Schnittstellen aggregieren alle
  Kommunikationsinhalte auf einer übersichtlichen Website.

27.6.1 Redaktion mit Schwerpunkt Nachrichten

Die zentrale Aufgabe der Newsroom-Strategie ist es, die Themenführerschaft in
allen Kommunikationsfragen sicherzustellen und ein konsistentes Bild des Unternehmens in der Öffentlichkeit zu verankern. Das betrifft die formale, inhaltliche
und zeitliche Integration der Kommunikation. Die formale Dimension soll durch
Gestaltungsrichtlinien (z. B. Corporate Design Manual) ein einheitliches Erscheinungsbild des Unternehmens an allen Stakeholder Touchpoints gewährleisten. Die
inhaltliche Dimension zielt auf die reichweitenstarke, zielgruppennahe und wider-
spruchsfreie Vermittlung von Kernbotschaften. Die zeitliche Dimension bezieht sich
auf die kurz- bis mittelfristige Abstimmung der unterschiedlichen Kommunikations-
maßnahmen und –instrumente. (Bruhn 2008)

Wesentlich im Zusammenhang mit der inhaltlichen und zeitlichen Integration sind Überlegungen, welche Darstellungsformen sich eignen, um die gewünschte Wahrnehmung der Kernbotschaften auf allen Kanälen zu ermöglichen. Die Newsroom-Strategie setzt hier auf den Evergreen der menschlichen Kommunikation: die Nachricht.

27.6.1.1 Die Nachricht als Kommunikationsmotor

„Was gibt's Neues?" lautet die Eingabeaufforderung des populären Microblogging-Dienstes Twitter an seine Nutzer. Die Frage selbst ist so alt wie die menschliche Sprache. Neun von zehn Befragten wollten täglich Neues hören, lesen und sehen (Schwiesau und Ohler 2003). Mit der Nachricht hat die Geschichte der Medien begonnen. Und bis heute hat sich die journalistische Gattung als resistent gegen jeglichen Medienwandel erwiesen.

Als kürzest mögliche Vollwertinformation ist die Nachricht Begleiter und Triebfeder der menschlichen Kommunikation. Die Ermordung Julius Cäsars. Die Entdeckung Amerikas. Die Überfliegung des Atlantiks. Die Terroranschläge vom 11. September. Die Atomkatastrophe in Japan. Allesamt Nachrichten, die in einem kollektiven menschlichen Gedächtnis fest verankert sind. Verändert hat sich lediglich der Übertragungsweg: Die Fackelzeichen der Griechen, die sprechenden Trommeln der Savanne, der römische Cursus Publicus und die Brieftauben von Paul Julius Reuter – sie alle waren Vorläufer jener Technologien, die uns heute das Gefühl geben, jederzeit und überall informiert zu sein.

Laut Definition ist die Nachricht „eine direkte, kompakte und möglichst objektive Mitteilung über ein neues Ereignis, das für die Öffentlichkeit wichtig und interessant ist." (Schwiesau und Ohler 2003) Nachrichten sind „(. . .) vielleicht sogar relevant, d. h. sie betreffen eine größere Zahl von Menschen." (Csoklich 1996) Im Gegensatz zu anderen Darstellungsformen steht bei der Nachricht immer das Wichtigste zu Beginn. Die Nachricht ist objektiv und verständlich formuliert und muss möglichst rasch nach dem Ereignis angeboten werden. (Schwiesau und Ohler 2003)

Wesentlich für die Redaktion und Verbreitung von Nachrichten ist das Wissen um die Selektions- und Wirkungsmechanismen der massenmedialen Kommunikation. Nachstehend werden die wichtigsten Ansätze erklärt.

27.6.1.2 Nachrichtenwerttheorie

Die Beachtung von Nachrichtenfaktoren kommt für die Unternehmenskommunikation eine hohe Bedeutung vor. Nachrichtenfaktoren sind bestimmte Merkmale eines Ereignisses. Durch die spezifische Kombination und Intensität von Nachrichtenfaktoren erhält jedes Ereignis einen bestimmten Nachrichtenwert (Maier et al. 2010). Nachrichtenfaktoren sind damit Entscheidungskriterien, ob Nachrichten von Journalisten und Social-Media-Akteuren als wichtig und interessant eingestuft werden, um veröffentlicht, gepostet oder verbreitet zu werden.

Seit dem Beginn der Nachrichtenwertforschung durch Walter Lippmann im Jahr 1922 hat sich die Anzahl der Nachrichtenfaktoren kontinuierlich erhöht. In seinem „Finalmodell" bestimmt Joachim Friedrich Staab 22 Nachrichtenfaktoren. Die wichtigsten Faktoren werden von Thomas Holzinger und Martin Sturmer (2010) etwas unkonventionell zusammengefasst:

- *Kulturelle Nähe:* Was interessiert mich, wenn in Peking ein China-Restaurant abbrennt? Wenn das Wirtshaus ums Eck in Flammen steht, bin ich alarmiert. Also: je weiter weg, desto unnötiger. Je näher, desto besser.
- *Persönliche Betroffenheit:* War das Wirtshaus ums Eck meine einzige Ausspeise-Stelle, weil ich nicht kochen kann, dann hat das ganze schon fast tragische Dimension. Das Interesse steigt. Welcher Schurke hat mein Essen abgefackelt?
- *Anzahl der betroffenen Personen:* Wenn die Bude leer war, ist das halb so wild. Dann ist der nächste Wirt nicht so weit, dass ich mit meinen gleichgesinnten Stammtischkollegen verhungern würde. Waren aber alle meine Freunde drin, dann heißt das was. Drei Schicksale (ich habe nicht so viele Freunde) machen mehr her als ein kaputter Dachstuhl.
- *Negativität:* Ein diskussionswürdiger Punkt. Im Prinzip ist es die Außergewöhnlichkeit. Weil das Unglück nicht normal ist. Natürlich. „Das Wirtshaus brennt" steht im Riederberger Amtsboten. „Das Wirtshaus brennt noch immer nicht" ist hingegen keine wirkliche Sensation. Das bekommt sogar der Riederberger Amtsbotenredakteur spitz.
- *Dramatik:* Wenn der Schubauer Kurt am Klo eingeklemmt war und erst durch den beherzten Sprung der Wirtstochter Renate Aurelia durch die verschlossene WC-Tür gerettet wurde, in letzter Minute quasi, dann ist das schon was.
- *Prominenz:* Und wenn statt des Schubauer Kurt der Bundespräsident beim Verrichten wichtiger Geschäfte heiß erwischt wird, ist das doppelt groß.
- *Überraschung:* Wenn mein Wirtshaus täglich brennt, wird es irgendwann fad, aber nur dann, wenn die Ursache geklärt ist (der ungeschickte Wirtssohn Peter, der so gerne den Pfannkuchen auf dem Herd vergisst, wenn die Geliebte anruft).
- *Kontinuität:* Das widerspricht der Überraschung ein bisschen, aber nur fast. Wenn ein Brandstifter in meiner Umgebung sein Unwesen treibt, dann schafft es jeder brennende Abfalleimer in die Riederberger Provinzpresse. Die Kontinuität des Ereignisses – Brandstifter macht Gegend unsicher – steht über der tatsächlichen Auswirkung.
- *Konflikt:* Selbstverständlich. Wenn das brennende Wirtshaus der Racheakt der geschasten zweiten Liebhaberin des Wirtssohnes Peter ist, gewinnt die Geschichte an Brisanz. Wir lieben Konflikte. Ob reich, ob schön, ob hart oder herzlich.
- *Kuriosität:* Klar, wenn das Feuer von James Bond beim irrtümlichen Hantieren mit seinem Regenschirm verursacht wurde, ist das mehr wert als ein stinknormaler Kaminbrand.
- *Sexualität:* Entschuldigung. Sex sells. Wenn der Wirt ein kleines Puff im Hinterzimmer betrieben hätte, wäre alles noch viel toller.

Aus Sicht der Unternehmenskommunikation ist vor allem auch die Studie „Die Konstruktion von Realität in den Nachrichtenmedien" von Winfried Schulz aus dem Jahr 1976 von großer Bedeutung. Schulz kam zu dem Ergebnis, dass die Nachrichtenfaktoren „Thematisierung" und „Relevanz" den größten Einfluss haben. Zur Thematisierung meint Schulz: „Je enger ein Ereignis in einen Zusammenhang mit den großen, langfristig eingeführten Themen gebracht werden kann, desto größer ist sein Nachrichtenwert." (Zit. nach Mükke 2009) Zur Relevanz erläutert er: „Je größer die Zahl der Betroffenen und der Grad der existenziellen Bedeutung eines Ereignisses, desto größer ist dessen Nachrichtenwert." (Zit. nach Mükke 2009)

Dass die von Journalisten ausgewählten Nachrichten vom Publikum nicht immer als interessant und wichtig erachtet werden, zeigt eine Untersuchung von Benjamin Fretwurst (2008). So spielten z. B. die Faktoren „Gewalt" und „Kontroverse" in der Beachtung der Rezipienten eine geringere Rolle als in der journalistischen Darstellung. Im Gegensatz dazu wurde aber der Faktor „Schaden" sowohl von Journalisten als auch vom Publikum als relevant empfunden. Ein Erklärungsmodell, warum Nachrichten in den Medien nicht immer den Interessen des Publikums entsprechen, bietet der Gatekeeping-Ansatz.

27.6.1.3 Gatekeeping

Wie die Nachrichtenwerttheorie will auch der Gatekeeping-Ansatz erklären, warum manche Ereignisse zu Nachrichten werden und andere nicht. Während bei der Nachrichtenwerttheorie die Merkmale eines Ereignisses im Zentrum stehen, liegt der Fokus bei der Gatekeeping-Forschung auf den Journalisten und den redaktionellen Strukturen. Redaktionelle Zwänge und journalistische Präferenzen haben einen großen Einfluss darauf, welche Begebenheiten zu Nachrichten werden. (Maier et al. 2010) Journalisten arbeiten dabei als Schleusenwärter (Gatekeeper) und entscheiden, welche Nachrichten die Schleuse passieren dürfen, sprich weitergegeben bzw. veröffentlicht werden (Mükke 2009).

Forschungsergebnisse zeigen, dass Redakteure einerseits von der politischen Linie des Verlegers bzw. des Chefredakteurs beeinflusst werden. Andererseits orientiert sich die Nachrichtenauswahl stark an der Konkurrenz oder an Leitmedien. Auch der hohe Abhängigkeitsgrad von Nachrichtenagenturen ist durch Untersuchungen belegt: Redakteure räumten darin ein, über zu wenig Fachwissen zu verfügen, um die Qualität von Agenturmeldungen kompetent beurteilen zu können. (Maier et al. 2010)

27.6.1.4 News Bias

Im Gegensatz zum Gatekeeping-Ansatz interessiert sich die News-Bias-Forschung speziell dafür, ob und inwieweit Medien, Journalisten und neuerdings auch Social-Media-Akteure mit ihrer Nachrichtenauswahl eine bestimmte politische Linie verfolgen.

In Inhaltsanalysen konnte nachgewiesen werden, dass z. B. das Thema Kern-energie deutlich negativer dargestellt wurde, je weiter links eine Redaktion stand (Maier et al. 2010). Dem News-Bias-Ansatz kommt insofern große Relevanz zu, als dass sich 63 Prozent der österreichischen Politikjournalisten links der Mitte zu-rechnen. In der Mitte sehen sich 22 Prozent, rechts der Mitte 16 Prozent (Weber 2010).

27.6.1.5 Agenda Setting

Der Agenda-Setting-Ansatz untersucht, welchen Einfluss die Medien auf die Bedeu-tung von Themen der öffentlichen Meinungsbildung nehmen. In seiner einfachsten Variante unterstellt der Agenda-Setting-Ansatz einen Einfluss der Medienagenda auf die Publikumsagenda: „Wenn die Massenmedien vor allem über Arbeitslo-sigkeit berichten, halten die Rezipienten Arbeitslosigkeit für das größte Problem. Wenn sich die Medien verstärkt der Außenpolitik zuwenden, wird diese auch für die Bevölkerung relevanter usw." (Maurer 2010)

Agenda Setting hat eine immens hohe Bedeutung für die unternehmerische Kommunikation: Auf der einen Seite kann ein Unternehmen zu Themen mit hohem Aufmerksamkeitsgrad dazu passende, eigene Informationen anbieten. Dadurch wird die Wahrscheinlichkeit auf Resonanz deutlich erhöht. Auf der andren Seite muss im Krisenfall eine anhaltende Berichterstattung vermieden werden, damit sich das Problem nicht von der Medienagenda auf die Publikumsagenda überträgt.

27.6.1.6 Framing

Medien beeinflussen die Öffentlichkeit nicht nur durch die Auswahl der Themen sondern auch durch ihre Darstellung. Die Art der Präsentation sowie die Betonung bestimmter Aspekte lenken die Wahrnehmung des Publikums und liefern dabei den „Rahmen" für die Interpretation der Ereignisse. (Maier et al. 2010)

Das bekannteste und – insbesondere für Pharmaunternehmen – hochinteressante Framing-Experiment stammt von Amos Tversky und dem Nobelpreisträger Daniel Kahnemann. Tversky und Kahnemann konfrontierten zwei gleichgroße Versuchs-gruppen mit folgender Annahme: „Stellen Sie sich vor, dass sich ihr Land auf den Ausbruch einer ungewöhnlichen Krankheit vorbereitet, an der voraussichtlich 600 Leute sterben werden." (Zit. nach Dahinden 2006) Zur Bekämpfung der Krankheit wurden der ersten Versuchsgruppe folgende zwei Programme zur Auswahl vor-geschlagen: „Mit Programm A werden 200 Menschen gerettet. Mit Programm B werden mit einer Wahrscheinlichkeit von einem Drittel 600 Menschen gerettet, mit einer Wahrscheinlichkeit von zwei Dritteln wird niemand gerettet." (Zit. nach Maier et al. 2010) 72 Prozent der Versuchspersonen entschieden sich für Programm A, 28 Prozent für Programm B.

Die zweite Hälfte der Probanden wurde mit demselben Problem konfrontiert, hat-te jedoch folgende Programme zur Wahl: „Mit Programm C werden 400 Menschen sterben. Mit Programm D wird mit einer Wahrscheinlichkeit von einem Drittel niemand sterben, mit einer Wahrscheinlichkeit von zwei Dritteln werden 600 Menschen sterben." (Zit. nach Maier et al. 2010) Ergebnis: 22 Prozent entschieden sich für Programm C, 78 Prozent für Programm D. Und das obwohl die Programm A und C sowie B und D objektiv völlig identisch sind.

Framing spielt auch in der öffentlichen Meinung um die Schuldfrage eine entscheidende Rolle. Die unterschiedlichen Rahmungen von Nachrichten können die Zuschreibung von Verantwortlichkeit beeinflussen (Schenk 2007). Wer an einem gesellschaftlichen oder politischen Problem die Schuld trägt, wird oftmals durch die Nennung und Darstellung von Akteuren bestimmt.

27.6.1.7 Empfehlungen für die Fidelio Pharma AG

Das Ziel der Newsroom-Strategie ist es, die Themenführerschaft für die Fidelio Pharma AG im österreichischen Pharmamarkt zu erlangen und ein konsistentes Bild des Unternehmens in der Öffentlichkeit zu verankern. Die Entwicklung von einzigartigen Nachrichtenangeboten für Multiplikatoren, Ärzte und Patienten legt den Grundstein für eine wirksame Unternehmenskommunikation. Um eine erfolgreiche Rezeption der vermittelten Inhalte zu gewährleisten, sind das Wissen um massenmediale Selektions- und Wirkungsmechanismen sowie ein nachhaltiger Vertrauensbildungsprozess erforderlich. Die Implementierung professioneller Krisenkommunikation und die gemeinschaftliche Entwicklung von Kommunikationsrichtlinien sichern den Erfolg der Strategie hinsichtlich der o. a. Ziele ab. Die Umsetzung folgender Maßnahmen wird empfohlen:

- *Nachrichtenagentur für Multiplikatoren:* Die Fidelio Pharma AG etabliert eine Nachrichtenagentur für Journalisten, Blogger und Online Influencer. Schwerpunkt des Dienstes sind medizinische und pharmazeutische Themen. Wesentlich bei der Auswahl der Nachrichten ist, dass sie den entscheidenden Nachrichtenfaktoren genügen. Konkret: Nachrichten werden speziell zu jenen Ereignissen und Themen produziert, die über eine hohe mediale und öffentliche Aufmerksamkeit verfügen (Thematisierung) bzw. eine große Anzahl von Menschen betreffen (Relevanz). In diesen Fällen besteht ein hohes Interesse an qualifizierten Beiträgen und Sichtweisen. Beispiele dafür sind: Mögliche Medikationen bei Reaktorunfällen (Fukushima 2011), pharmazeutische Wasseraufbereitung bei humanitären Katastrophen (Haiti 2010) oder gesellschaftliche Dauerbrenner wie „Armut macht krank" oder „Burn-out-Prävention".
- *Forschungsnachrichten für Ärzte:* Mediziner sind die wichtigsten Kunden der pharmazeutischen Industrie. Mit einzigartigen Nachrichten von hohem Nutzwert lässt sich eine erfolgreiche Kundenbindung effizient bewerkstelligen. Der Newsroom sammelt und übersetzt die neuesten wissenschaftlichen Forschungsergebnisse führender medizinischer Journale (z. B. The Lancet, British Medical Journal). In einem geschützten Internetbereich werden die Ergebnisse Ärzten als Zusammenfassungen kostenlos zur Verfügung gestellt.

- *Informationen für Patienten:* Die direkte Patientenwerbung bei verschreibungs-pflichtigen Medikamenten ist derzeit noch untersagt. Aufgrund der aktuellen Diskussionen kann aber davon ausgegangen werden, dass sich mittelfristig eine gesetzliche Liberalisierung ergeben wird, zumindest für einzelne Krank-heiten. Um in diesem Fall einen Kommunikationsvorsprung für die Fidelio Pharma AG zu gewährleisten, sollte der direkte Dialog mit Patienten unter Einhaltung der gesetzlichen Bestimmungen ehestmöglich begonnen werden. Gu-te Dienste können dafür Nachrichten leisten, welch die Gesundheitsvorsorge in den Mittelpunkt stellen (Stichwort: Sanogenese). Der Aufbau eines kosten-freien, herstellerübergreifenden Webarchivs mit allen in Österreich verfügbaren Gebrauchsinformationen sorgt für zusätzliche Popularität.
- *Vertrauen durch Transparenz:* Erfolgreiche Kommunikation setzt das Vertrauen aller Anspruchsgruppen voraus. Die Pharmaindustrie befindet sich in einer Vertrauenskrise. Wenigen Menschen ist der tatsächliche Aufwand von Phar-maunternehmen bewusst: Die Entwicklung von neuen Arzneimitteln dauert im Branchenschnitt zehn bis zwölf Jahre. Schätzungen gehen davon aus, dass von 5.000 bis 10.000 neuen Substanzen, die in der Arzneimittelentwicklung geprüft werden, nur eine als zugelassenes Produkt auf den Markt kommt (Borchardt et al. 2008). Aufgabe des Newsrooms ist es, den Forschungs- und Entwicklungspro-zess transparent zu gestalten, z. B. in Form von Videodokumentationen. Weiters gilt es, die Wirksamkeit und Verträglichkeit von Medikamenten auf allen Ebenen widerspruchsfrei zu kommunizieren.
- *Patentfreigabe für Entwicklungsländer:* Ein Teil des negativen Images der Pharmabranche fußt auf der Tatsache, dass pharmazeutischen Unternehmen in Entwicklungsländern die Erzeugung dringend benötigter Generika verwehrt wird. Aus gutem Grund: International gültige Patente sichern Pharmainnova-tionen exklusiv für 20 Jahre. Die Zeitspanne, um die Investitionen wieder zu erwirtschaften, beträgt im Durchschnitt nur die Hälfte: Nach der Patentierung stehen noch aufwendige Labortests, klinische Studien und Zulassungsverfahren an, bis ein neues Medikament auf den Markt kommt. Will ein Pharmaunterneh-men langfristig wirtschaftliche Erfolge erzielen, muss es in diesem relativ kurzen Zeitraum eine hohe internationale Marktdurchdringung erreichen. Die Fidelio Pharma AG geht neue Wege und gibt die Patente für dringend benötigte Medika-mente (wie z. B. das Malariamittel Anopharm) für die Erzeugung in Entwick-lungsländern frei. Die lizensierten Arzneimittel werden dadurch für Patienten in armen Staaten leistbar. Die Fidelio Pharma AG profitiert im Gegenzug von einem positiven Imagetransfer: Die Pionierrolle in der Patentfreigabe und die Wahr-nehmung von gesellschaftlicher Verantwortung schaffen Bekanntheit, Sympathie und Vertrauen.
- *Patienteninformationszentrum:* Eine weitere vertrauensbildende Maßnahme von hoher Effizienz ist die Einrichtung eines Patienteninformationszentrums (PIZ). Jeder Patient kann sich an die Servicestelle wenden, um Produktinformatio-nen einzuholen, Anwendungsfragen zu klären und über Nebenwirkungen zu sprechen. Als Nebeneffekt lassen sich durch diese Maßnahme auch wich-tige Rückschlüsse auf die Bedürfnisse von Patienten gewinnen. Das PIZ wird

organisatorisch und technisch mit dem Newsroom verbunden, um einen einheitlichen Kommunikationsfluss zu gewährleisten. Die Ansprechpersonen im PIZ
werden auf ihre Aufgabe bestens vorbereitet und alle Anliegen verständlich und
freundlich beantworten. (Schulze 2008)

- *Professionelle Krisenkommunikation:* „Krisen meistert man am besten, indem
  man ihnen zuvorkommt", meinte bereits der US-Ökonom Walt Whitman Rostow.
  Durch gute Corporate Governance können Krisenszenarien zwar minimiert aber
  niemals völlig ausgeschlossen werden. Die Erstellung eines Krisenprofils (Was
  kann passieren?) und der Aufbau von Kriseninstrumenten (z. B. Stakeholder
  Relationsship Management, Krisenstab, Medientrainings) sind wesentliche Aufgaben des Newsrooms. Im Falle einer notwenigen Intervention kommt die Anwendung von zentralen Krisenregeln zum Einsatz. Die Schwerpunkte liegen dabei auf Aktion statt Reaktion (= Meinungsvorsprung statt Rechtfertigungsdruck),
  Mut zur Selbstkritik (statt Verneinung von Fehlern) sowie langfristige Neuorien-
  tierung und Vertrauensbildung (statt kurzfristiger Schadensbegrenzung). (Ditges
  et al. 2008)
- *Stringente Kommunikation:* Alle Botschaften müssen über alle Kanäle widerspruchsfrei kommuniziert werden. Das setzt die Formulierung von Richtlinien
  für alle Mitarbeiter des Unternehmens voraus, insbesondere für den Bereich
  Web 2.0. Die Verwendung von Social Media für geschäftliche Zwecke durch
  Angehörige der Fidelio Pharma AG ist ausdrücklich erwünscht. Bei unterneh-
  mensbezogenen Informationen geben sich Mitarbeiter als solche zu erkennen.
  Bei privater Nutzung ist klar zu machen, dass es sich um persönliche Meinungen
  und nicht um Aussagen des Unternehmens handelt. Die entsprechenden Social
  Media Guidelines werden nicht verordnet sondern gemeinschaftlich in Projekt-
  gruppen erarbeitet. Von besonderer Wichtigkeit sind dabei die Einhaltung von
  geltendem Recht und die Beachtung des Vertraulichkeitsgebots. Die Einführung der Guidelines erfolgt in Rahmen von Schulungen, individuelle Coachings
  intensivieren die Nachhaltigkeit der Maßnahmen.
- *Integration aller Abteilungen in die Kommunikationsabläufe:* Sowohl die Kun-
  denkommunikation als auch internes Wissen finden unstrukturiert und ohne
  Anbindung an die Konzernkommunikation statt. Dadurch geht institutionelles
  Know-how verloren. Außerdem orientieren sich die unterschiedlichen Informationen nicht an einer gemeinsamen Basis, sondern am jeweils aktuellen Blick-
  winkel des Mitarbeiters. Maßnahmen wie der Aufbau einer Wissensdatenbank,
  die für alle Mitarbeiter zugänglich ist, erhöht die zielgerechte Beantwortung von
  Fragen und eliminiert Doppelgleisigkeiten.

27.6.2 Steuerung durch effizientes Newsroom Management

Der Newsroom ist die Kommandobrücke für alle Kommunikationsagenden. Dort
laufen die Fäden zusammen. Dort werden Informationen aus dem Unternehmen
generiert – aktuell, relevant, multimedial und für alle Kanäle.

Der Newsroom integriert alle mit Kommunikationsaufgaben befasste Abteilungen und Mitarbeiter. Durch die räumliche Nähe entstehen Synergien, die auch bei zeitkritischen Anlässen adäquate und prompte Reaktionen ermöglichen.

Die Steuerung des Newsrooms erfolgt durch den Newsroom Manager, der als Mitglied des Vorstands eigenverantwortlich im Rahmen der Budgetvorgaben agierten kann. Die Aufgaben des Newsroom Managers umfassen das Management der fünf Erfolgsfaktoren für Medienprodukte: Qualität, Personal, Marketing, Kosten, Technik. (Weichler 2003)

27.6.2.1 Qualitätsmanagement

Die Anforderungen an die Qualität eines Medienprodukts sind Resultat der jeweiligen Positionierung (Weichler 2003). Die Entwicklung des Informationsmarktes zeigt, dass in Zukunft nur mit einzigartigen inhaltlichen Angeboten bei den Zielgruppen gepunktet werden kann.

Im konkreten Fall der Fidelio Pharma AG wird ein medizinischer Nachrichtendienst für Multiplikatoren, Ärzte und Patienten ins Leben gerufen, der bislang nicht besetzte Nischen bedient. Zur Qualitätskontrolle wird ein dreistufiger und kontinuierlicher Prozess implementiert, der aus verbindlichen Zielvereinbarungen, permanenten Soll-Ist-Vergleichen und regelmäßigen Ergebnisgesprächen besteht (Weichler 2003).

27.6.2.2 Personalmanagement

Personalmanagement steuert die Rekrutierung, die Führung und die Förderung der Mitarbeiter in der Redaktion (Weichler 2003). In der Rekrutierung von Mitarbeitern wird Social-Media-Plattformen hohe Wirksamkeit zugesprochen. Bewerber informieren sich im Netz – vor allem Berufe im Kommunikationsbereich (Redaktion, Internet, Social Media, PR) können aufgrund ihrer hohen Internetaffinität relativ rasch mit qualifizierten Personen besetzt werden. Zusätzlich unterstützt eine Kooperation der Fidelio Pharma AG mit dem Fachbereich Kommunikationswissenschaft der Universität Salzburg eine effiziente Rekrutierungspolitik: geeigneten Studierenden aus höheren Studienabschnitten werden Praktikumsplätze angeboten, ausgezeichnete Absolventen zu Vorstellungsgesprächen eingeladen.

Hinsichtlich der Personalführung gilt es, eigenständiges Arbeiten, klare Zielvereinbarungen, faire Bezahlung, harmonisches Betriebsklima, geregelte Arbeitszeitungen und Feedbackmöglichkeiten (z. B. in Form von regelmäßigen Redaktionssitzungen) zu ermöglichen, um Motivationsdefizite und die Gefahr einer hohen Personalfluktuation zu vermeiden. Für Wiedereinsteigerinnen werden attraktive Positionen geschaffen, die eine Vereinbarkeit von Familie und Beruf erlauben.

Gut ausgebildete Personen sind das Grundkapital eines jeden Unternehmens. Mitarbeiter des Kommunikationsmanagements der Fidelio Pharma AG erhalten Zugang zu hochkarätigen Fortbildungsveranstaltungen. Im Rahmen einer Fidelio

Akademie werden renommierte Gastreferenten zu aktuellen Trends und Entwicklungen im Kommunikationsbereich sprechen.

27.6.2.3 Redaktionsmarketing

Die Aufgabe von redaktionellem Marketing ist es, Zielgruppen zu gewinnen und zu binden. Dazu ist es erforderlich, detaillierte Kenntnisse über die Bedürfnisse des Publikums zu erhalten (Weichler 2003). Mit unterschiedlichen quantitativen und qualitativen Methoden wird die Akzeptanz der Nachrichtenangebote der Fidelio erhoben. Zu den quantitativen Verfahren zählen dabei Medienresonanzanalysen, Zugriffsstatistiken sowie der Verbreitungsgrad von Inhalten anhand von Verlinkungen und Weiterempfehlungen (Shares) durch die Community. In qualitativer Hinsicht werden Nutzerbefragungen, Gruppendiskussionen, Leserreaktionen und die Anfragen an das Patienteninformationsservice (PIZ) bewertet.

Ein weiterer Aufgabenbereich des redaktionellen Marketings ist die Profilierung des Newsrooms am Informationsmarkt (Weichler 2003). Durch die einzigartige Positionierung ist mediale Aufmerksamkeit über die österreichischen Bundesgrenzen hinaus garantiert. Weitere Maßnahmen: Die konsequente Verbreitung von Nachrichten über alle Kanäle schafft vor allem in Social Media einen hohen Vernetzungsgrad. Direktmarketingaktionen an Ärzte und Apotheken unterstützen die Gewinnung von neuen Nutzern.

27.6.2.4 Kostenmanagement

Kostenmanagement sorgt sich um den wirtschaftlichen Umgang mit den Ressourcen Personal, Geld und Technik. Dabei steht die Bestandsicherung der inhaltlichen Qualität im Vordergrund (Weichler 2003). Wie bereits erwähnt, agiert der Newsroom Manager der Fidelio Pharma AG als Mitglied des Vorstandes großteils eigenverantwortlich. Die Newsroom-Organisation und eine moderne Infrastruktur ermöglichen einen ressourcenschonenden Umgang mit den Faktoren Zeit und Personal. Eine tagesaktuelle Schnittstelle zur Controlling-Abteilung prüft die Einhaltung der budgetären Vorgaben.

27.6.2.5 Technikmanagement

Der Fidelio-Newsroom benötigt neben einer technischen Basisausstattung (Digital- und Videokameras, Schnittplätze, Ton- und TV-Studio) vor allem eine integrierte Softwarelösung, die eine kontinuierliche Nachrichtenredaktion und rasche Reaktionen auf Ereignisse ermöglicht. Die integrierte Softwarelösung soll webbasiert angeboten werden. Sie umfasst ein Content Management System (CMS) für alle redaktionellen Abläufe, ein Knowledge Management System, ein Monitoring System sowie ein Stakeholder Relationship Management System, mit dem im Bedarfsfall (z. B. in Krisensituationen) an alle Anspruchsgruppen direkt kommuniziert werden kann.

Content Management

Das CMS dient der gemeinschaftlichen und konvergenten Erstellung, Bearbeitung und Organisation von Inhalten. Es muss folgende Anforderungen erfüllen:

- Verwaltung aller Content-Elemente wie Text, Bild, Audio und Video (Eingabe, Freigabe, Skalierung von Fotos, Konvertierung von Videos, Rechte und Publikationsdaten)
- Verwaltung aller Nutzer (Rollen- und Freigabeprozess)
- genormte Schnittstellen nach außen (z. B. zum Layout-Programm für Kundenzeitung)
- externe und interne Linkverwaltung
- Verwaltung von Website und Social Media Newsroom
- Steuerung der Menüführung
- Foren- und interaktive Elemente
- Playout für verschiedene elektronische Systeme (Infoscreens, Mobiltelefone etc.)
- Archiv über alle Inhalte
- zentrales Index- und Beschlagwortungssystem
- internes Such- und Vorschlagsystem

Knowledge Management

Ein Wissensmanagementsystem ermöglicht einen raschen, strukturierten und kontextbezogenen Zugriff auf das kollektive Wissen der Fidelio Pharma AG und auf die notwendigen externen Datenbanken. Von besonderer Bedeutung sind:

- Dokumentation aller Unternehmensdaten
- Auflistung und Erreichbarkeit aller Ansprechpartner
- Dokumentenmanagement (Broschüren, Unterlagen, Verträge etc.)
- Multimediale Informationen über alle Produkte und Prozesse
- Unterstützung der Zusammenarbeit (z. B. Ideensammlung, Fidelio-Wiki)
- Verhaltensregeln (z. B. Social Media Guidelines)
- Schnittstellen zu externen Datenbanken (z. B. Biotechnologiedatenbank)

Monitoring

Das Monitoring System beobachtet die mediale Berichterstattung sowie die Diskussionen im Social Web. Folgende Analyseverfahren stehen dabei zur Verfügung (Plum 2010):

- Autorenanalysen: Identifizierung bestimmter Typologien im Netz und Darstellung ihres Vernetzungsgrades (z. B. Online Influencer, Power Poster)
- Profilinganalysen: Profilbildung bestimmter Zielpersonen oder Zielgruppen im Internet, z. B. zur Erweiterung des Kontaktnetzwerkes

- Relevanzanalysen: Bestimmung der Relevanz einzelner Beiträge und Themen durch Nennungshäufigkeit und Linkpopularität
- Buzzanalysen: Analyse des relativen, viralen Anteils eines Themas an der Gesamtkommunikation
- Tonalitätsanalysen: Untersuchung der Verteilung von negativen, positiven und neutralen Stimmungen
- Trendanalysen: Ermittlung gesellschaftlicher Strömungen und Themen im Internet
- Suchbegriffsanalysen: Analyse des Internets inkl. Social Media anhand vorab definierter Schlüsselwörter
- Issuesanalysen: Untersuchung bestehender Positionen und Forderungen zu einem Thema
- Quellenanalysen: Identifizierung der für ein Thema relevanten Quellen im Internet samt Darstellung ihrer Vernetzung
- Produktanalysen: Suche nach Innovationen und ihrer speziellen Stärken und Schwächen
- Plagiatsüberwachung: Überwachung der Contentnutzung
- Schnittstelle zur Medienbeobachtung

Stakeholder Relationship Management

Das System dokumentiert und verwaltet alle Beziehungen zu den Anspruchsgruppen und ermöglicht die langfristige Pflege und die Intensivierung dieser Beziehungen. Wichtige Funktionen und Inhalte dabei sind:

- Kontaktdatenbank zu allen Anspruchsgruppen (interne Stakeholder wie Eigentümer, Geschäftsführung, Abteilungsleiter und Mitarbeiter; externe Stakeholder wie Kunden, Lieferanten, Multiplikatoren)
- Dokumentation aller Anfragen inkl. Antworten
- Bewertung der Einstellungen von Stakeholdern zum Unternehmen (positiv, neutral, negativ)
- Informationen über bevorzugten Kommunikationskanal
- Kommunikationskanal im Krisenfall (SMS, E-Mail)
- Eventmanagement (Kongresse, Seminare, Tag der offenen Tür)
- Automatisierte Erstellung von Executive Reports
- Richtlinien (Corporate Design Manual, Corporate Behaviour, Social Media Guidelines, Krisenhandbuch)
- Vorlagen mit Textbausteinen für diverse Mitteilungen und Reaktionen

27.6.3 Verbreitung im Social Media Newsroom

Der Social Media Newsroom ist das im Internet sichtbare Resultat der Newsroom-Strategie der Fidelio Pharma AG. Als Bindeglied zwischen klassischer PR und Social-Media-Kommunikation vereint der Social Media Newsroom Inhalte wie Presse- und Blogbeiträge, Statusmeldungen und Kommentare von

Facebook, Tweets, Flickr-Fotos, YouTube-Videos, SlideShare-Präsentationen oder Foursquare-Aktionen auf einer einzigen Seite.

Social Media Newsrooms werden manchmal als Nachfolger des klassischen Online-Pressebereichs geringgeschätzt. Sie können aber weit mehr: Social Media Newsrooms gelten als Schaltzentrale für die gesamte Onlinekommunikation und werden zunehmend mit klassischen Websites in Konkurrenz treten. Ein weiterer Pluspunkt ist ihre Zukunftssicherheit: Durch offene Schnittstellen können jederzeit neue Netzwerke integriert werden.

Die Hauptfunktion von Social Media Newsrooms liegt in der Aggregation aller verfügbarer digitaler Inhalte. Dabei bleiben die Möglichkeiten nicht nur auf Eigendarstellungen beschränkt: Im Social Media Newsroom wird der Dialog als gleichwertiger Kommunikationskanal verstanden. Kommentare in Sozialen Netzwerken können und sollen im Social Media Newsroom sichtbar gemacht werden. Diese Offenheit zu den Anspruchsgruppen verstärkt das Vertrauen in das gesamte Unternehmen. Außerdem kann rechtlich einwandfreier Fremdcontent – wie z. B. YouTube-Videos zu medizinischen Themen – zur Verstärkung eigener Botschaften genutzt werden.

Eine weitere Stärke von Social Media Newsrooms liegt im hohen Verbreitungspotenzial für die aggregierten Inhalte. User können alle Content-Elemente einfach per RSS abonnieren. Share-Buttons unterstützen die Verteilung ins Social Web. Der langsame aber stetige Paradigmenwechsel in der PR – weg von Push hin zu Pull – wird mit Social Media Newsrooms konsequent umgesetzt.

27.6.3.1 Neuer Kommunikationsstandard aus den USA

Der Begriff Social Media Newsroom wurde vom US-amerikanischen PR-Berater Todd Defren erfunden. Am 5. Februar 2007 hat Defren seine Vorstellungen zur Informationsarchitektur von Social Media Newsrooms in einem dreispaltigen Template veröffentlicht. Das Template beeinflusst in Teilaspekten bis heute den Aufbau von Social Media Newsrooms, wenngleich sich das Segment in punkto Präsentation und Technologie stark weiterentwickelt hat.

In der linken Spalte finden sich bei Defren Managementbiografien, Multimediainhalte und Links zum Bookmarkingdienst Delicious. In der Mitte hat Defren die Medienbeobachtung, Pressemitteilungen und Veranstaltungshinweise angesiedelt. Rechts sind die Kontaktdaten zur Unternehmenskommunikation, eine Tagcloud, RSS-Feeds zu Blogs und Links positioniert.

In den USA zählen Social Media Newsrooms bereits zum Standard moderner Unternehmenskommunikation. In Deutschland gibt es bereits hervorragende Anwendungsbeispiele. In Österreich herrscht noch Nachholbedarf: Die Fidelio könnte mit der Realisierung des ersten Pharma-Newsrooms eine Pionierleistung erbringen, welche die Innovationskraft des Unternehmens am Markt unterstreicht.

27.6.3.2 Funktionsprinzip

Die Berliner PR-Agentur Schröder+Schombs hat das Funktionsprinzip von Social Media Newsrooms einfach nachvollziehbar dargestellt. An der Spitze des pyramidenartigen Aufbaus steht die Kommunikationsabteilung mit ihrem Online

Abb. 27.1 Social Media Newsroom Template von Todd Defren. (http://www.shiftcomm.com/downloads/smnewsroom_template.pdf)

Newsroom, die direkt oder über mediale Kanäle in den Dialog mit Multiplikatoren wie Journalisten, Blogger und Online Influencer tritt. Über diese Multiplikatoren werden in der Folge die jeweiligen Zielgruppen erreicht. Gut illustriert ist in dieser Skizze auch die positive Wirkung auf Suchmaschinen: Die Position des Social Media Newsrooms wird in Google und Co. durch die suchmaschinenfreundliche Programmierung, die verstärkte Nutzung dank hoher Aktualität sowie die Generierung von Backlinks durch Empfehlungen in Blogs, Sozialen Netzwerken und der Resonanz in Online-Medien begünstigt.

27.6.3.3 Anforderungen

Gelungene Lösungen für Social Media Newsrooms erlauben die kompromisslose Integration in das bestehende Webdesign. Sie garantieren eine uneingeschränkte Nutzung durch Berücksichtigung von Richtlinien zu Usability und Barrierefreiheit. Gute Social Media Newsrooms werden in allen Browsersystemen (Internet Explorer, Safari, Mozilla Firefox, Google Chrome, mobile Browser) einheitlich dargestellt. Sie fördern den Dialog durch integrierte Feedbackinstrumente (Share-Buttons, Kommentarfunktion) und erlauben die einfache, rechtssichere Verbreitung von Inhalten durch Creative-Commons-Lizenzen. Außerdem sollten sie über eine

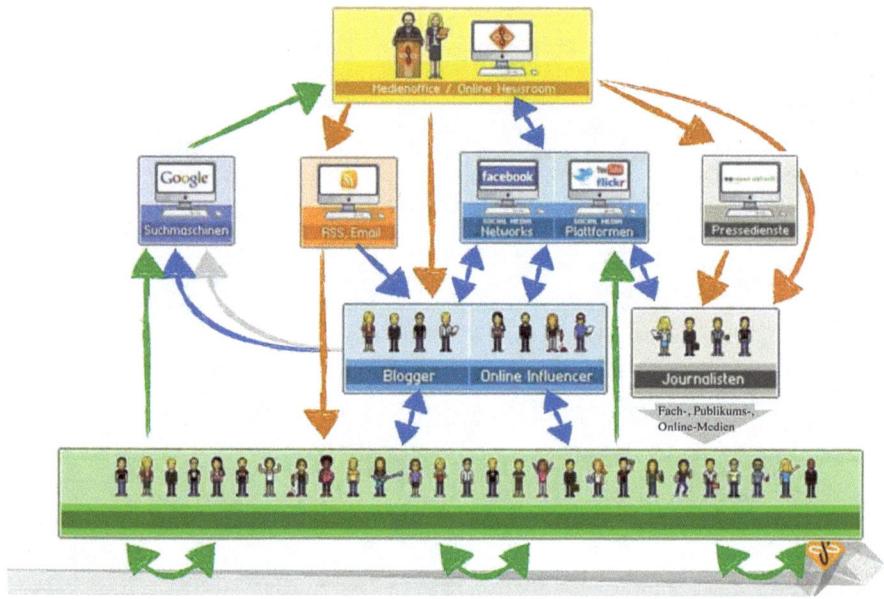

Abb. 27.2 Funktionsprinzip der Newsroom-Kommunikation nach Schröder+Schombs PR. (http://
www.slideshare.net/schroederschoembs/sspr-eigenprsentation-2010/download/)

technische Suchmaschinenoptimierung verfügen. Um eine bequeme Handhabung
des Social Media Newsrooms zu gewährleisten, empfiehlt sich eine Zusammenfüh-
rung mit dem Web Content Management System.

27.6.3.4 Kommunikationselemente im Social Media Newsroom

Die Hauptfunktion von Social Media Newsroom ist die Aggregation aller Bausteine
aus klassischer PR und moderner Social-Media-Kommunikation. Dazu zählen u. a.
die folgenden typischen Elemente und Kanäle:

- Presse: Pressemitteilungen, Pressearchiv (auch möglich: RSS-Anbindung zu
  Verbreitungsdiensten wie dem Presseportal von news aktuell oder APA-OTS)
- Blogs: Integration von Corporate Blogs mit Kommentarfunktion; auch Anbin-
  dung zu externen Blogsystemen wie Blogger, Tumblr oder Posterous möglich
- Video: Einbindung z. B. via YouTube oder Vimeo
- Fotos: z. B. Flickr
- Social Networks: Facebook, MySpace
- Präsentationen: z. B. SlideShare, Scribd
- Microblogging: z. B. Twitter, identi.ca
- Verortung: Location-based Services wie z. B. Foursquare und Gowalla, Google
  Maps
- Social Bookmarking: z. B. Mister Wong oder Delicious (eignet sich hervorragend
  zur Gestaltung rechtlich einwandfreier Online-Pressespiegel)

- Verschlagwortung: Tagcloud
- Ansprechpartner: mit Links zu Profilen auf Xing und/oder LinkedIn
- Newsletter
- Kontaktformular
- Managementbiografien
- Downloads

27.6.3.5 Zielgruppen

Social Media Newsrooms können über ihre Navigationsstruktur unterschiedliche Nutzerinteressen abbilden. Als klassische Zielgruppe gelten dabei Multiplikatoren wie Journalisten, Blogger und Online Influencer. Aber auch Stakeholder wie Geschäftsführung, Mitarbeiter, Kunden, Lieferanten und Interessenten können mit Social Media Newsrooms nahezu ideal bedient werden.

Großes Potenzial liegt auch in der Möglichkeit zur thematischen Schwerpunktsetzung: Social Media Newsrooms eignen sich hervorragend als zentrale Kommunikationsplattformen für PR-Kampagnen und Produkteinführungen, als Kriseninstrument oder zur Personalsuche (E-Recruiting).

27.6.3.6 Social Media Newsroom als Managed Service

Viele Social Media Newsrooms werden mithilfe von Open Source Software wie Wordpress umgesetzt. Zumeist fällt die Entscheidung für diese Lösung aus Kostengründen. In puncto Bedienbarkeit, Zuverlässigkeit, Sicherheit und Support haben Open-Source-Lösungen Nachteile gegenüber proprietären Entwicklungen. Idealerweise wird deshalb die technische Implementierung und das Hosting des Social Media Newsrooms an einen externen, spezialisierten Dienstleister ausgelagert. Vor allem bei der Verfügbarkeit haben proprietäre Systeme in der Regel Vorteile: Geschickte Ausfallsstrategien gewährleisten, dass z. B. bei einer Serverunterbrechung eines aggregierten Netzwerks dennoch dessen Inhalte im Social Media Newsroom angezeigt werden.

Für die Entscheidung zu einer professionellen Lösung im Rahmen eines Managed Services spricht auch die Dynamik im Social-Media-Bereich: Die hohe Marktattraktivität beflügelt die Entwicklung neuer Netzwerke und Dienste, die im Bedarfsfall ohne großen technischen Aufwand implementiert werden können müssen. Dazu erfordert die Weiterentwicklung bestehender Plattformen häufig die Anpassung von Schnittstellen. Durch die Auslagerung der Technik werden neue Services und Änderungen durch den externen Dienstleister integriert, die Redaktion kann sich auf ihre Kernaufgabe – die Produktion und die Verbreitung von Inhalten – konzentrieren.

Neuere Generationen von Social-Media-Newsroom-Lösungen erlauben darüber hinaus die intuitive Steuerung aller Inhalte. Beispielhaft ist dabei der NewsRoom-Wizard der Adiwidjaja Teamworks GmbH in Ahrensburg, Deutschland. Alle Elemente (Widgets) können bequem per Drag & Drop positioniert werden. Die Pflege des Social Media Newsrooms wird damit zum Kinderspiel.

27.6.3.7 Gelungene Beispiele für Social Media Newsrooms

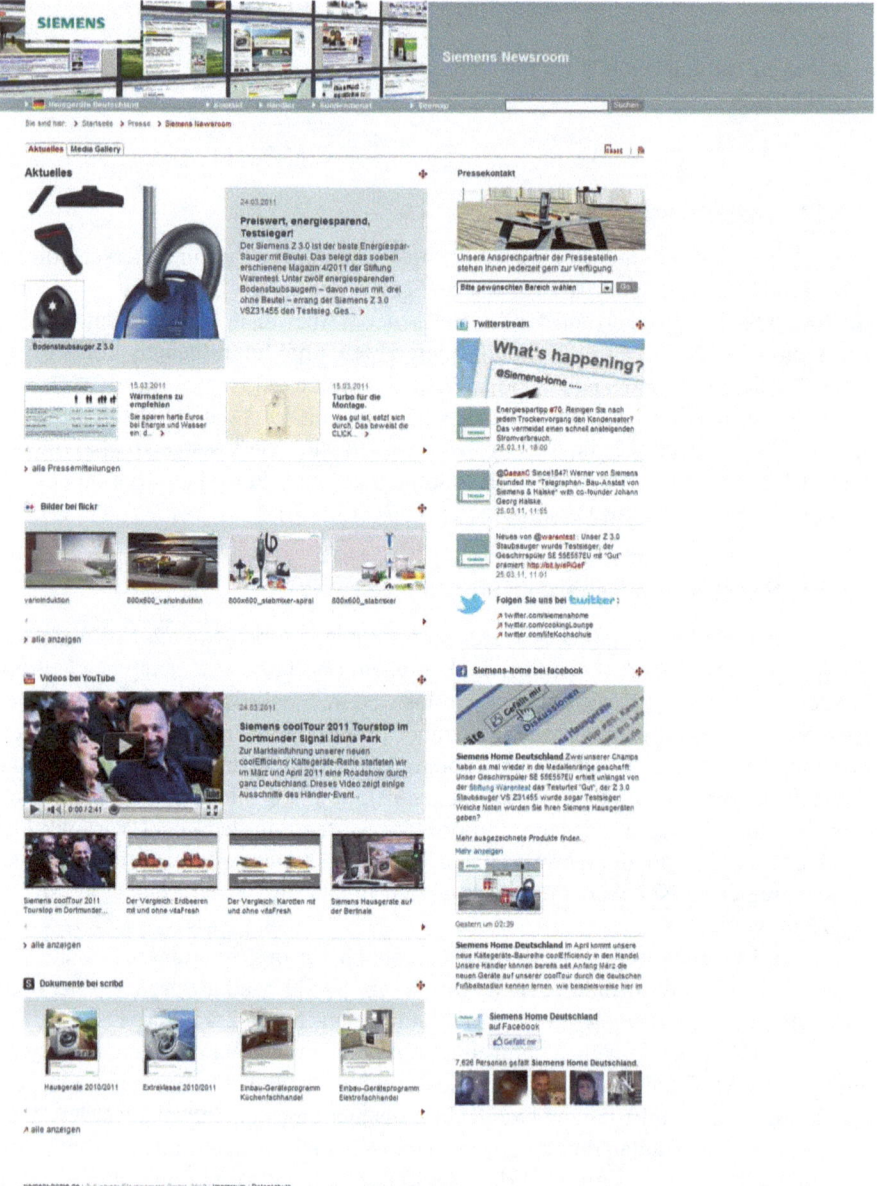

Abb. 27.3 Der vielleicht beste Social Media Newsroom zurzeit (April 2011). Die Siemens-Electrogeräte GmbH punktet mit übersichtlicher Gestaltung, toller Integration Sozialer Netzwerke und zeigt obendrei ein nettes Gadget: Alle Content-Elemente können vom User nach seinen eigenen Prioritäten angeordnet werden. Technische Umsetzung: iMediaLounge der myON-ID Media GmbH in München. (http://newsroom.siemens-home.de/)

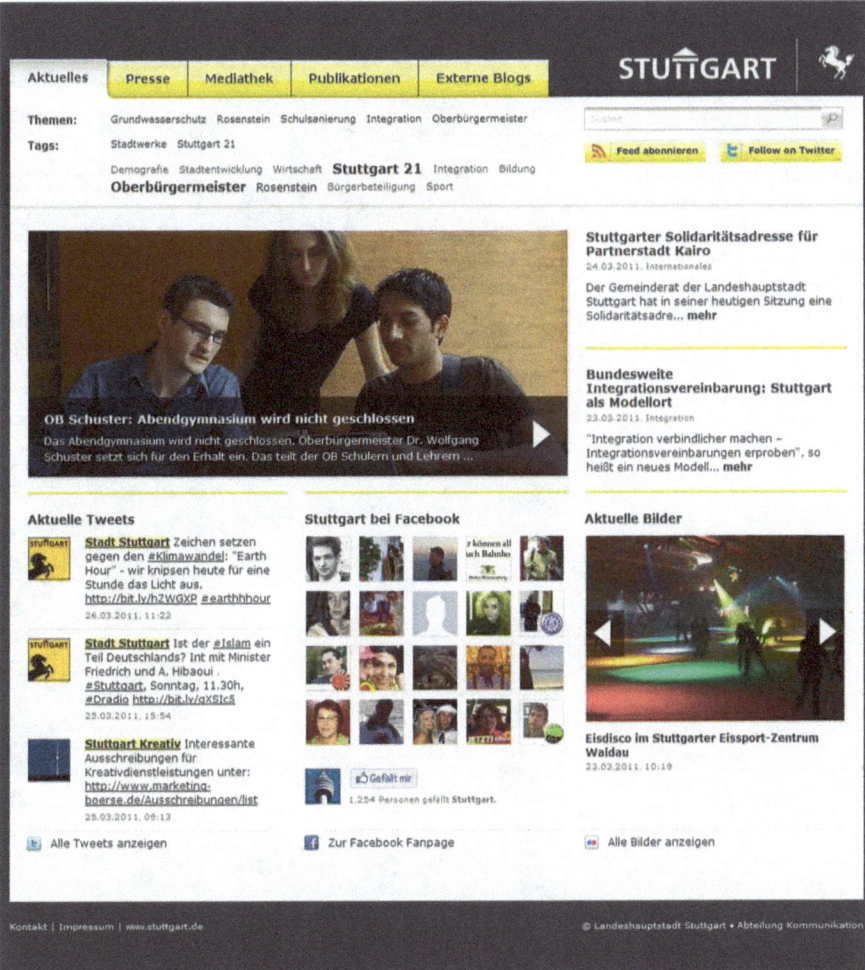

Abb. 27.4 Bürgerbeteiligung par excellence: Die Landeshauptstadt Stuttgart sucht in ihrem Social Media Newsroom den Dialog mit den Bewohnern. Die Einbindung von externen Blogs unterstützt die Vertrauensbildung in die Stadtverwaltung. (http://newsroom.stuttgart.de/)

Abb. 27.5 16 Mio. Facebook
Fans: Die Website von Red
Bull ist kein Social Media
Newsroom im eigentlichen
Sinn, verfügt aber über
dessen Kernfunktionen. Der
Energy-Drink-Hersteller
demonstriert, wohin die Reise
im Internet gehen wird:
Einzigartiger Inhalt, der über
alle Kanäle Verbreitung
findet. (http://www.redbull.
com/)

Abb. 27.6 Eat fresh. Der Social Media Newsroom der Fastfood-Kette Subway wurde mit der Open-Source-Software Wordpress umgesetzt und nutzt die sich bietenden Möglichkeiten gut aus. Gelungen: Der Live-Dialog mit Kunden via Twitter und Facebook. (http://newsroom.subway-sandwiches.de/)

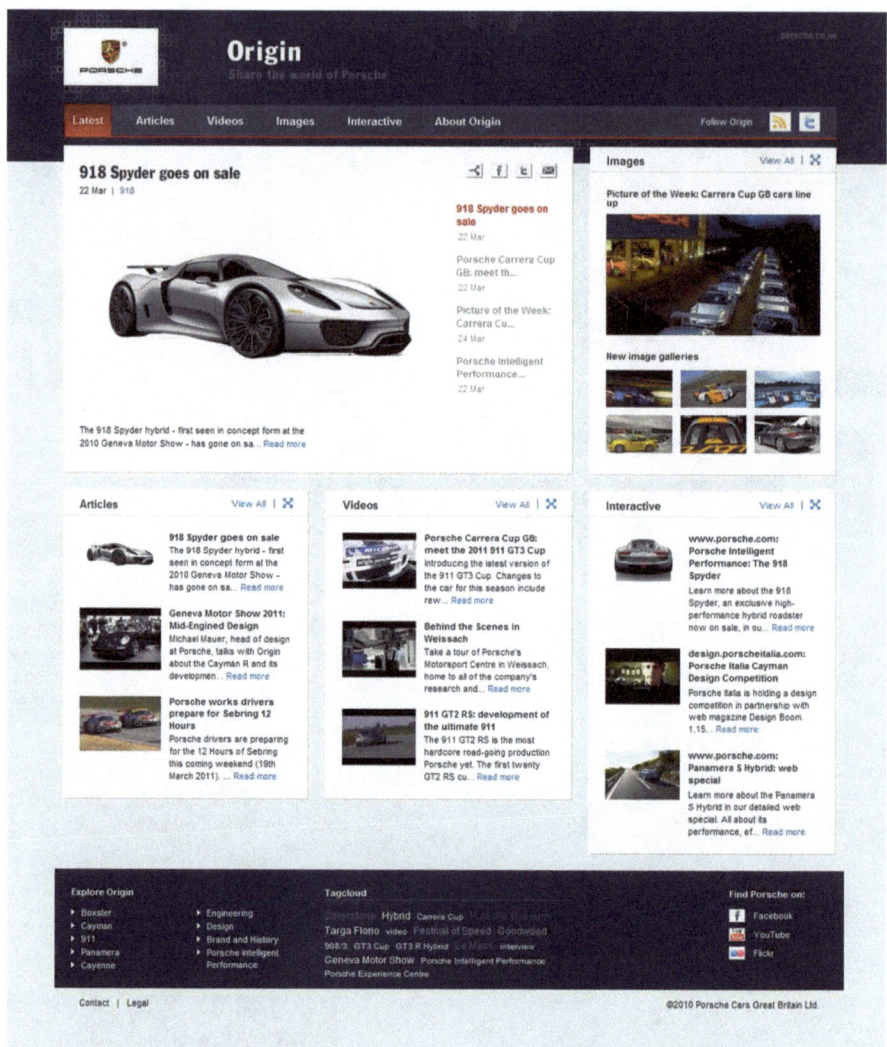

Abb. 27.7 Share the world of Porsche: Der Social Media Newsroom von Porsche Origin zeigt, was in der Automobilbranche möglich ist. Tolle Videos und Fotos lassen das Herz von Porsche-Liebhabern höher schlagen. (http://origin.porsche.com/uk/)

Abb. 27.8 Auch alteingesessene Verlagshäuser setzen auf Social Media Newsrooms: Die Hubert Burda Media Holding gibt Einblicke in das 7.000-Mitarbeiter-Imperium. Bemerkenswert: Im YouTube-Channel erklärt Vorstandsvorsitzender Paul-Bernhard Kallen die Bilanzzahlen. Und Hubert Burda spricht über das Internet als „neue Wunderkammer". (http://www.burda-news.de/)

Abb. 27.9 Employer Branding im Fokus: Der Social Media Newsroom von T-Systems Multimedia Solutions bindet die eigenen Mitarbeiter ein. Diese werden damit zu authentischen Fürsprechern des Unternehmens. Technische Umsetzung: iMediaLounge. (http://newsroom.t-systems-mms.com/)

Abb. 27.10 Twinity ist die erste virtuelle 3D-Welt, die Städte maßstabsgetreu umsetzt. Der Social Media Newsroom von Twinity basiert auf dem NewsRoomWizard der Adiwidjaja GmbH in Ahrensburg. Die Software erlaubt die einfache Positionierung aller Content-Elemente per Drag & Drop. Damit kann der Social Media Newsroom einfach und rasch gewartet werden. (http://www.twinity.com/en/newsroom/)

Abb. 27.11 Pressearbeit 2.0: Der Social Media Newsroom des Online-Eventmanagement-Dienstes Amiando nimmt Journalisten ins Visier. Eine Vielzahl von Materialen erleichtert Multiplikatoren die Recherche. Als technische Plattform wird die iMediaLounge eingesetzt. (http://newsroom.amiando.com/)

Abb. 27.12 Der „Dell Hell" entkommen: Der Computerhersteller, dessen Kundenservice in den Jahren von 2005 bis 2007 von der Blogosphäre heftig kritisiert wurde, nimmt den Dialog mit Nutzern ernster denn je – auch im Social Media Newsroom. (http://content.dell.com/us/en/corp/about-dell-newsroom.aspx)

Abb. 27.13 Coca-Cola Deutschland hat seinen Social Media Newsroom im Februar 2010 ins Leben gerufen. Hervorzuheben ist die Auswahl links oben zu den unterschiedlichen Themen-Newsrooms, die unterschiedliche Nutzerbedürfnisse anzusprechen versuchen. Die Umsetzung erfolgte mit der Blogsoftware TypePad. (http://newsroom.coca-cola-gmbh.de/)

Abb. 27.14 Noch ein Getränke-Newsroom: Jägermeister ist Deutschlands erfolgreichste Export-Spirituose. Der Social Media Newsroom auf Wordpress-Basis zeigt die Welt des Kräuterlikörher-stellers. Manko: Die Dialogmöglichkeiten von Social Media Newsrooms werden nicht gänzlich ausgenutzt. (http://newsroom.jaegermeister.de/)

Abb. 27.15 There is no better way to fly. Aber eine bessere Umsetzung des Social Media Newsrooms schon. Die Lufthansa setzt auf ein Wordpress-Backend. Insgesamt präsentiert sich der Newsroom eher altbacken. (http://newsroom.lufthansa.de/)

27.7 Zusammenfassung

Der mediale Wandel und die neuen Herausforderungen am Gesundheitsmarkt machen eine Neuausrichtung der Unternehmenskommunikation der Fidelio Pharma AG dringend erforderlich. Unklare Zuständigkeiten, hoher Koordinierungsaufwand und fehlende Zielvereinbarungen zwischen den einzelnen Abteilungen haben im Zuge der Anopharm-Krise eine adäquate Kommunikation mit den Anspruchsgruppen verhindert.

Die vorgestellte Newsroom-Strategie skizziert die PR der Zukunft: Sie integriert alle internen und externen Kommunikationsabläufe der Fidelio Pharma AG in einem Gesamtkonzept. Ziel der Newsroom-Strategie ist es, die Themenführerschaft für die Fidelio Pharma AG im österreichischen Pharmamarkt zu erlangen und ein konsistentes Bild des Unternehmens in der Öffentlichkeit zu verankern. Der konsequente Dialog mit allen Anspruchsgruppen und eine einheitliche Kommunikation über alle Kanäle sind fundamentaler Bestandteil der Strategie.

Die Newsroom-Strategie basiert auf den Säulen Redaktion, Steuerung und Verbreitung. Die Unternehmenskommunikation wird darin zu einer integrierten Redaktion (Newsroom), welche die Zielgruppen Ärzte, Patienten und Multiplikatoren mit einzigartigen Nachrichtenangeboten bedient. Um die Glaubwürdigkeit der Maßnahmen zu steigern, wurden vertrauensbildende Maßnahmen wie die Patentfreigabe für Unternehmen in Entwicklungsländern und die Einrichtung eines Patienteninformationszentrums initiiert. Die gemeinschaftliche Entwicklung von Kommunikationsrichtlinien (insbesondere für den Bereich Social Media) und die Implementierung einer professionellen Krisenkommunikation sichern den Erfolg der Strategie nachhaltig ab.

Dem Newsroom werden alle mit Kommunikationsaufgaben befassten Abteilungen (PR, Online- und Social-Media-Kommunikation, Marketing, Kundenservice) zugeordnet. Die Steuerung erfolgt durch einen Newsroom Manager, der als Mitglied des Vorstands die Verantwortung für Qualität, Personal Marketing, Kosten und Technik trägt.

Als zentrales Verbreitungsmedium dient ein Social Media Newsrooms, der die Kommunikation mit allen internen und externen Anspruchsgruppen (Stakeholder) auf sämtlichen Kanälen gewährleistet. Die Fidelio Pharma AG nimmt mit dem neuen Kommunikationsinstrument eine Pionierrolle in der Branche ein, die zudem das Image als Innovationsführer stärkt.

Fazit: Die PR-Vision von „Eine Nachricht – alle Medien" wird mit der Newsroom-Strategie zur Realität. Einmal implementiert vereint die Strategie die Kernkompetenzen moderner Kommunikation zu einem Ganzen, das auch die nächsten technologischen Entwicklungen übersteht. Durch die Konzentration aller Kommunikationsaufgaben ist sie zudem schlagkräftiger und kostengünstiger als ungebündelte PR-Maßnahmen.

Literatur

Anderson C (2007) The Long Tail – Der lange Schwanz. Nischenprodukte statt Massenmarkt – Das Geschäft der Zukunft. Hanser, München.

Arndt H (2006) Integrierte Informationsarchitektur. Die erfolgreiche Konzeption professioneller Websites. Springer, Berlin Heidelberg.

Borchardt et al (2008) Pharmamarkt Deutschland. In: Harms F et al (hrsg) Pharmamarketing. Gesundheitsökonomische Aspekte einer innovativen Industrie am Beispiel von Deutschland, Österreich und der Schweiz. Lucius & Lucius, Stuttgart.

Bruhn M (2008) Integrierte Kommunikation. In: Schwarz T, Braun G (hrsg) Leitfaden Integrierte Kommunikation, 2. Aufl. Absolit Consulting, Waghäusel.

Csoklich F (1996) Nachricht in der Zeitung. In Pürer H (hrsg) Praktischer Journalismus in Zeitung, Radio und Fernsehen,4. Aufl. Kuratorium für Journalistenausbildung, Salzburg.

Dahinden U (2006) Framing. Eine integrative Theorie der Massenkommunikation. UVK, Konstanz.

Ditges F et al (2008) Krisenkommunikation. UVK, Konstanz.

Drechsel J (2008) Stellenwert des Internets in der ethischen Patientenkommission. In Harms F et al (hrsg) Pharmamarketing. Gesundheitsökonomische Aspekte einer innovativen Industrie am Beispiel von Deutschland, Österreich und der Schweiz. Lucius & Lucius, Stuttgart.

Fretwurst B (2008) Nachrichten im Interesse der Zuschauer. Eine konzeptionelle und empirsiche Neubestimmung der Nachrichtenwerttheorie. UVK, Konstanz.

Hardenbicker M (2008) Vorwürfe prägen die öffentliche Wahrnehmung der Pharmaindustrie. In Harms F et al (hrsg) Pharmamarketing. Gesundheitsökonomische Aspekte einer innovativen Industrie am Beispiel von Deutschland, Österreich und der Schweiz. Lucius & Lucius, Stuttgart.

Harms F, Gänshirt D (2008a) Möglichkeiten der Direkten Patientenformation. In Harms F et al (hrsg) Pharmamarketing. Gesundheitsökonomische Aspekte einer innovativen Industrie am Beispiel von Deutschland, Österreich und der Schweiz. Lucius & Lucius, Stuttgart.

Harms F, Gänshirt D (2008b) Virtuelles Marketing – Erfolgsfaktor der Zukunft. In Harms F et al (hrsg) Pharmamarketing. Gesundheitsökonomische Aspekte einer innovativen Industrie am Beispiel von Deutschland, Österreich und der Schweiz. Lucius & Lucius, Stuttgart.

Holzinger T, Sturmer M (2010) Die Online-Redaktion. Praxisbuch für den Internetjournalismus. Springer, Berlin Heidelberg.

Jodeleit B (2010) Social Media Relations. Leitfaden für erfolgreiche PR-Strategien und Öffentlichkeitsarbeit im Web 2.0. dpunkt, Heidelberg.

Maier M et al (2010) Nachrichtenwerttheorie. Nomos, Baden-Baden.

Maurer M (2010) Agenda-Setting. Nomos, Baden-Baden.

Mükke L (2009) „Journalisten der Finsternis" Akteure, Strukturen und Potenziale deutscher Afrika-Berichterstattung. Herbert von Halem, Köln.

Oetting M (2008) Wie Web 2.0 das Marketing revolutioniert. In: Schwarz T, Braun G (hrsg) Leitfaden Integrierte Kommunikation, 2. Aufl. Absolit Consulting, Waghäusel.

T. Holzinger, M. Sturmer, *Im Netz der Nachricht*,
DOI 10.1007/978-3-642-22489-8, © Springer-Verlag Berlin Heidelberg 2012

Plum A (2010) Ansätze, Methoden und Technologien des Web-Monitoring. In: Brauckmann P (hrsg) Web-Monitoring. Gewinnung und Analyse von Daten über das Kommunikationsverhalten im Internet. UVK, Konstanz.

Rumler R, Haiden R (2008) Der Weg der medizinischen Information. In: Harms F et al (hrsg) Pharmamarketing. Gesundheitsökonomische Aspekte einer innovativen Industrie am Beispiel von Deutschland, Österreich und der Schweiz. Lucius & Lucius, Stuttgart.

Schenk M (2007) Medienwirkungsforschung. Mohr Siebeck, Tübingen.

Schulz T (2009) Zukunft in der Nische. http://www.spiegel.de/spiegel/0,1518,668295,00.html. Accessed 19 Mar 2011.

Schulze G (2008) Unterwegs zu einem neuen Gesundheitsmarkt. In: Harms F et al (hrsg) Pharmamarketing. Gesundheitsökonomische Aspekte einer innovativen Industrie am Beispiel von Deutschland, Österreich und der Schweiz. Lucius & Lucius, Stuttgart.

Schwantner U, Schreiner C (2010) PISA 2009. Internationaler Vergleich von Schülerleistungen. Erste Ergebnisse Lesen Mathematik, Naturwissenschaft. Leykam, Graz.

Schwiesau D, Ohler J (2003) Die Nachricht in Presse, Radio, Fernsehen, Nachrichtenagentur und Internet. List Verlag, München.

Simons A (2011) Journalismus 2.0. UVK, Konstanz.

Walk H (2010) Great Scott! Over 35 Hours of Video Uploaded Every Minute to YouTube. http://youtube-global.blogspot.com/2010/11/great-scott-over-35-hours-of-video.html. Accessed 18 Mar 2011.

Weber I (2010) „Ich bin links und kritisch" Politikjournalisten in Österreich: Wie sie sich sehen, was sie lesen und wo sie suchen. http://www.wienerzeitung.at/DesktopDefault. aspx?TabID=3956%26;Alias=wzo%26;cob=508397. Accessed 24 Mar 2011.

Weichler K (2003) Redaktionsmanagement. UVK, Konstanz.

Werner K, Werner H (2010) Jeder kann Video! Filmen für Websites, YouTube und Blogs. UVK, Konstanz.

Wiedenhoff K (2008) Erfolgsfaktoren der Online-Kommunikation im Pharma-Marketing. In: Harms F et al (hrsg) Pharmamarketing. Gesundheitsökonomische Aspekte einer innovativen Industrie am Beispiel von Deutschland, Österreich und der Schweiz. Lucius & Lucius, Stuttgart.

Zettel C (2010) Blogs verlinken zu 99 Prozent auf klassische Medien – BBC, CNN und New York Times häufigste Quellen. http://pressetext.at/news/100525026/blogs-verlinken-zu-99-prozent-auf-klassische-medien/. Accessed 22 Mar 2011.

Sachverzeichnis

Zeitfracht Medien GmbH
Ferdinand-Jühlke-Straße 7
99095 Erfurt, Deutschland
produktsicherheit@kolibri360.de